はじめに

　私がタロットを初めて習ったのは、この本を監修していただいたラクシュミー先生からでした。関西ご出身の先生から、楽しいながらも理論的で的確なレクチャーをしていただき、みるみるタロットの世界のすばらしさに魅了されていきました。

　タロット占いをするにはカードが必要ですが、カードの絵柄はどれもおどろおどろしいものばかりです。わざわざ黒いベールに包まなくても日常のことを普通に占えるようなポップでかわいくて、なおかつ初心者でも扱えるカードはないかな、と探していましたがなかなか気に入るものがみつかりませんでした。ならば、自分の練習用に手作りしてみようと作ったのが「マカロンタロット」です。

　自分でプリントして切り抜いて、箱まで作って使っていたところ、何人かの方から私も欲しいとの声をいただき、名刺用の紙にせっせと印刷して差し上げたりしていました。
　そうこうしているうちに「マカロンタロット」は SNS などで話題になり、ラクシュミー先生はじめ、周囲の方に商品化することをすすめられました。調子に乗ったわたしは、出版社やカード会社に飛び込みで売り込みに行ったり、どのようにしたら商品化できるか思案していましたが、無名のものを受け入れてくれる会社はそうそうあるわけではありません。
　そこで、自主出版を思いつき 500 部を作成しました。部数が少ないにもかかわらず印刷していただいた印刷会社様の誠実でいい仕事のおかげもあり、よくシャッフルしたときの紙質の小気味よさが評判にもなりました。

そして周囲の方の協力でなんとかすべて売り切ることができたころ、オラクルカードやヒーリンググッズを扱うヴィジョナリー・カンパニーの大塚さんからお声がけをいただき、今度はきちんと書店で販売される形の「マカロンタロット」第2版が誕生しました。

　カードが広まっていくとともに考えたのが、今まで絵柄の怖さなどから敬遠していた人に、タロットを気軽に親しんでいただくための本づくりでした。当初からラクシュミー先生とは「マカロンタロット」の書籍化を夢見ていて、先生が講座で上京する際には打ち合わせをするなど、チャンスをうかがいつつ水面下で準備をしてきました。

　そして今回、駒草出版さんからこの本を出していただくこととなり、思いを叶えることができました。

　タロットカードの教えは、日常で起こる嬉しいことや悲しいこと、いかなる悩みにも答えてくれる導きがあることです。
この本は、「マカロンタロット」の特徴でもある、かわいくポップな絵柄を活かし、初心者にもわかりやすく楽しい内容でタロットの素晴らしい教えと魅力を知っていただきたいとの想いが詰まっています。

　この本をきっかけにタロットカードと仲良くなって、皆様が幸せになることを祈っています。

著者

「マカロンタロット」について

「マカロンタロット」は 2008 年 10 月に自主出版（第 1 版）したのち、2011 年にヴィジョナリー・カンパニー（第 2 版）、2018 年ファントムより「マカロンタロット Ver.3」（第 3 版）発売された 78 枚フルセットのタロットカードです。日本製のタロットカードというと、書籍と同梱されたものがほとんどで、欧米製のような、箱に入った単独のフルセットデッキというものがありませんでしたので、発売当時は珍しいと思われた方もいたかもしれません。

今回この本をつくるにあたり、既にカードが販売されていましたので、当初は本のみの製作を目指していましたが、進行過程の上で、タロットってどんなものなの？と始めて触れる方にとってカードは必要だろうと思い立ち、エントリーカードとして使っていただけるよう本書に付録として 78 枚すべてのカードを付けることになりました。

タロットをもっと使いこなしたい、上達したいという方のために既にあるカード「正規版」をご利用いただき、「正規版」より一回り小さいサイズの本書付録のカードは練習用として用途を分けました。カード裏面は両者の見分けが一目でつくようデザインも変えています。

　小さくしたのはほんのちょっと遊び心もありました。欧米のタロットに名刺の半分くらいのサイズでマメタロットというものがありますが、日本製で小さいサイズのタロットカードはあまり見かけたことがありませんでした。そこで、手のひらにすっぽり入るカードなら初学者のみなさまには扱い易いのではと思ったのと、持っているだけで楽しくなるような、そんなオマケ付きカードにしたかったという想いがありました。

　すでに「正規版」をお持ちで本書を手にとっていただいた方には、この付録カードで遊び心をもって今まで以上にいつでもどこでも気軽に占っていただけると幸いです。

　「正規版マカロンタロット」は、国際基準のブリッジサイズというトランプと同じ大きさですので、こちらも手に馴染みやすく、広いスペースがなくても気軽に展開できるのが便利です。人に占ってあげたくなったり、もっとタロットを本格的にやりたい！という方にはぜひ「正規版マカロンタロット」をオススメします。

もくじ
「マカロンタロット」で学ぶタロット占い

はじめに ・・・・・・・・・・・・・・・・・・・・・・・・・ 2
「マカロンタロットについて」・・・・ 4

Chapter 1　タロットの基礎知識 ・・・・・・・・ 9

タロットカードはどこからきたの？・・・ 10　　タロットカードに描かれているシンボル ・・・ 15
代表的なタロットカード ・・・・・・・・・・・ 10　　大アルカナと小アルカナ ・・・・・・・・・・・・ 16
タロットは誰にでも使えます ・・・・・・ 12　　逆位置 ・・・・・・・・・・・・・・・・・・・・・・・・・・・・・・ 17
シンクロニシティ ・・・・・・・・・・・・・・・・・・ 13　　解説ページの使い方 ・・・・・・・・・・・・・・・・ 18
タロットカードの世界はひとつのストーリー ・・・・・・ 14
「愚者」のカードは特別扱い ・・・・・・・・・・・・・・ 14

Chapter 2　大アルカナカード解説 ・・・・・・・・・ 19

大アルカナ ・・・・・・・・・・・・・・・・・・ 20　　数字の意味 ・・・・・・・・・・・・・・・・・・ 21

0	0	愚者 ・・・・・・ 22	VIII	8	正義 ・・・・・・・ 38	XVI	16	塔 ・・・・・・・ 54
I	1	魔術師 ・・・ 24	IX	9	隠者 ・・・・・・・ 40	XVII	17	星 ・・・・・・・ 56
II	2	女教皇 ・・ 26	X	10	運命の輪 ・・・ 42	XVIII	18	月 ・・・・・・・ 58
III	3	女帝 ・・・・・・ 28	XI	11	力 ・・・・・・・・・・ 44	XIX	19	太陽 ・・・・・ 60
IV	4	皇帝 ・・・・・・ 30	XII	12	吊るされた男 ・・・ 46	XX	20	審判 ・・・・・ 62
V	5	法王 ・・・・・・ 32	XIII	13	死神 ・・・・・・・ 48	XXI	21	世界 ・・・・・ 64
VI	6	恋人たち ・・ 34	XIV	14	節制 ・・・・・・・ 50			
VII	7	戦車 ・・・・・・ 36	XV	15	悪魔 ・・・・・・・ 52			

ポイントレッスン　似ているカードの違いを見てみましょう ・・・・・・・・・ 66

Lesson Column
レッスンコラム1　同じ1枚のカードからいろいろなケースを言えるようにしましょう ・・・・ 72

Chapter 3 小アルカナカード解説 ……………… 73

小アルカナ………………………… 74 　　数札の意味/コートカード ……… 76

Wands
ワンド・エース …… 78	ワンド 6 ………… 88	ワンド・ペイジ …… 98
ワンド 2 …………… 80	ワンド 7 ………… 90	ワンド・ナイト …… 100
ワンド 3 …………… 82	ワンド 8 ………… 92	ワンド・クイーン… 102
ワンド 4 …………… 84	ワンド 9 ………… 94	ワンド・キング …… 104
ワンド 5 …………… 86	ワンド 10 ……… 96	

Cups
カップ・エース …… 106	カップ 6 ………… 116	カップ・ペイジ …… 126
カップ 2 …………… 108	カップ 7 ………… 118	カップ・ナイト …… 128
カップ 3 …………… 110	カップ 8 ………… 120	カップ・クイーン… 130
カップ 4 …………… 112	カップ 9 ………… 122	カップ・キング …… 132
カップ 5 …………… 114	カップ 10 ……… 124	

Swords
ソード・エース …… 134	ソード 6 ………… 144	ソード・ペイジ …… 154
ソード 2 …………… 136	ソード 7 ………… 146	ソード・ナイト …… 156
ソード 3 …………… 138	ソード 8 ………… 148	ソード・クイーン… 158
ソード 4 …………… 140	ソード 9 ………… 150	ソード・キング …… 160
ソード 5 …………… 142	ソード 10 ……… 152	

Pentacles
ペンタクル・エース‥ 162	ペンタクル 6 …… 172	ペンタクル・ペイジ…… 182
ペンタクル 2 ……… 164	ペンタクル 7 …… 174	ペンタクル・ナイト…… 184
ペンタクル 3 ……… 166	ペンタクル 8 …… 176	ペンタクル・クイーン… 186
ペンタクル 4 ……… 168	ペンタクル 9 …… 178	ペンタクル・キング…… 188
ペンタクル 5 ……… 170	ペンタクル 10 … 180	

ポイントレッスン 似ているカードの違いを見てみましょう（小アルカナ編）……… 190

Lesson Column
レッスンコラム2　タロット日記を書きましょう……………… 192

Chapter 4　タロットリーディング
実際に占ってみましょう ……………………… 193

占う前のこころ構え ……………… 194　　シャッフルとカット ……………… 198
質問の仕方 ……………………… 196　　スプレッドの種類 ……………… 200
1枚引き（ワンオラクル） …………………………………… 202
　Case 1 大アルカナのみで占う今日の運勢 ……………… 203
　Case 2 78枚で占う　今日の仕事運 ……………… 204
　Case 3 78枚で占う　今日の恋愛運 ……………… 205
スリーカードスプレッド ……………………………………… 206
　Case 1 これから半年間の恋愛運 ……………… 207
　Case 2 来週デートです ……………… 208
　Case 3 汚部屋です ……………… 209
ケルト十字スプレッド ……………………………………… 210
　Case 1 彼氏がいないのです ……………… 212
　Case 2 昨年引越をしたがまた今年も引越をしようかと思っています … 214
　Case 3 結婚したいと思っています ……………… 216
　Case 4 新しい職場に採用されました ……………… 218
　Case 5 やる気が出ません ……………… 220
変形ケルト十字スプレッド（地上の星）
　Case 1 彼の気持ちが知りたい ……………… 222
　Case 2 会社を辞めたい ……………… 224
　Case 3 SNSにハマリ気味です ……………… 226
　Case 4 職場の人間関係がいやです ……………… 228
　タロット占いQ&A ……………… 230　　あとがき ……………… 238
　タロット占い用語集 ……………… 236

Chapter 1

タロットの基礎知識

タロットカードはどこからきたの？

　タロットカードはどのようにして誕生したのか、それについてはミステリアスな説がたくさんあり、ひとつにまとまることがありません。今のところ中世ヨーロッパで、ルネサンス期の貴族の遊戯用カードであったことは確かなようですが、古代エジプトが起源という説などもあります。そのカードを 18 世紀末の神秘主義者たちが、描かれているシンボルから占いに結びつけていったといわれています。
　また、現代では心理学のユング派に代表されるように、心の奥を表出させるツールとしてさまざまなセラピーにも使われています。そのように古代から現代まで、時代が変わっても人の心を魅了し続けています。

代表的なタロットカード

　「マカロンタロット」は、世界で最もスタンダードといわれるふたつのタロットカードにならって作られました。

マルセイユ版

　16 世紀から 18 世紀頃にフランスのマルセイユで作られ始めた木版画のタロットです。マルセイユは当時、製紙業や印刷業が発達していて、デッキの生産が容易でした。また、港町であることから、他地域にも広がりやすかったようです。当時は占い用というよりもゲーム用として使われていたため、小アルカナはトランプのように数札に

なっています。幾何学的に構成されたデザインは凛とした美しさがあり、今でも根強い人気を誇っています。

「マカロンタロット」の「正義」と「力」の順番はマルセイユ版に準拠しています。

1910年にアーサー・エドワード・ウエイト博士によって作られたものです。彼は秘密結社といわれている「黄金の夜明け団」のメンバーとして神秘的なことを研究し、多くの著書を残しています。その研究の中で、これまでのタロットに独自の解釈とシンボルを加えたのがこのデッキです。絵を描いたのは同じメンバーのパメラ・コールマン・スミス氏という女性です。このタロットが当時も今も初めてタロットを手に取る人にとって大きな人気があるのは、小アルカナの数札に一枚いち枚具体的な絵柄があることからです。細かいルールにしばられることなく、絵のイメージだけでタロットを扱うことが可能になったため、どんな人でも気軽に扱うことができます。「マカロンタロット」の小アルカナもこのタロットに着想を得て作られています。

「正義」と「力」の順番については、ウエイト博士が占星術的解釈に基づいて入れ替えたといわれています。

タロットは誰にでも使えます

　タロットというと霊感などの特別な力がなくては占えないのではないか、というイメージを持っている人もいるかもしれませんが、特別な能力は一切関係ありません。どんな人の中にもかならずインスピレーションの能力はあり、タロットカードは誰にでも使うことができます。そしてタロットはそれを鋭くさせる効果があります。

　リーディングするときは心を平静にしてカードを引くだけです。出たカードの絵柄を見て感じてみましょう。心の中にふとよぎったこと、それが答えであり、インスピレーションです。

　ただし思ったことに対して、まさかそんなことはないとイメージを引っ込めると素直なインスピレーションを抑え込んでしまいます。瞬時に感じたことをそのまま受け止めることで、心の中にあった答えを引き出すことができます。
出たカードと質問の内容が自然とつながり、閃きを感じられるようになるでしょう。

　タロットは使えば使うほど、「カン」のようなものが研ぎ澄まされていくのが実感できます。つまり自分の心と対話ができるようになるということです。無意識下にある本当の意志と意欲につながるために、タロットカードを有効に活用してみて下さい。

シンクロニシティ

　長い時間をかけて多くの占術家やタロティストたちの研究や実践によって変容をとげてきたタロットですが、現代に至るまでその存在が色あせることがないのは、タロットに描かれている図柄に秘密があるのかもしれません。

　その図柄は、喜びや、希望、恐怖といった誰の人生にも遭遇しそうなシーンやドラマが織り込まれ、人の行動や思考パターンが網羅されています。いつの時代にも共通した自然の法則、すなわち普遍的なものが描かれています。誰の心の中にも共通してあるもの、これらは心理学者のユングが発見した「集合的無意識」と呼ばれているものです。わたしたちは皆そこでつながっているといわれています。
　例えば、長らく会っていなかった友達のことをふと思い出したら、その本人から連絡が来てびっくりするような経験をしたことはないですか？「集合的無意識」が似たようなものを同じ時間に呼びよせる、これがシンクロニシティといわれるものです。タロットにもこのような作用があるのではないかと考えられています。

　あなたが引いたカードは単なる偶然なのではなく、ふだんはまったく気が付いていない潜在意識がその時に必要なカードを引き寄せると考えます。

　つながる感覚、それがタロットの面白さであり、今もなお色あせることのない魅力だと思います。皆さんもたくさん実践してシンクロニシティを体験してみてください。

Chapter1　タロットの基礎知識

タロットカードの世界はひとつのストーリー

　大アルカナと小アルカナは、それぞれがひとつのゴールに向けて旅をするような物語になっています。カードは一枚毎にバラバラに存在しているのではなく、相互に関係をもちながら全体でひとつの世界を構築していますので、一枚ずつ意味を丸暗記するようなものではありません。

　本書では、カードの解説の冒頭で、前のカードの行動の結果があって今このような状態にいることをリレー形式で説明しています。タロットの順番には前のカードからのつながりがあります。その順番は、水が高い所から低い方へ流れていくように至ってシンプルです。人やものの成長と同じと考えてよいでしょう。
　例えば「愚者」は、人がおぎゃー！と誕生した状態です。赤ちゃんのときは知識や経験もなく、何にも囚われていない状態であるように、「愚者」もそんなキャラクターです。次の「魔術師」では、義務教育や社会に出るための専門知識を得て社会に飛び出す新しい出発の状態といえるでしょう。このように人が成長していく段階を忠実に追った順番になっています。

「愚者」のカードは特別扱い

　「愚者」に関しては、番号がついていないゼロの状態ですので扱いが特別です。「愚者」は人の成長に置きかえると、生まれ落ちたままの状態ですが、最後の21番目の「世界」のカードの後ろに置くこともできます。ひとつのサイクルを終えたあと、ふたたび「愚者」に戻り、次元のちがう舞台で新しいサイクルが始まるという意味になります。
　例えば野球選手が日本でのプロ野球人生に区切りをつけ、メジャーに挑戦するとき、メジャーリーグではふたたび「愚者」の状態から始まります。そうやって絶え間ない

循環の中で私たちは生きています。人生のストーリーのようにタロットの世界もひとつの物語になっています。

タロットカードに描かれているシンボル

シンボル、または象徴という言葉はタロットの世界以外でもよく耳にします。たとえば、東京タワーは高度成長期の日本のシンボルとか、鳩は平和の象徴というように、言葉で説明しなくてもその造形物やものを見ただけで、頭の中でイメージを想起させてくれる「しるし」のようなものです。

では、タロットに描かれているシンボルとは一体どんなものなのでしょう。例えば「太陽」のカードを見て下さい。太陽はどんなことを連想させてくれるでしょうか。まず全体的なイメージや言葉から明るい、何かを照らすもの、季節の夏などが浮かんできます。そして絵柄の他の部分に目をやると、太陽の下にいる子どもや馬、ひまわりなどの絵から連想できるものすべてが太陽の意味になり得ます。このように誰でも知っているものの絵から受けるイメージでリーディングできるのです。

解説書を見る前に、まずカードの絵をじっくり眺めてみてください。そこから感じ取ったものを大切にしましょう。かならずしも解説書にあることがすべてではありません。解説書はほんの道しるべのようなもので、そこから連想されるものは無尽蔵にあるでしょう。馴れてきたらボキャブラリーを増やしてみて下さい。

「ウエイト版」タロットは、西洋占星術やカバラ（ユダヤ教の伝統に基づいた思想）の象徴をふんだんに取り入れて描かれており、その一つひとつに意味があります。

本書では解説ページのカードに矢印を引いて、その「もの」の意味や何を象徴するのか、説明していますので参考にしてください。

Chapter1 タロットの基礎知識

大アルカナと小アルカナ

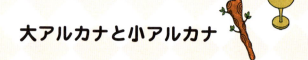

　タロットカードは大アルカナ22枚と小アルカナ56枚の合計78枚から成り立っています。大アルカナはゼロから21番目までの22枚です。小アルカナは4つの元素（エレメント）にそれぞれ分かれたエースから10までの10枚と、コートカード（人物が描かれたカード）のペイジ、ナイト、クイーン、キングの4枚、全部で14枚が4種類あります。

　4つの元素（エレメント）は、「火、水、風、地」の四大元素と呼ばれるものです。それぞれの呼び方は、火は「ワンド」、水は「カップ」、風は「ソード」、地は「ペンタクル」です。また、それぞれのエレメントに使われているマークを「スート」といいます。

　大アルカナは大きなできごとを、小アルカナはより具体的なことを表します。例えば、入学、就職、結婚など大きなできごとは大アルカナで見ることができ、小アルカナは、入学した先の環境はどんなところなのかなど、その先の細々したことを見ることができます。

　実際のリーディングでは大アルカナの出たポジションに、大きな意味があると読みます。例えば過去に大アルカナが出たなら、過去に取った行動は質問者にとって転換期であったことを示しますし、過去が小アルカナならそれは大きなできごとに向けての一過程に過ぎなかったことかもしれません。ものごとの優先順位や重要度を判断するのもリーディングの重要なポイントですので、大小アルカナ78枚を使う方が的確な理解につながるでしょう。

　このことから本書では大アルカナも小アルカナも同じスペース配分で解説していますが、まだ慣れないうちは大アルカナのみでリーディングするのもいいでしょう。第4章の実践リーディングで、大アルカナのみで占う一枚引きの占い方と事例がありますので参考にしてください。

逆位置

　タロットカードには、「正位置」と「逆位置」が存在します。「正位置」は絵柄の意味そのものを表し、「逆位置」はその意味がストレートに出にくくなることを表します。

　「逆位置」については読まないという考え方もありますが、「マカロンタロット」では「逆位置」を採用しています。それはタロットリーディングをすることによって、いろいろな面からものごとを観ることができるからです。ひとつのことがらには必ずよい面と悪い面がありますが、逆位置だからといって決してネガティブなことばかりではありません。
　例えば、「戦車」であれば、「正位置」では「進む」ですが、「逆位置」を「進まない」、と読んだとき、進まないことが良い結果につながることもあるでしょう。質問内容や、他のカードの状況によって判断するよう心がけて下さい。

　また実際にリーディングする際には「逆位置」を含むと、答えのバリエーションが増えますので、より具体的な答えを引き出すことができるでしょう。バリエーションが少ないほど、抽象度が高まって的確な答えを出すのが難しくなります。

　「逆位置」が出たときには、次のパターンを当てはめて考えることができますので参考にして下さい。
★エネルギーが逆流する　★過剰になる　★勢いが弱まる
★勘違いしてとらえている　★その状態から抜け出そうとしている

　小アルカナに関して、男性スートの「ワンド」や「ソード」は意味の正逆がハッキリ出る傾向があり、女性スートの「カップ」や「ペンタクル」は緩やかになる傾向があります。カード解説のキーワード表の正逆を見比べて確認してみて下さい。

解説ページの使い方

　左ページは、①タロットに描かれているアイテムやシーンの意味　②カードの物語の解説　③実践占いのガイドとして、「現象」「人物像」「正逆キーワード」をまとめました。「現象」「人物像」は基本的に正位置の意味を添えています。逆位置のキーワードから、「現象」「人物像」の逆位置バージョンを自分なりに考えることもできるでしょう。
左ページはカードの意味の大筋を理解できます。

　右ページはそれが具体的にどのような意味を持つのか、④このカードが出たときに考えられる正逆のシチュエーション　⑤「恋愛運」、「仕事運」、「健康運」、「金運」、「対人関係」のそれぞれ正逆のイメージフレーズとアドバイスを表にしてまとめています。実際に占った時の道しるべとして参考にして下さい。⑥途中に挟まれているイラストはそのカードに出てくる登場人物や背景をモチーフにした漫画です。一休みしたいときに楽しんで下さい。

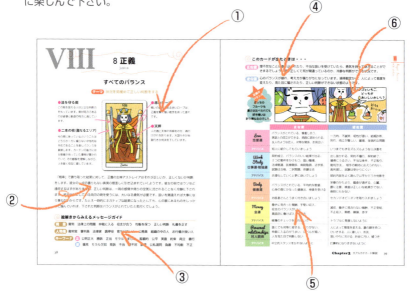

Chapter 2

大アルカナカード解説

大アルカナ

　78 枚の中の 22 枚が大アルカナと呼ばれるカードです。大アルカナの絵柄には、誰のこころにも共通した普遍的なテーマが描かれています。そのテーマの一つひとつは重要度の高いことがらを表します。また、トランプとは違うタロット独自の世界観が込められていますので、まずは大アルカナから触れ始めるほうがいいでしょう。

　0 番の「愚者」でものごとが始まり、21 番の「世界」で完成し、そしてまた「愚者」に戻るというサイクルは人生そのものです。

　「愚者」のカードには、いろいろな扱い方があります。ゼロを数に入れるか入れないかで大きな違いがあるでしょう。本書では、何もないところから始まって、再びないところに帰るという流れをとって「愚者」を最初に置いています。

　そして「8」と「11」の順番についてもいろいろな考えがあります。先にも述べたウエイト版は 8 番目に「力」を、11 番目に「正義」のカードを配置しています。これは占星術的観点に基づいた、マルセイユ版などとは違う構成です。どちらが正しいということではありません。

　タロットカードに記された数字にも意味があります。右ページに、「0」から「10」までの数字の意味を解説しますので参考にしてください。

数字が表す意味

0 …… その名のとおりゼロを表します。何もないからこそ無限の可能性を秘めています。

1 …… 始まりを意味します。自立や革新的なこと、独創性。

2 …… ひとつの「もの」が二つに分離し、ターゲットができます。そのターゲットを理解して受け入れることやバランス、もしくはライバルや対立を表します。

3 …… ものごとが増えることやクリエイティビティ、三角形が持つ上昇パワーは発展を表します。

4 …… 固定させて推進する力と秩序、基盤や現実性など、四角形は安定することから物質を表します。

5 …… 人間の五感、五体を表すことから、自由な活動力や創造性を意味します。「4」で安定したものを変化させて新しいものを生み出しますが混乱にもつながります。

6 …… 「3」の上昇する三角形と下降する三角形のふたつの三角形が合わさった六芒星(ダビデの星)をつくり、調和を意味します。「5」で自分らしさを得たので「6」で他者の要求を受け入れることができ、美とバランスを表します。

7 …… 発展の「3」と安定の「4」が組み合わさり、ひとつのサイクルを表します。(虹の7色や、一週間は7日間など)そこからさらなる飛躍をするためマジカルナンバーとも呼ばれています。「6」で他者との調和を学んだのでそこから前へ進む、違うエリアへ踏み込みます。

8 …… 「8」を横にすると無限になり永遠の力を表します。安定を表す「4」をふたつ持っているため秩序は保たれます。「7」で違うエリアに踏み込んでそこで大きな力を得るので、集中する、権力を持つ、という意味も持ちます。

9 …… 「8」で煮詰めた結果、到達します。「9」は一桁の数字のすべてを含み統合させる力を持ち、統合させたものを振り返り内省します。

10 … 完全を表します。「10」は1+0で1の原初へ戻る再生力を持っています。ひとつの終わりと完成、次へのステップを表します。

愚者
The Fool

何も持たないから見えるもの

テーマ ゼロからスタートする　魂を自由にする

●**崖っぷち**
夢ばかりに夢中で、危ない場所でも平気で近づいてしまう無鉄砲ぶりを表しています。

●**白く険しい山**
試練に満ちた旅路を暗示します。これから出会うであろう困難や厳しさ、世間の荒波を示しています。

●**杖**
とにかく旅に出たい（何か始めたい）という意志の表れです。

●**荷物**
中には過去世からの贈り物が入っています。でもまだ使い方が良くわからないので持っているだけ。彼の才能は世の中にまだ発揮されていません。

●**白い花**
純粋で無垢な魂を表します。

●**白い犬**
忠実な友だちです。

　彼は家も仕事も何も持たず、どこにも属していない放浪者です。彼はこれから21枚の大アルカナの旅を始めようとするところです。何も持たないことの強みは無限の可能性を秘め、すべてが新鮮で好奇心にあふれています。目深にかぶった帽子は周りが見えているのかいないのか、危険な崖っぷちに平然と近づき友達である犬をハラハラさせています。崖の向こうはまだ経験したことのない未知の世界です。知らない世界に飛び込むときは臆病になりがちですが、彼はそんなことはおかまいなし。輝く太陽はそんな「愚者」の未来を明るく見守っています。

◎ 絵解きからみえるメッセージガイド

現象	引越し　旅行　移動　解放　辞職　新しいこと　自由なこと　何もかも捨てて身軽になる
人物像	自由人　若者　フリーター　バックパッカー　天才　芸人　芸術家　起業家　奇人変人　未経験者
キーワード	正　希望　可能性　天真爛漫　脳天気　型破り　無邪気　発想力　気まま
	逆　無計画　無知　軽率　気まぐれ　現実逃避　無謀　ひとりよがり　中途半端

🌀 このカードが出たときは・・・

正位置 損得抜きのまっさらな心で状況を見渡せます。今までとはちがう新しい世界を感じているのなら飛び込むことができるシチュエーションです。

逆位置 いいかげんな態度と甘い考えで、行動がコロコロ変わり、周囲から見放されてしまうかも。調子がいいだけの人と思われているかもしれません。

愚者の気付き

望遠鏡片手にちょっと成長した愚者なのですが・・・痛い目にあっても何度もチャレンジ！

	正位置	逆位置
Love 恋愛運	束縛しない、自由、形にとらわれない、事実婚、別れて自由を手に入れる、先のことを何も考えていない、離婚	妄想にふける、いいかげん、振り回す、楽しいけど結婚相手ではない、その場限り
アドバイス	余計なことは考えず素直になることが大事	思いやりを持ってみましょう
Work Study 仕事運・勉強運	辞職、退職、転勤、重圧から逃れる、旅行関係（あちこち巡る仕事）、芸能関係、フリーランス、アルバイト、勉強は場所を変えて気分転換、ベンチャービジネス	無職、失業中、定職に就けない、意に沿わない異動、無責任な仕事ぶり、長続きしない、準備不足でテストは不合格
アドバイス	未経験なことにチャレンジしてみましょう	逃げないで現実をしっかりみましょう
Body 健康運	若々しい、ストレスをためない生活、動き回るから運動は足りている	不規則な生活、健康に無関心、ケガに注意
アドバイス	健康は心配ないけど落下に注意	医師や周りからの忠告を聞きましょう
Money 金運	収入にこだわらない、お金がなくても楽しくやりくり、その日暮らし	不安定な収入、金銭感覚がない、散財、借金に抵抗がない
アドバイス	お金よりやりたいことを優先しましょう	収支の計画を立ててみましょう
Personal relationships 対人関係	根拠のない自信家、何も考えていない、無欲さから周囲の支持を得られる	何者でもなく何も持っていないことが悪い方に向く、中途半端な生き方、周囲に不信感を抱かせる
アドバイス	分け隔て無い交流を	自分の置かれている立場を考えましょう

1 魔術師
The Magician

すべてをはじめる意志のちから

テーマ どんな状況においてもとりあえず何かを始める

●杖（ダブルポイント）
両方にポイントがある杖は、陰と陽の一体化を表し、強い意志の象徴です。この杖で天からのメッセージを受信し、地面を指すもう一方の手で地につないでいます。

●4大元素グッズ
この世界はすべてワンド、カップ、ソード、ペンタクルの4元素を巧みに操り、ものごとをつくり上げています。

●レムニスケート
無限の力を意味します。

●ウロボロスの蛇
しっぽを噛む蛇は永遠性と、尽きることのない人類の進化を表します。

●赤いクロス
情熱を表します。

●ダイスと玉
実現不可能なことが起きているかのように、気分を楽しくワクワクさせる小道具です。

何をして良いのかわからず旅をしてきた「愚者」から「魔術師」に変貌（へんぼう）をとげることは、目覚めの第一歩です。インスピレーションのおもむくままに店開きをしてみました。さあ、寄ってらっしゃい、見てらっしゃい、テーブルの上に道具を並べ、イリュージョンを繰り広げています。魔術師は、こう！と決めたらどんなものでも使って何かをつくり上げていく強い意志と巧みな技を持ち合わせています。何を置いてもこの衝動は止められません。閃（ひらめ）いたことをどのようにしたら実現できるのか、それはアイデアと情報収集、何にでも対応できる柔軟さ次第でどんなことだって始められるでしょう。

絵解きからみえるメッセージガイド

現象	ステージショー　イベント　新生活　新学期　新装開店　新プロジェクト　見本市　講演　連絡　トーク
人物像	若者　新入生　新入社員　芸人　エンジニア　弁の立つ人　口だけの人　遊び人　ペテン師
キーワード	**正** 始まり　表現力　器用　機知に富む　商才　技術力　スタートダッシュ　自立
	逆 意志薄弱　インチキ　悪智恵　未熟　技術不足　見栄　詐欺（さぎ）　優柔不断　無責任

このカードが出たときは・・・

正位置 何か言いたい、伝えたい、始めたい、そのためならどんな人とでも素直につきあえて、交友関係が広がります。また、イメージしたことはすんなりと言葉にできるでしょう。

逆位置 何か始めたいけど始まらない。ズルズルしてしまう内向きさがありますが、根が明るいカードなのでそこまで深刻にならないでしょう。準備段階に何か滞りがあるかもしれません。

魔術師の鍛錬
誰をも引き込む魔術師の口上は磨き上げられていくのでした。

	正位置	逆位置
love 恋愛運	メールなどのやりとりで急接近、付き合い始める、若い相手、ノリが合う、合コンで芸を披露、新婚生活スタート	コミュニケーション不足、口だけの相手、騙される、なかなか始まらない、マンネリ、かみ合わない、タイミングがずれる
アドバイス	人と楽しく集まる場所に幸運の出会いが	一か八か捨て身で迫ってみましょう
Work Study 仕事運・勉強運	クリエイティブな仕事、面接試験合格、新企画の立ち上げ、アイデアを出し合う、人事を刷新する、新メソッドの取り入れ、勉強は最初が肝心	技術不足、知識不足、野心が足りない、出来ない約束をして失敗する、空回り、昇進できない、確信がない、詐欺まがいの商売、浪人生活開始
アドバイス	仕事や勉強も新しい方法を考えましょう	初心に戻って取り組んでみましょう
Body 健康運	若々しい、新鮮な生活によって健康は維持、トレーニングジムなどに通い始める	喉や手の痛みなど、神経系、呼吸器系、落下物によるケガ
アドバイス	心配無いようですが油断は禁物	今は深刻ではありませんが定期的に検診を
Money 金運	やりくり上手、投資や副業を始める、目標を持ってお金を貯められる、的確な判断で賭けには勝てそう	情報収集ミスから損失を出す、悪徳商法に乗ってしまう、ミスで弁償、意志に反した浪費、低収入
アドバイス	いつでも新しい情報収集を忘れずに	お金の貸し借りには注意を払いましょう
Personal relationships 対人関係	意思伝達することで交友関係が広がる、トークが楽しい、ノリが合う、趣味が合う	いいかげんな付き合い、本心が言えない、優柔不断な態度で不信感を与える、口約束、適当な態度
アドバイス	楽しめる知識や趣味の交流を	意志や誠意を伝えることから始めましょう

Chapter2 大アルカナカード解説

2 女教皇
The High Priestess

直観と知性で真実を見通す

テーマ ピュアな感性で、神秘を追求する

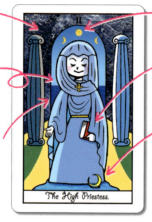

● **二本の柱**
陰と陽（女性性と男性性）の間に居る女教皇はどちらにもかたよらない中庸さを表しています。

● **水色のローブ**
精神性の高さを表す色です。

● **背後の海**
海は潜在意識の象徴です。その世界は霊界であり、彼女がもつ叡智からその霊界と現世を行き来することができます。そこから潜在意識の力を汲み上げることができます。

● **頭の月**
月の満ち欠けは女性性を表します。

● **書物（神の教えの書）**
手に持つことで書物の内容を理解していることと、神秘的権威を表します。

● **足元の月**
水にひたされた月は、むき出しの感情も隠し持っています。足元なのでそれに気が付いておらず、女性としてはまだ未熟な少女であることを表します。

閃光を放つ「魔術師」のイリュージョンから一転、ここは静寂が闇を包む海辺です。澄みわたる月の光に照らされ、「女教皇」は神からの啓示を受けるべく心静かに瞑想をしています。彼女は神託を授かる巫女であり、不思議な力を持っています。神秘の営みである月の満ち欠けや、潮の満ち引きを秩序たてて追求し、ものごとの裏表をしっかり見通せる洞察力につなげています。その直観力は、ピュアな感性によって心の奥底にある叡智を汲み上げたものです。また、クールな青いローブの内側には純真な乙女心も隠し持っています。

絵解きからみえるメッセージガイド

現象	気付き　現代科学では説明できない　儀式　本のある生活　神社仏閣巡り　勉強する
人物像	少女　占い師　巫女　スピリチュアルガイド　カウンセラー　学生　学者　理知的な人　中性的な人
キーワード	**正** 本質を見極める　洞察力　純粋　思慮深い　冷静　イノセント　知的　勉学　精神性
	逆 ヒステリック　うぬぼれ　表面的な知識　神経質　潔癖性　過剰な執着　不安定な感情

このカードが出たときは・・・

正位置 もっと向上したいという意欲がわいてきて、自然に勉強がしたくなるでしょう。ものごとの理解が深まる良いチャンスです。

逆位置 自分の理想に合わないことを恐れて、ものごとを受け入れるのに神経質になっています。人に対して批判的になり、心が狭くなっているのかもしれません。

女教皇の乙女心
いつもクールな女教皇ですが・・・恋愛成就のおまじないはいつも実行中!!

	正位置	逆位置
Love 恋愛運	プラトニック、内面の魅力に惹かれる、精神的な結びつき、秘密の恋、理想的な恋愛、片思いは現状維持	理想が高すぎる、依存的、バーチャル恋愛、プライドが高く素直になれない、関心がない、女性としての自分にコンプレックスがある
アドバイス	受け身な姿勢が幸運を引き寄せます	潔癖過ぎるとチャンスを逃すことも
Work Study 仕事運・勉強運	知性や専門知識を活かす、研究職、作家、編集者、秘書、経理、出版関係、資格取得でスキルアップ、試験勉強は順調	研究不足で結果が出ない、不本意な仕事、理想どおりに行かない、協調性がない、偏見や思い込みで正しい判断ができない、裏目に出る、試験はヤマがはずれる
アドバイス	迷ったらインスピレーションに身をゆだねて	自分の本質に気付き謙虚になってみましょう
Body 健康運	正位置・逆位置とも胃、消化器系、胆のう、肝臓、子宮、婦人科系はもともと強くない	冷え性からくる色々な病、イライラ、情緒不安定、うつ、不眠、女性ホルモンの減少
アドバイス	精神性を高めるエクササイズやヨガを	半身浴や体を温める食事で体温アップを
Money 金運	堅実にお金を増やす、適正な労働の対価、物欲があまりなく無駄な消費がない、スキルアップのため自分への投資	欲求をコントロールできず浪費傾向、買い物依存症、衝動買い、行き過ぎた節約でギスギスしている
アドバイス	学識を深める投資は惜しみなく	視野が狭くなっているので投資は危険
Personal relationships 対人関係	思慮深さから信頼を得る、相談相手、趣味や理想が同じ仲間、意識の高い会話ができる	ストレスでイライラ、周りを寄せ付けない、批判や悪口を言って傷つける、誹謗中傷を書き込む
アドバイス	理想を追求できる仲間を大切に	自分は正しいという思い込みは捨てましょう

3 女帝
The Empress

すべてのものを生み出し育てる愛情

 優雅にものごとを増やす　豊かさを味わう

●**王冠**
12星座を象徴した星の飾りは、運命的なサイクルを操作する力を表します。

●**草花模様の壁紙**
自然への慈しみと、育てることの喜びを表しています。

●**ぶどうの房の模様**
ぶどうの房は豊穣のしるしであり、成熟した肉体の象徴です。

●**笏＋宝珠**
男性性と女性性のエネルギーが交わって新たな生命を生み出すしくみを表します。

●**白テンの毛皮で縁取られた美しいマント**
白テンは王侯のための毛皮で不滅を象徴します。うるわしいマントは「美」に対する意識や喜び、表現力をアピールしています。

　形なきものの深淵を探ってきた「女教皇」から無意識のメッセージを受けとった「女帝」は、ものごとを形にし生み出します。果実や穀物が大地からの栄養を存分に受け取って育つように、彼女もまた惜しみない愛ですべてのものに命を吹き込みます。彼女が手がけると、どんなものでもキラキラ輝き出すのは彼女が母性愛にあふれた人だからでしょう。幸せのオーラに包まれた彼女は「美」の意識も強く洗練されたライフスタイル、メイクやファッション、アートにも秀でた才能をみることができます。彼女がつくり上げたものは周りの人を幸福にし、優美な気分に浸らせてくれます。

◉ 絵解きからみえるメッセージガイド

現象　収穫　パーティー　結婚　妊娠　出産　成功　愛の営み　生産　母性愛　クリエイティブ

人物像　男女問わず魅力的でセクシーな人　母　芸術家　デザイナー　グルメな人　女子力がある人

キーワード
正 愛し愛される　優雅　幸せ　楽しい　成長　援助　豊富　平和　円満　繁栄　官能
逆 贅沢　肥満　ひがみ　不満　不妊　望まぬ妊娠　過保護　悪趣味　自己中心的　浪費

このカードが出たときは・・・

正位置 幸福が訪れ、ものごとが発展していきます。関わる人達にも幸せを分け与え、みんなの運気も上げていきます。好きなものに囲まれて楽しく過ごすことができるでしょう。

逆位置 満たされない不満や不安から嫉妬心が生まれ、つい僻んでしまいそう。不機嫌な気持ちのままでは成長できないでしょう。自己中心的な考えは後で後悔するかもしれません。

女帝の日常
愛し愛される女帝は妻であり、母であり、そして女であり続けるのでした。

	正位置	逆位置
Love 恋愛運	恋愛の成就、相思相愛、プロポーズ、結婚を前提とした付き合い、望まれた妊娠、恋愛の喜びを知る	実りのない恋、相手に合わせる、エゴ、束縛、都合のいい人、愛情過多で重い、詮索、浮気、満足できない、愛情の停滞
アドバイス	母性的な包容力で	相手に多くを求め過ぎ
Work Study 仕事運・勉強運	人気、大成功、女性相手の仕事、美的センスを活かす、保育関係、美容関係、アート関連、花屋・ガーデニング、飲食、金融業、成績アップ、試験は合格	成果が得られない、足踏み状態、お局、色気を売りにした仕事、闇取引、裏工作、不正行為、他人まかせ、搾取、労力を使わずに儲ける、勉強は手つかず
アドバイス	お互いに認め合って成長しましょう	目先の利益優先は止めましょう
Body 健康運	バランスがとれて良い状態、お肌の調子が良い、ダイエット成功、女性としての美を追求、妊娠可能	喉・腎臓・膀胱・腰・婦人科系、ガンや筋腫、膿腫
アドバイス	美を保つエクササイズは怠らずに	楽しめる運動で体力づくりを
Money 金運	収入アップ、リッチな生活を手に入れる、おごられ運、資産運用、蓄財、家族や子どものための臨時収入	貧乏になることはない、貢ぐ、金欠でも遊びが過ぎた浪費、高価なものを購入して収支が合わない
アドバイス	美を追求する投資をしましょう	買い物依存に注意しましょう
Personal relationships 対人関係	話題が豊富、楽しい、女子会、やさしい気持ちになれる、人気者、ママ友、女子力アップできる仲間、	エゴや嫉妬心、ネチネチした関係、見栄を張る、うわさや陰口、派閥をつくる
アドバイス	幸運は惜しみなく分け与えましょう	プライドを捨てて自分から働きかけましょう

4 皇帝
The Emperor

社会の基盤をつくるエネルギー

テーマ バイタリティを持ってやりたいことを実現する

- **牡羊の顔**
勇気と自信を象徴します。

- **赤いマントと甲冑**
赤いマントは情熱と強い意志を、その下の甲冑は冷静さを表します。

- **笏（アンク十字）**
男性性と女性性のバランスを意味し、永遠の象徴とされます。

- **足の組み方**
「4」の数字の形に組んだ足は安定を意味します。

- **赤いトーン**
戦いを経てこの地位を獲得した情熱を表します。

- **背後のとがった岩山**
とがった山の頂点は、世俗的な成功や、権力を表します。

- **宝珠**
地上を支配する権力の象徴であり、左手（女性性）に持っているのは愛で地球を救いたいという意志の表れです。

多くのものを優美な愛で生み出してきた「女帝」が母であるなら、「皇帝」は社会に秩序やルールをもたらす厳格な父であり、政治、法律、権力や組織など社会の基盤を表します。鎧姿で山岳地帯に玉座を構えている理由は、厳たる社会を統括し今なお臨戦態勢にあるからです。もう充分だろうと戦いを終えることなく、よりよい世界をつくるために働き続けます。背後にある噴火寸前の山々は、情熱と果敢な闘争心をあおっているようです。そのエネルギーは、私たちが社会で生きて行く上で守るべきもの、尊厳や立場を主張するとき、とてつもない力を発揮するでしょう。

絵解きからみえるメッセージガイド

現象	出世 昇進 就任 実現 獲得 勝負に勝つ 勝訴 公共事業 インフラ整備 常識的 マニュアル通り
人物像	父 おじさん 社長 上司 組織のトップ 稼ぎ頭 長 リーダー 体育会系のキャラ
キーワード	**正** 建設的 リーダーシップ 具体化 決断力 実力で勝ち取る 管理能力 責任力
	逆 独裁 過信 頼りない 傲慢 頑固で扱いにくい 実力が伴わない 指導力の欠如

このカードが出たときは・・・

正位置 目標に向かって着実に進んでいます。強い意志と情熱を持って、ものごとを成し遂げようとしています。信じる道を切り開くには多少強引でも周囲は納得し協力してくれるでしょう。

逆位置 ムリのある状態です。責任の重圧や、身体がしんどい、腹が立つ、などのときは意地を張らずに周囲に協力を求めると良いでしょう。無理に進めても、良い成果は得られません。

皇帝の快進撃
飛ぶ鳥を落とす勢いの皇帝の征服劇はとどまるところを知らず猛進中なのでした。

	正位置	逆位置
Love 恋愛運	頼りがいのある人との出逢い、ひとめ惚れ、リーダーシップをとる、安定、型にはまる、つきあい始める、男性として認める	やり過ぎのアプローチで失敗、期待はずれ、頼りない相手、腹が立つ、支配する・される、セオリー通りではない、別居、離婚
アドバイス	男性に主導権を譲るとスムーズ	DV男やストーカーには気をつけて！
Work Study 仕事運・勉強運	大抜擢、出世、評価を得る、目的達成、ネームバリューのある会社、建築土木業、大きな利益を得られる職種、不動産、金融関係、勉強は目標点達成	企画が通らない、昇進できない、協調性がない、組織内では使いにくい、部下がついてこない、パワハラ、独断で失敗、リーダーシップがない、上司に恵まれない、勉強は復習が大事
アドバイス	妥協のない大胆な行動が功を奏します	手柄や名誉に執着せず協調性を持ちましょう
Body 健康運	快調、やる気がある時は体調が良い状態、タフ、強い肉体、パワフル、頑強	忙しすぎる、エネルギーの欠如、高血圧、無茶なスケジューリングで体を壊す、成人病、男性機能の疾患
アドバイス	スポーツジムで汗を流しましょう	頭に血が上りやすいので注意しましょう
Money 金運	昇給、蓄財、精力的に稼ぐ、資産の運用、強気の投資、ギャンブルはツキがある時	金遣いが荒い、投資で多額の損失、行き過ぎた接待で赤字、不明な収支金、ギャンブルは負け、ローンを組めない
アドバイス	家を買うなど大きな買い物も	見栄を張った買い物で散財しないように
Personal relationships 対人関係	リーダー的存在、注目の的、少々強引、信頼が厚い、情熱的、みんながついていきたくなる、頼れる人	虚勢を張る、身勝手な行動、頑固、横暴な人だと思われてしまいがち、周囲から浮いている
アドバイス	賛同してくれる人を大切にしましょう	柔軟性を持って接してみましょう

5 法王
The Hierophant

善良な道への導き

テーマ　信じるものを持つ　頼れる人を大事にする

●**右手のピース**
神の祝福を表します。

●**二人の弟子**
バラの衣装とユリの衣装は神への情熱と純潔を表しています。

●**足元のクロスされた鍵**
「金と銀」、「太陽と月」、「陰と陽」、「生と死」の謎を解き明かす鍵です。法王はその謎を解き明かす叡智を持っています。

●**三重の冠**
父と子と聖霊の三位一体を表し、権威や名声の高さを意味します。

●**教皇十字**
精神、魂、肉体の領域を意味し、三位一体の平和を表します。

●**司祭服**
赤は人々を救う情熱、白は神への純潔を表しています。

「皇帝」が築き上げた物質社会の中で、私たちがより幸せになるには心の問題が大事だと気付かされます。「法王」も天界と地界を行き来できる存在であり、神の言葉を預かります。その叡智を人々に伝え、振る舞いに対して優しさと厳しさをもって、善良な方向へ導いてくれます。二人の弟子たちは彼の教えと導きによって安らいだ表情をみせています。内面の充足によって本当の幸せが訪れることを教えてくれているようです。信じる心は精神的な糧となり、教えは受け継がれていくでしょう。信頼できる人や尊敬できる人との出会いは、大切な宝になります。

絵解きからみえるメッセージガイド

現象　気付き　相談　協力者出現　援助　結婚　セレモニー　宗教施設に携わる　自己信頼

人物像　おじいさん　おじさん　説教する人　アドバイザー　目上の人　紹介者　先生　偉い人

キーワード　**正** 伝統　習慣　保守　規範　合法　善良　慈悲　規則　正しい行い　縁結び
　　　　　　　逆 変則的　常識外れ　無信仰　狂信的　援助の中止　誤った助言　誤解　契約破棄　不信　八方美人

🌀 このカードが出たときは・・・

正位置 時代の流れの中でいつも変わらないもの、変えてはならない価値観を大事に思うことができます。それがあなたの心の中の真実とつながって善良な行いができるでしょう。

逆位置 いけないこととわかっていながら、悪の方向へ進んでしまいがち。善と悪の間で揺れ動き、いつまでも心のどこかで何かが引っかかっているような一抹の不安があります。

法王の教えと導きはどんな場合をもってしても人を動かしてゆくのでした。

	正位置	逆位置
Love 恋愛運	良縁に恵まれる、結婚前提の付き合い、信頼できる相手、結婚式を挙げる、一般的な幸福、お見合い、養子	騙す・騙される、結婚する気がない、家柄や家風が合わない、結婚と恋愛は別、信用できない、認めてもらえない、下品な相手
アドバイス	信頼している人に紹介を頼みましょう	少し距離を置いてみましょう
Work Study 仕事運・勉強運	昇進、昇格、結婚コンサルタント、宗教関係、医療関係、良い上司がいる、権力と名誉、公的機関、公務員、法律関係、良い先生について勉強の理解が深まる	契約は注意、騙される、孤立、上司との関係が悪い、尊敬する人がいない、辞めたい、契約終了、先生の教え方が合わず勉強はやる気がない
アドバイス	実利より名誉を重視して	会社のタテ社会から抜け出しましょう
Body 健康運	医者に行く、生活規範が守られていて健康でいられる、宗教的節度を持った生活で体調は安定	肝臓・心臓の不調、信用できない医者、かかりつけの病院が定まらない
アドバイス	お医者さんのアドバイスに従いましょう	セカンドオピニオンも忘れずに
Money 金運	正当な収入、安定収入、支援金などの管理、相続、国債を買う、計画性のある運用、冒険せず手堅く貯める	盗難・詐欺に注意、裏金、不正出金、計画性のない運用、わけのわからない出費、人に知られたくないものを買う
アドバイス	お金儲けにあくせくしないように	支出の立て直しをしてみましょう
Personal relationships 対人関係	穏やか、信頼される、お行儀のよさ、目上からも可愛がられる、謙虚、真面目、肩書きがある	礼儀を知らない、信用されない、常識的マナーがなっていない、変わり者、お金にうるさい、偽善者
アドバイス	目上の人を立てて敬いましょう	相手がいやがることはやめましょう

6 恋人たち
The Lovers

選んだ出会いの向こうに見えるもの

テーマ 頭で考えずハートに従う

●**キューピッド**
愛の矢を射る天使です。

●**エデンの園の アダムとイブ**
エデンの園の伝説、誘惑の象徴です。

●**アダムの目線**
とても幸せそうに見えますが、実はイブはアダムを見つめるふりをしてヘビにも目線をおくっています。ヘビの誘惑と神の教え、どちらを選ぶのか揺れています。

●**青空、太陽、高い山**
どちらかを選んだ向こうには幸せが待っています。明るい景色は二人の気分を高めています。

●**赤い知恵の実**
知恵の実を食べたことによって、原罪を背負ってしまいます。

●**ヘビ**
イブが誘惑されています。

「法王」からのプレゼントは幸せになるための教えでした。ある日、いたずらなキューピッドがアダムとイブに天から愛の矢を放ちます。ふたりは瞬く間に恋におち、辺りは明るく光り出します。出会いは自分を照らしてくれるもの、純粋なハートに従って選んだものは人生を輝かせてくれるでしょう。ふたりが裸なのは何の隠しごともない間柄、だけどふたりの間に割って入ろうとしているヘビが誘惑のチャンスをうかがっています。ちょっとした気の迷いでヘビの誘いに乗ってしまった時、人生を狂わされてしまうのも刺激のひとつ。恋多き「恋人たち」はその瞬間のフィーリングを大事にしているのです。

◎ 絵解きからみえるメッセージガイド

現象	恋におちる 出会い 恋愛・結婚 熱中できるものが見つかる 意気投合 小旅行 流行
人物像	カップル 若い男女 おしゃれでかわいい人 人気者 浮気者 流行に敏感な人
キーワード 正	選択 友情 結婚 シェア 無邪気 魅力 フィーリング 分かり合う 分かち合う
逆	選択ミス 不決断 迷い 誘惑 気まぐれ 飽きる 移り気 不誠実 垢抜けない

このカードが出たときは・・・

正位置 なにかいいことがありそうです！心を分かち合う人や仲間ができるでしょう。また、恋の出会いや暗示もあり魅力が UP しています。

逆位置 選べない、決断できない、インスピレーションが働かなくなってチャンスを逃してしまいそうです。今は無理に決められない状態です。

恋人たちの痴話げんか
ケンカするほど仲が良い？
隠し事がないのは信頼しているから!?

	正位置	逆位置
Love 恋愛運	ひとめ惚れ、電撃的な出会い、分かち合える、いつの間にか結ばれていた、相性がよい、ラブリーなできごと、楽しいデート	複数の人がいて選べない、決め手がない、浮気、三角関係、愛よりお金に目がくらむ、享楽的、好きだけど一途ではない
アドバイス	楽しいことを最優先にしましょう	誤った選択をしていることに気付いて
Work Study 仕事運・勉強運	協力関係、接客業、アパレル関係、共同経営・合併、感覚を活かした仕事、デザイン関係、プライベートと仕事の調和がとれている、楽しい職場、グループ学習で能率 UP	ケアレスミス、小さなミスが重なる、協力してもらえない、仕事が面白くない、契約解消、いいかげんな仕事ぶり、遊びに夢中で勉強に本腰を入れられない
アドバイス	気分転換を上手く利用しましょう	自分がどうしたいのかをよく考えましょう
Body 健康運	若々しい、体調は良好、楽しい生活で健康維持、ストレスがない	深刻ではないが不規則な生活からくる体調不良、楽しみすぎて二日酔い、肩・首・手・腕・肺、遊びすぎ
アドバイス	楽しい健康法を探してみて	不摂生はほどほどにしましょう
Money 金運	働いただけの報酬を得る、割り勘、山分け、お金がなくても楽しく過ごせる、楽をして収入を得る	凝りすぎる趣味に浪費、その日暮らし、報酬は一般と比べて少なめ、割り勘負け、不公平だけど気にしない
アドバイス	楽しく働き、買い物も楽しんで	収支を調和させてみましょう
Personal relationships 対人関係	仲良し、相性がよい、トークが楽しい、連絡をよく取り合う、面白い、モテる、流行に敏感、お洒落	微妙な関係、中途半端な付き合い、口約束、楽しくない、盛り上がらない、八方美人、表面はいい顔をして裏では悪口
アドバイス	サービス精神を発揮しましょう	好き嫌いをハッキリさせて素直になりましょう

7 戦車
The Chariot

まっすぐに進んで得た勝利

テーマ 攻めの姿勢でエネルギッシュに動きまわる

●**頭上のシリウス**
エジプトでシリウスは導きの星とされています。

●**杖**
ワンド、強い意志を表します。

●**2頭のスフィンクス**
大人しい白のスフィンクスと荒々しい黒のスフィンクスは、それぞれの理性と本能を表し、それらをコントロールすることではじめてこの戦車を乗りこなすことができるとされています。

●**天蓋**
守られているポジションであることを表します。

●**月のマークがある甲冑**
月は蟹座のシンボルで家族の絆を表します。彼はまだ親の庇護のもとにいて、ベルトや甲冑は両親から与えられたものです。

●**凱旋中**
エジプト遠征で連れて帰ってきたスフィンクスに乗って勝利をアピールしています。

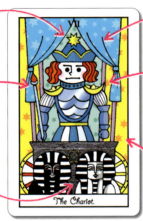

「恋人たち」で選んだことを進めようと天蓋付きの戦車に乗った若き王子が現れます。彼は「女帝」と「皇帝」の息子であり、国の将来を担う存在です。彼は今から遠征に旅立つところです。欲しいものを手に入れるため、勇敢に戦う決意をあらわにしています。彼が思う存分に力を発揮できるのは、親や国の後ろ盾があるからです。帰る場所や守りたい場所があるからこそ、挑戦する意欲を有利に働かせることができるのです。まっすぐに突き進む戦車はもう誰にも止めることはできません。2頭のスフィンクスを手綱なしで自由に操る神通力とともに、必ず勝利を得て帰ってくるでしょう。

絵解きからみえるメッセージガイド

現象	勝利する ドライブ 車を購入 パレード 移動 転勤 引越 運動 何かを達成していく
人物像	若い人 御曹司 忙しい人 頑張っている人 レーサー ドライバー アスリート 熱い人
キーワード 正	積極性 両立 野心 征服 目標達成 素早い 努力 克服 奮闘 多忙 動き回る
キーワード 逆	暴走 コントロールできない 挫折 故障 敗北 失敗 事故 ケンカ 悪戦苦闘

🌀 このカードが出たときは・・・

正位置 勢いをつけてどんどん前に進むことができます。努力した分だけ結果がついてくるのでやり甲斐があります。また困難に立ち向かう姿は周りの人に勇気を与えるでしょう。

逆位置 押さえきれない苛立ちや、何かにあたりたくなる衝動に駆られたり、暴走気味になっています。言いたいことがあればその場で伝えることで案外スッキリします。

戦車の好きなこと
操縦好きの戦車は自分が運転できるならどんな車でも大好きなのでした。

	正位置	逆位置
Love 恋愛運	スピーディーな展開、ライバルに勝つ、ノリのいい相手、楽しい相手、告白する	一方的になって暴走する、進展がない、相手を過保護にしてしまう、ライバルに負ける、失敗する
アドバイス	情熱と勢いでぶつかってみましょう	少し落ち着いて接してみましょう
Work Study 仕事運・勉強運	バリバリ頑張る、忙しい、情熱的、一途、デスク作業より営業などで外を回る、スポーツを生業とする、ドライバー、試験は勢いで合格	トラブル、勘違い、荷物が届かない、渋滞で遅れる、仕事上のケンカ、事故により遅延、早いだけで雑な仕事ぶり、忙し過ぎる、勉強は伸び悩み
アドバイス	リスクを顧みず常にチャレンジしましょう	協調性を大事にしましょう
Body 健康運	年齢より若く見える、健康のことはあまり眼中にない、食欲増進、運動量が多い	胃が荒れている、発熱、家系的な病気に注意、肉体疲労、過労、生活が不規則
アドバイス	動き回ることで健康を維持しましょう	健康を過信せずお医者さんに行きましょう
Money 金運	努力した分の報酬を手にする、お金の出入りが激しいがバランスは取れている、ギャンブル運あり	望み通りの報酬が得られない、無駄な浪費、お金の出入りが激しくバランスがとれていない
アドバイス	ハードルを上げて貯金計画をしてみましょう	気軽にローンを組まないようにしましょう
Personal relationships 対人関係	軽快で活動的、ノリが合う、テンポの早いトーク、スポーツ仲間	せっかち、早とちり、ケンカ、雑な対応、イライラする
アドバイス	同じ目標にむかって頑張りましょう	急がないで同調する努力をしてみましょう

8 正義
Justice

すべてのバランス

テーマ　状況を見極めて正しい判断をする

●**法を守る剣**
この剣を扱える人は公正な判断力を持っています。両刃の剣は破壊と創造の両方に通じています。

●**二本の柱(聖なるエリア)**
柱の間に座っているということは、どちらか一方に偏らない中性的な存在であることを表し、バランスを象徴しています。カーテンの後ろには「女教皇」が持っていた書物が置かれていて、その叡智を理解しながら、人を裁く役目に徹しています。

●**赤いローブ**
戦いの象徴である赤いローブは、正義を貫く強い信念を持っている表れです。

●**天秤**
人の魂と天使の羽根をのせ、魂のけがれの度合いを計ります。天国行きか地獄行きか判決を下しています。

「戦車」で勝ち取った結果に対して、「正義」の女神アストレイアはそれが正しいか、正しくないか判断をします。彼女の一点の曇りもない真実の眼差しに引き込まれていくようです。彼女の前ではウソなど通用するはずがありません。正しい判断は、一時の感情や周りの空気に流されることなく冷静に下されます。彼女が手にしている両刃の剣を使うには、大いなる勇気が必要です。扱いを間違えれば大事になり兼ねないからです。たとえ一時的にネガティブな結果になったとしても、心の裏にあるものをしっかりと掴んでいれば、下された判断はバランスがとれていたと気付くでしょう。

絵解きからみえるメッセージガイド

現象	裁判　法律上の問題　仲裁に入る　収支が合う　均衡を保つ　正しい判断　礼儀を正す
人物像	裁判官　審判員　法律家　調停役　育ちが良い人　公務員　組織の中の人　お行儀が良い人
キーワード	正：公明正大　勝訴　正当　モラル　まじめ　客観的　公平　実直　約束　両立　善行
	逆：偏見　モラル欠如　敗訴　不当　理不尽　誤審　公私混同　偽善　不均衡　不正

🌀 このカードが出たときは・・・

正位置 理不尽なことに巻き込まれたり、不当な扱いを受けていたら、勇気を持って訴えることができるでしょう。何が正しくて何が間違っているのか、冷静な判断ができる状況です。

逆位置 心のバランスが崩れ、考え方が偏りがちになっています。損得勘定から人によって態度を変えたり、見た目に騙されたり、正しい判断ができない状態です。

正義のバランス
どっちのフルーツも重さは比べられても好き嫌いは計り兼ねるのでした。

	正位置	逆位置
Love 恋愛運	バランスが取れている、尊重し合う、家庭との両立ができる、周囲に認められる、友人のような恋人、対等な関係、お見合い	一方的、不誠実、相性が悪い、結婚詐欺、別れ、両立が難しい、離婚、金銭的な問題
アドバイス	知人に紹介してもらいましょう	いつまでもズルズルするようなら決着を
Work Study 仕事運・勉強運	契約成立、バランスのいい結果が出る、2つの案件をかけもつ、堅い職場、法律関連、医療関係、病院勤務、法学部、試験は合格、二択問題、併願は吉	出し抜かれる、契約不履行、契約終了、損得にうるさい、不当な条件、不正取引、裁判沙汰、相手の期待に応えられない、高利貸し、試験は通りにくい
アドバイス	合理化していくと更に良いでしょう	契約内容をよく読んで公平かどうか判断を
Body 健康運	バランスが取れている、平均的な数値、心身の理にかなった健康法、検査を受ける	栄養の偏り、偏食が過ぎる、心臓・腰に注意、検査は正しい結果がでない、医者に行かない
アドバイス	お医者さんとうまく付き合いましょう	セカンドオピニオンを取り入れましょう
Money 金運	働きに見合った報酬、手堅い収入、収支のバランスがいい、真面目に働けば入ってくる	減収、働きに見合わない報酬、不正受給、不正収入、賄賂、横領、赤字
アドバイス	帳簿のチェックを忘れないで	トラブルに発展しないように
Personal relationships 対人関係	誰とでも対等に接する、偏りがない、仲裁に入るのがうまい、レベルが高い、人を見た目で判断しない	人によって態度を変える、裏の顔を持つ、ひいきする、人に厳しい、冷淡、思いやりに欠ける、お金に汚い、嘘つき
アドバイス	中立的スタンスを忘れないように	打算的になりすぎないように

9 隠者
The Hermit

内省と探求による成長

テーマ 過去の経験をひとりで見つめて考える

●**左を向いている**
左は過去を表します。過去の経験に照らしてものごとを考えています。

●**ランタンと六芒星**
ランタンの灯りは知識を表します。六芒星は調和を示し、真実の光がそこにあります。

●**杖とサラマンダー**
杖は哲学的思想を示し、四大元素の中の「火」を司るサラマンダーは探求への情熱をかき立てています。

●**深い青**
内面への道をたどればたどるほど、深い色になります。

●**雪山**
およそ人が住めるような場所ではない厳しい雪山は、孤独な隠遁生活を意味します。雪は純粋さを、山は高い目標を表します。

「正義」の判決から得た真実の経験を深めるために、「隠者」は奥深い山にひとりこもり、霊的な成長を求める修行を積んでいます。何もない山奥には、物質的に良いことは起こりそうにありませんが、精神世界においてはとても良い環境です。勉強すればするほど奥深いところまで達し、思考が高みにのぼる実感があるでしょう。隠者はその頂点を目指しています。ランタンの光で過去の経験を照らし、問題解決の糸口を探ります。表面は何の変化もないようにみえますが、内面では思考が活発に動いています。彼の厳粛さを受け止めるべくマカロンタロットの絵柄の中では他と一線を画すタッチになっています。

絵解きからみえるメッセージガイド

現象 隠遁 隠居 孤独 田舎暮らし 隠れ家 缶詰状態 雲隠れ 引きこもり 独学 定年退職

人物像 老人 語り部 先人 賢者 宗教家 研究家 知識人 先生 マニア オタク 医者 老成した人

キーワード
正 慎重 思慮深い 秘密 超俗 集中 過去に学ぶ 知恵を授かる 伝授 探求
逆 偏屈 根暗 気難しい 内気 変人 頑固 コンプレックス 現実逃避 閉鎖的

🌀 このカードが出たときは・・・

正位置 周囲に分かり合える人がいなくて少し孤独を感じているかもしれません。勉強したり、内面の探求や精神世界を考えてみるにはいいでしょう。

逆位置 何かに狂信的になったり、引きこもって社会との関わりを断ったり、うちとける友達もなく孤独を感じているかもしれません。過去を振り返っても、そこに解決案を見いだせません。

隠者の探究心
ランタンに照らされる内なる光は、生命の神秘！隠者の探求は続くのでした。

	正位置	逆位置
Love 恋愛運	停滞ぎみ、扱いにくい相手、考え過ぎ、精神的なつながり、勉強で高め合う恋愛、過去にこだわる、プライドが高い	恋愛に縁がない、動きがない、心を閉ざす、結論が出ない、長い間疎遠になる、放ったらかし、過去しか見ていない
アドバイス	内面をわかってくれる相手を探して	何かアクションを起こしましょう
Work Study 仕事運・勉強運	研究員、知的な業種、独りでもできる仕事、執筆業、自分のペース、秘策を練る、過去のデータを調べる、原因を探る、アカデミックな仕事、大学院進学	成果がでない、廃れかけている、予算ない、頭が固い、職場で孤立、協調性がない、進学をあきらめる、こじれた自尊心、試験の結果が思わしくない
アドバイス	静かな環境の仕事場を作りましょう	過去データを参考にすると良くないことも
Body 健康運	加齢に伴う肉体の変化、冷えからくるコリ、健康の知識が豊富、自分に合った民間療法を実践する	若くても老けて見える、腸の持病悪化、冷えで身体のあちこちにコリがある、足腰の衰え、民間療法が合わず悪化
アドバイス	健康法は知識だけでなく実行を	温泉に行くなど身体を温めて
Money 金運	自分の知識やテクニックを試したい、冒険はしない、地味な金銭感覚、年金	倹約家（ケチ）、机上の空論で損をする、高収入は期待できない、過去の失敗にこだわる
アドバイス	分析力を活かした運用を	ケチケチし過ぎないように
Personal relationships 対人関係	大人しそう、気難しい、プライドが高い、マニアックで周囲と話が通じない、孤独、雑学の知識が活かされる	煩わしい人とのつながりを避ける、マニアックな趣味の仲間、協調性がない、イヤミを言う、あてこする、心を閉ざす
アドバイス	マニアックな会話を楽しみましょう	存在を認めてもらえる環境に身を置いて

10 運命の輪
Wheel of Fortune

幸運をつかむタイミング

テーマ チャンスを逃さず新たなサイクルに乗る

●**四隅の聖獣**
星座の中で「不動」を表す牛とライオンとワシと天使は聖書を読んで、ひとつの世界を守護しています。

●**ヘビ**
未熟な精神は輪に巻き込まれ続け、流転の人生を繰り返すことになります。悪しき側面を昇華させた時、輪から脱出できることを示します。

●**スフィンクス**
スフィンクスの持つ剣は真実を求め人を裁きます。

●**アヌビス**
ジャッカルの頭をもつアヌビス神は、人生が暗転しても再び復活し、上昇する力をもちます。

　探求を続ける「隠者」の山奥から突如、分厚い雲が開けて「運命の輪」が現れました。それは新しいサイクルの始まりであり、精神的な高みを極めた者が辿り着ける境地です。四隅を守る聖獣たちは勉強中でまだ発展途上ですが、チャンスがここに巡ってきました。尻込みしていては流れに乗ることはできません。何かが変わることに大きな意味があり、それによって運命的な出会いを果たすことができるでしょう。どれだけ準備がととのい努力を重ねていても、時の流れでうまくいかないことが人生にはしばしば起こり得ますが、「運命の輪」はタイミングを味方につけてくれる守護神でもあるのです。

◎ 絵解きからみえるメッセージガイド

現象 幸運　偶然　ターニングポイント　時代の流れに乗る　海外旅行　チャンス　ツキが巡る

人物像 ラッキーな人　チャンスを掴める人　人気者　ブレイク中の人　異文化の人　大らかな人

キーワード **正** 報い　幸運　成功　転機　転換　発展　好機　開運　良い決断　良い変化　出会い
　　　　　逆 タイミングを逃す　すれ違い　延期　アクシデント　ズルズルする　かみ合わない

このカードが出たときは・・・

正位置 予期せぬ幸運が舞い込みます。普段からこうだったらいいとなにげなく思っていたことが実現し、びっくりしているかもしれません。人生を大きく変えるチャンスが来ています。

逆位置 ラッキーを望み過ぎると期待外れになるでしょう。チャンスを掴むことができず先送りしたり、踏ん切りがつけられないダラダラした気分の時かもしれません。

運命の輪の流転
ふとしたことがきっかけで運命の輪は勢いよく回転するのでした。

	正位置	逆位置
Love 恋愛運	運命の出会い、プロポーズ、告白、結婚、玉の輿、トントン拍子に進む、チャンス、つきあい始める、タイミングが合う	デートする時間がない、延期、すれ違い、時期が合わない、束の間の恋、昔の方がよかった、タイミングが合わない
アドバイス	モテ期のチャンスが来ています	じらさないですぐリアクションを
Work Study 仕事運・勉強運	大チャンス、思わぬタイミングで抜擢、昇進、人事異動、転換期、臨機応変に対応、ブレイクする、良い先生との出会い、留学、テストに合格する	チャンスを逃す、遅刻、時間を勘違いする、ブームに乗れない、変化についていけない、残業、職場の年齢層が合わない、語学が苦手、テストの準備ができていない
アドバイス	転職や開業は追い風に乗ることが大事	大きく動かずもう少し様子を見て
Body 健康運	良い状態、良い生活習慣、精神年齢と肉体年齢が合っている、回復する、医者に恵まれる	肝臓、胆のう、関節の痛み、更年期障害など加齢に伴う体調変化、健康を過信する
アドバイス	睡眠時間はたっぷりとりましょう	お医者さんに行く時間を作りましょう
Money 金運	臨時収入、増収、昇給、ラッキーな収入、生活レベルが上がる、順当な収入アップ	減収、株価下がる、思わぬ出費、損失が膨れる、生活レベルを下げる、ツイていない、過去のツケを払う
アドバイス	宝くじを買っていいかも!?	ツキがないのを自覚して
Personal relationships 対人関係	良い友人・仲間との出会い、仲直り、変化に富んだ交流、同年代の友人、疎遠だった人との再会、異文化交流	悪い関係から脱却できない、かみ合わない、大人になれない、プラスにならない、ジェネレーションギャップ、ダラダラ
アドバイス	誘いに乗っていろいろな人との交流を	ハッキリとした態度が必要です

11 力
Strength

理性と本能の調和

 欲望に流されず愛のある行動をする

●**頭上のレムニスケート**
無限の力と、人知れず眠っている内なるパワーを表します。理性には限界がないことを意味します。

●**月桂樹**
女性がライオンに勝っていることを示します。

●**白い服**
完璧な受容性と、欲望に支配されていない純粋さの象徴です。

●**ライオン**
本能的な欲望を示しています。手を噛まれてもおかしくないところ、不屈の精神力と、愛情深い辛抱強さによって手なずけています。

　時の加護に守られ成功を果たした「運命の輪」の次なるステップは、本能を制する精神力の強さを解き明かすことです。どう猛なライオンを素手で手なずけているのは女神や神様でもない人間の女性です。欲望や自我がライオンだとしたら、それをどのようにコントロールすればよいのでしょう。腕力で押さえつけて収まるものではありません。彼女はライオンを強い意思と優しい愛で包み込んでいます。彼女の持っている内なるパワーは、誰の中にも最初から備わっているものであり、教えられたり見せられたりするものではありません。無意識に持っている純粋な愛の力に気付くときなのです。

絵解きからみえるメッセージガイド

現　象	心を開く　感情の揺れを克服する・コントロールする　逆境を乗り越える　手なずける　自己鍛練
人物像	難題に立ち向かう人　精神的に支える人　心の拠り所になる人　調教師　訓練士　尊敬できる人
キーワード	正 自制心　信念　理解　勇気　忍耐　度胸　力量　秘めた力　粘り強さ　優しさ
	逆 勇気がない　過信　恐れ　自己嫌悪　忍耐不足　実力不足　ストレス　欲望に負ける

🌀 このカードが出たときは・・・

正位置 自分の中に培った忍耐力や包容力が自信となってうまく活用できています。先入観に囚われたり、何かに支配されることなく自分らしさを発揮できるでしょう。

逆位置 これまで抑えてきたことのタガが外れ、精神的に不安定になりがちです。正常な判断力を失いやすく、自分でも気が付かなかった本能的なものに気付かされ、葛藤があるかもしれません。

力の包容力

力はどんな猛獣でも大きな愛と勇気で包み込むのでした。

	正位置	逆位置
Love 恋愛運	真実の愛、強い絆、時間をかけて育む愛、信頼し合う関係、感情におぼれない、ゴールに向けて努力する	抑制がきかない、手なずけられない、振り回される、愛を貫けない、誘惑に弱い、性的欲求に負ける、感情におぼれる
アドバイス	尊敬できる相手を選びましょう	理性的になりましょう
Work Study 仕事運・勉強運	努力する、理性的な判断、動物の世話、何度もチャレンジ、粘り強さを発揮、対策課やクレーム処理班、介護士、保育士、試験は努力が報われる	ライオンみたいな人がいる面倒な職場、折り合えない、やりたいことができない、自信がない、自信過剰、限界が見える、充実感がない、試験勉強を途中で投げ出す
アドバイス	自信を持って進みましょう	強行策は裏目に出ることも
Body 健康運	健康に気を配る、デトックス、ダイエット、有機野菜やオーガニック食品を摂る、粗食、食欲をコントロール、適度な運動	心臓、背中、節制できない、メンタルの不調、やる気が出ない、だるさ
アドバイス	大自然のマイナスイオンで息抜きを	暴飲暴食をしないように
Money 金運	正当な報酬、収支をうまくコントロール、コツコツ貯金、物欲を減らすことができる	収支をコントロールできない、無謀な賭けで大損失、誘惑に負けて衝動買い、貢ぐ
アドバイス	適度に節制して息を抜きましょう	自制心を持ちましょう
Personal relationships 対人関係	真の友人関係、自然体でいられる、高め合える、子どもや動物など理性的でないものに好かれる	振り回す・振り回される、権力で抑えつける、自己中心、ひとりよがり、見栄っ張り、ストレスをぶつける、情緒不安定
アドバイス	いつまでも優しさと寛大さを持ち続けて	わがままを出し過ぎないで

12 吊るされた男
The Hanged Man

奉仕する中で見える新しい世界

テーマ 試練に耐え、内面の充足を得る

●**十字に組む足**
一説では木星のマークを示唆しています。吊されながらも彼は今、幸せであることを意味しています。

●**赤いタイツと青い服**
対比の強い色の組み合わせは魔術的な効果を狙っています。すなわち神からの啓示やインスピレーション、ひらめきの象徴です。

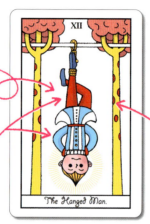

●**彼の心情**
逆さにされながらも苦しそうな顔をしていないのは、みずから縛られることにより、人々が救われると信じているからです。他者の原罪を背負うことで悟りを得ています。

●**12個の木のこぶ**
運命を支配する12の数は、魚座を意味し、奉仕と犠牲を表します。赤なのはそこに情熱があることも意味します。

「力」で得た不屈の精神から、「吊るされた男」では精神が肉体を凌駕する境地へと向かいます。吊されることで、人々が救われ助かる人がいるのならどんな奉仕もいたしましょう、と自らに課した試練を受け入れています。逆さまからの視点は、いつもの景色が違って見えます。これまでの価値観のちがいや、逆転の発想に気付いたとき、新しい世界を見出すことができるでしょう。厳しい状況の中でもそれに耐えられる精神力と、内面の充足を得た彼の頭から後光が射しています。身体は全く動きがありませんが、頭の中は思考のエネルギーに充ちています。

絵解きからみえるメッセージガイド

現象	瞑想　ボランティア　身動きできない　苦労に耐えて報われる　自分より他人優先
人物像	修行する人　尽くす人　苦労に耐える人　支えになる人　我慢強い人　奉仕する人
キーワード	**正** 犠牲　拘束　放棄　困難　停止　苦難　逆転　見返りを期待しない　慈愛の精神
	逆 骨折り損　中途半端な我慢　取り越し苦労　現実逃避　報われない　自縄自縛

このカードが出たときは・・・

正位置 忍耐を成長の1つとして捉えることが大事です。ものごとが停滞しているのは、お休み期間を意味しています。インスピレーション力を磨いたり、閃きが創作活動につながることとも。

逆位置 縛られている状況は自分自身が作り出しているのかもしれません。勇気がなくて動けないことも。ちょっと視点を変えてみると中途半端な努力をしていることに気が付くでしょう。

吊された男の忍耐
雨風にさらされ、人々の罪をあがなうために今日も吊されるのでした。

	正位置	逆位置
love 恋愛運	振り回される、自分の意志で動けない、奉仕する、献身的、苦労を承知で付き合う、進展しない、貢ぐ	報われない愛、尽くしても応えてくれない、見返りは求めないつもりが求めている、同情でつながる恋愛
アドバイス	忍耐あるのみです	視点を変えれば解放されるでしょう
Work Study 仕事運・勉強運	利益優先ではできない仕事、奉仕、宗教、ボランティア、縁の下の力持ち、表に出ない努力、支援活動、介護、福祉、勉強は努力が報われる	成果が出ない、状況に縛られる、変化がない、辞める勇気がない、苦行や犠牲を強いられる大変な仕事、ブラック企業、勉強は努力が報われない
アドバイス	今は派手に動くときではありません	勇気をもって動き始めましょう
Body 健康運	足が痛い、動くことができない、うつ、原因不明の病気、自律神経系、介護疲れ、腎臓の代謝が悪い、ヨガで健康維持	辛さから脱出したい、水分代謝が悪い、医者に行く勇気がない、怪しい民間療法、漢方薬を飲んで気を休める、足が痛い
アドバイス	ふくらはぎマッサージが効果的	自分のことにも目を向けてみましょう
Money 金運	金運なし、ポケットからお金が落ちる、自分以外のことにお金を使い果たす、最後には何も残らない、寄付	金運なし、あくどい投資話に乗って騙される、悪徳商法に引っかかる
アドバイス	人のことにお金を使った方が幸せに	慎重になったつもりでもスキがあるので注意
Personal relationships 対人関係	年功序列ではない関係、視点を変える、しんどいが精神的に成長できる、助け合い、献身的に尽くす、修行仲間、報われる	同情心でつなぎ止める、損ばかりの関係、悪い仲間から抜け出せない、傷をなめ合う、宗教つながり、カルト
アドバイス	逆転の発想を意識してみましょう	見返りを求めないで

Chapter2 大アルカナカード解説

13 死神
Death

終わりは新たな誕生のチャンス

テーマ　決断し大きく変化する　なくすものがあり、生まれるものがある

●鎌（カマ）
この鎌は、時間の管理者が持つもので、ダラダラと過ごしていると、たちまち刈り取られ、けじめをつけさせられます。

●絶え間ない水の循環
水は、太陽に吸い上げられ、雲となり雨となり地に落ちて浄化され、再び水となって流れ出します。同じように生と死の循環も絶え間ないことを表しています。

●ガイ骨
死は王族だろうが、乞食であろうが誰の上にも平等に訪れます。ガイ骨は、身分や貧富の差をないものにしてしまう死生観の象徴です。

●冠
王族の冠を奪い、法王の冠を踏みつけています。無慈悲にも命を刈り取ったあとの光景です。

「吊るされた男」で得た逆転の発想でくるっと振りかえってみると、そこには大きな鎌（カマ）を担いだ「死神」がどこかニヒルな笑みを浮かべてこちらを見ています。「その時が来たぞ〜」と終わりを告げにやって来たのです。こちらにその覚悟がなくてもお構いなしに鎌（カマ）をふり上げ、バサッと幕を下ろしてしまいます。決断を迫られ困惑しますが、次に進むしかもう方法がありません。終わることは新たに誕生する最大のチャンスであり、決して悪いことばかりではありません。「マカロンタロット」の死神は海賊がモデルになっています。「生か死か」と必ず問うてから襲撃する姿が死神と重なるイメージです。

絵解きからみえるメッセージガイド

現象	再出発　心機一転　復活　決断する　方針の転換　急変　新しい状況　終わりを受け入れる
人物像	誰かの生まれ変わり　病気や事故から回復した人　キャラの濃い人　代わりがきかない存在
キーワード	正　大きな変化　あきらめ　決別　心変わり　過去を捨てる　打ち切り　終了　潮時　終末
	逆　再生　始まり　更新　追憶　再縁　好転　甦る（よみがえ）　再出発　転換　復活　立ち直る

🌀 このカードが出たときは・・・

正位置 決断をしなければいけない時が来たようです。今までのやり方では強制的に終了させられることも。何かを捨てたり、辛い状況であっても変化する方が真実のようです。

逆位置 一旦保留になっていたものが復活したり、環境が変わることで成長できるチャンスが生まれます。決断力が強ければ問題ないですが、変化に慣れるのに時間がかかることも。

死神の再生力
鎌を担いで田畑の再生に努める死神なのでありました。

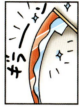

	正位置	逆位置
Love 恋愛運	清算する、諦める、別離、離婚、死別、恋の終焉を迎える、身を引く、価値観の変化、大きな決心	復縁、昔好きだった人現わる、再チャレンジ、お互いの価値観の変化、結婚によって好転、離婚、過去を捨てて再出発、再婚
アドバイス	大きな決断をして流れを変えましょう	心機一転、新しい気持ちで
Work Study 仕事運・勉強運	これまでのキャリアを捨てる決断、退職、淘汰される、倒産、取引終了、失業、解雇、方向転換、撤退、白紙になる、突然の変化、進学断念、退学	倒産の回避、イメージチェンジ、転換期、信用の回復、独立、古物商、リストラ、リサイクルショップ、編入、追試
アドバイス	割り切って早く変化に馴染むこと	再生するには思いきって変化すること
Body 健康運	生きるか死ぬかの大ケガ・病気、心臓、生殖器系、婦人科系は注意、手術、機能していない部位がある	最悪の状態を抜け出す、起死回生、出産（誰かの生まれ変わり）、大きな手術から生還する
アドバイス	生活を刷新すべき	生まれ変わった気分で一からスタートを
Money 金運	財産処分、相続放棄、差し押さえ、不渡り、破産、赤字、仕送りの停止、入金停止、大きな決算	金欠から抜け出す、失った分を取り返す、貸していたお金を回収、精算する、心機一転して新しい金銭計画を立てる
アドバイス	大きな決断が大きな収入を生むでしょう	新しい勝負に出ましょう
Personal relationships 対人関係	疎遠になる、慣れ親しんだ関係が終わる、別れ、縁が切れる、解散、脱退、退会、大きな影響力、キャラ変え	疎遠になっていた人と再会、再結成、同窓会、サークルの再開、仲直り、学生時代に戻る、会ってみたかった人と会う
アドバイス	決断して次のステップへ	温故知新の心を大切に

Chapter2 大アルカナカード解説

14 節制
Temperance

分かり合うために融け合うこと

テーマ 理詰めで考えず自然な流れに乗る

●**頭上の光**
太陽を表します。ふたつのものをつなぎ、両方の存在を感覚的に理解しているという光です。

●**右足を泉の中へ、もう片方の足は水際に**
泉は無意識、水際は意識、それぞれのバランスをとっている状態です。

●**ふたつの水差し**
足もとの生命の泉からくみ上げたエッセンスを注いでいます。ふたつの水差しを使って右から左へ、左から右へ行き来させて、心の流れを表しています。

●**水仙**
水仙は水を象徴する花であり、浄化を意味します。

「死神」で死と再生を経験したあとは穏やかな境地に辿り着きます。辺りは水仙が咲いていて、空気も水も澄みきって清らかです。泉のほとりには天使が微笑みながら、ふたつの水差しの中に相手の気持ちと、自分の気持ちを流し込んでひとつに溶け合わせています。水は吸い込まれるように水差しから水差しへ自然に流れています。計算しているわけではないのに一滴もこぼさないのは、相手を思いやる心があり、相手もそれに応えているからです。ものごとを大事に扱う姿勢と気遣いは節度ある心を育みます。「マカロンタロット」では水仙が咲きほこる丘からのインスピレーションでこの花を描きました。

絵解きからみえるメッセージガイド

現象	節度ある振るまい 環境に適応 交流 連絡 コミュニケーション 自然 エコロジー 芸術
人物像	穏やかな人 礼儀正しい人 節度ある人 のんびりした人 おおらかな人 ナチュラルな人
キーワード	正 調整 調和 順応 適応 コントロール 控えめ 順調 安定 自制 自然な流れ
	逆 無理 不摂生 不器用 不安定 でしゃばり いいかげん 浪費 不自然な流れ

このカードが出たときは・・・

正位置 分かり合いたい気持ちがあるときです。どちらか一方的に合わせるのではなく、お互いが素直な気持になってコミュニケーションできるでしょう。自然の流れで穏やかに過ごせます。

逆位置 もっと言いたい、もっと解ってほしいと自己表現をし過ぎているようです。理性のコントロールがきかないので、何をしたいのかわからず不自然な人と思われてしまうかも。

節制の調整力
手に持った水差しがいつの間にかバーベルに!?節制のダイエットは楽しくスムーズ!!

	正位置	逆位置
Love 恋愛運	友達から恋人へ、成長する恋愛、純愛、さわやかな恋愛、のんびり、癒される、お互いの状況を理解し合う、夫婦間は良好	いいかげん、依存する、信用できない、社会に適合できない、理解してもらえない、メールが来ない、疲れる相手
アドバイス	色気はないけど分かり合えるでしょう	落ち着いた心で話し合うことが必要です
Work Study 仕事運・勉強運	精神性の高い仕事、ヒーラー、芸術家、才能を活かす、和やか、環境が整っている、効率がいい、対人スキルを使う仕事、順風満帆、勉強は完璧にこなす	無計画、いいかげんな仕事ぶり、儲からない、意思疎通が成立していない、意欲がわかない、インスピレーション欠如、テスト勉強は煮詰まりぎみ
アドバイス	長期的展望を待ちましょう	極端に走らず中庸をとって打開策を
Body 健康運	問題なし、バランスの良い食事と睡眠、ダイエット成功、自然治癒、ホメオパシー、アロマテラピー、リフレクソロジー	不摂生、飲み過ぎ、食べ過ぎ、精神の不安定、水分代謝が悪い、薬漬け、怪しいヒーラーに騙される
アドバイス	代替医療で体質改善を	生活習慣の改善と心の休養を
Money 金運	適度な節約、お金にギスギスしていない、自分に合ったキャッシュフロー、しっかりした暮らし	物欲をコントロールできない、浪費、分不相応の暮らし、稼ぐ能力がない、収支のバランスが悪い
アドバイス	収入に見合った支出を考えましょう	財布を開く前に一呼吸おいてみましょう
Personal relationships 対人関係	和んでくつろげる仲間、対等な関係、コミュニケーションが取りやすい、趣味が合う、分かり合える、連絡がマメ	自分が思うような理解をしてもらえない、自己主張が強く意見を押し付ける、行き違い、情緒不安定
アドバイス	のんびりつきあいましょう	相手の立場や気持ちを考えてみましょう

Chapter2 大アルカナカード解説

15 悪魔
The Devil

エゴとの葛藤

テーマ 欲望と向き合い自分をどう律するか

●バフォメット
欲望を象徴するヤギの頭をもった悪魔です。

●アダムとイブ
角としっぽが生えているのは原罪を背負ってしまった姿です。鎖につながれ囚われられていますが、本人達は欲望のままにいて、罠にかけられていることに気がついていません。

●悪魔のたいまつ
たいまつは破壊を意味し、ゆらめく炎は、洗脳を誘う道具になります。

●コウモリの羽根
真っ黒でないのは、欲望を昇華できる可能性を秘めています。理性を取り戻せば脱出できることを表しています。

●ゆがんだ台座
四角は現実や物質を表しますが、悪魔のいる台座は正方形でなく歪んでいます。

「節制」で極まりすぎた下意識が強欲に豹変し、「悪魔」に囚われてしまいました。「恋人たち」で登場したアダムとイブが怪しいピンクの照明の中、鎖につながれています。彼らは誘惑に負け、自分たちの意志では抜け出せない状況に陥っています。支配されることが心地良いと思ってしまうほど洗脳されてしまいました。いけないことと知りながらおかしてしまう悪事、やめたいのにやめられない悪習慣、生きているということは常にエゴとの葛藤です。しかし欲望は生きる性でもあり、すべてを否定できるものではありません。どこでどう自分を律していくか、人として試されていくことになるかもしれません。

絵解きからみえるメッセージガイド

現象 誘惑　暴力　騙す　魔が差す　悪循環に陥る　迷信に囚われる　支配　理性がない　嫉妬

人物像 誘惑する人　利益追求型の人　暴力や権力で押さえつける人　小悪魔　欲張りな人　お金にうるさい人

キーワード
正 欲望　執着　束縛　オカルト　病気　依存心　恐怖　拘束　よこしま　虚栄心　盲信
逆 解放　憑きものが落ちる　克服　臆病　我欲が抜ける　正気に戻る　過ちに気付く

🌀 このカードが出たときは・・・

正位置 欲にまかせた行動が、身を滅ぼすかもしれないことに気付いていないようです。このままではいけないと思っていても、ぬるま湯状態は心地が良いので、なかなか抜けられないようです。

逆位置 混沌とした状態の中から、ようやく一筋の光が現れます。不安や恐怖心から解放された気分です。きれいサッパリというわけにはいきませんが、浄化に向かっていくでしょう。

大アルカナ

悪魔の欲望
悪魔の儀式の最中にいつの間にか他人のBBQに参加・・・欲に忠実な悪魔なのでした。

	正位置	逆位置
love 恋愛運	腐れ縁、心を奪われる、執着心が強い、体目当て、もてあそぶ、スキャンダル、下心、泥沼、道ならぬ恋、愛欲に溺れる	腐れ縁解消、潮時、ふっきれる、別れ、離婚、今までの自分の愚かさに気付き始める
アドバイス	自分の魅力をもっとアピールして	刺激より癒しを求めたくなるでしょう
Work Study 仕事運・勉強運	トラブル、騙す・騙される、あくどい商売、利ざやの多い商売、ぼろ儲け、不動産、金融業、しがらみで動けない、風俗関係、利益追求、誘惑されて勉強が手につかない	利益追求だけではいけないと気付く、景気回復、重圧からの解放、本来の目的を思い出す、勉強の能率が多少上がる
アドバイス	きれい事だけでは成り立ちません	こだわるポイントを変えてみましょう
Body 健康運	がん、腫瘍、ウイルス感染、キャリア状態、白血病、暴飲暴食、不摂生、不眠症、病魔、薬物依存、アルコール依存、オカルト依存	回復、危険な状態からの脱出、痛みからの解放、薬を断ち切る、更生施設で治療、除霊、浄化
アドバイス	すぐ病院に行きましょう	悪習を改めて体質改善を
Money 金運	誘惑に負けて浪費する、買い物依存、貢ぐ、借金地獄、ギャンブル、詐欺、あくどい儲け話、ブラックな稼ぎ方	浪費から解放される、断捨離したくなる、物欲がなくなってくる、見栄を張る必要がなくなる
アドバイス	お金への執着がお金を引き寄せる	ナチュラルな生活を心がけて
Personal relationships 対人関係	性的魅力をアピールする、健全でない関係、金品目当て、支配する、コントロールする	腐れ縁を断ち切る、誘惑をふりきる、拘束から逃れる、悪い仲間から離れる、足を洗う、意見を押しつける
アドバイス	損得勘定で判断することも時に必要です	イヤだと思っているなら距離を置きましょう

16 塔
The Tower

現実の崩壊

 大きな転換期を受け止める　驕りを反省する

●バベルの塔
人間が神に近づこうとして造った塔は思い上がった精神（欲や名誉に囚われる）の象徴です。

●三つの窓
人の魂、心、身体を表します。

●王様が落ちる
王様もまた世俗の象徴です。外からの衝撃によって、中からも爆発し、人間が落ちています。「悪魔」の世界の崩壊を表します。

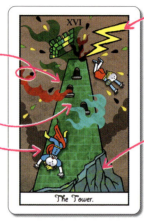

●稲妻
稲妻は太陽から発した神の火で、うぬぼれた価値観で出来上がった塔に、神は怒りの鉄槌を下しています。破壊は神からの恩寵と受け取るべきで、次に来る「星」のカードを見上げるためのものです。

●山の上にある塔
高い所に塔を建設したことは、二重に神を怒らせています。

「悪魔」に囚われた現世利益の象徴である「塔」は、突如として神からの一撃を下されます。不気味な緑の建物やグリーンの炎は、ただ事でない物々しさを漂わせています。完成したと慢心していると思いがけないところから天罰が下るというのは聖書の教えです。社会のシステムも歪みがひどいときは崩壊し、それが虚構の世界だったということに気付きます。残ったものは紙切れや、がれき……現実の崩壊を目の当たりにするショックは大きいけれど、これを大きな転換期と受け止めることが大切です。変化することで自分の真価を見いだせるかもしれません。

絵解きからみえるメッセージガイド

現象 ショッキングなできごと　崩壊　ケンカ　パニック　予期せぬ事態　発病　倒産　火事　やけど

人物像 雷のように怒っている人　何が起こるかわからない人　ワイルドすぎる人　ケンカをしている人

キーワード
正 ショック　危険　全面的な変化　転落　衝突　激動　破綻　トラブル　災害　破局
逆 誤算　小変化　予想内のトラブル　解放　脱出　目覚め　改革　事実が明らかになる

🌀 このカードが出たときは・・・

正位置 予期しないできごとが起こってショックを隠しきれないようです。起きてしまった以上、その問題から逃げられません。向き合って乗り越えていくことが大きなテーマです。

逆位置 前からうすうす感じていたことが実際に起こってしまう時がきたようです。想定内のことと割り切っていてもショックはショック。でもそれによって本当のことに気付くでしょう。

塔の気骨
入れ子で造った塔の構造に、さすがの神様もぎゃふんとなるのでした。

	正位置	逆位置
love 恋愛運	突然の変化、別れ、ケンカ、裏切り、破局、衝撃的な事実を聞かされる、破談、離婚、暴露、決定的な証拠、引き裂かれる	別れの予感が当たる、諦めざるを得ない恋、うすうす感じていた相手の不義が明らかに、ケンカ、行き違い
アドバイス	ショックは受けますが反省につなげて	目を背けてはいけません
Work Study 仕事運・勉強運	予期せぬトラブル、倒産、経営破綻、解雇、リストラ、労災、経営悪化、計画中止、自信過剰で足元をすくわれる、試験に落ちる、退学、成績下がる	事実上の倒産、倒産寸前、背水の陣を敷く、方向転換を余儀なくされる、退職勧奨、リストラ勧告、腰の引けた改革、内定取り消し、試験の出題問題を見誤る
アドバイス	今ある案件は再構築した方がよさそう	早めに手を打ちましょう
Body 健康運	急激な容態悪化、やけど、怪我、転落、転倒、落下物に注意、頭の血管に注意、緊急入院、緊急手術、事故、急性期	身体が悲鳴をあげている、崩壊寸前、手術、事故、健康診断で病気が発覚
アドバイス	すぐお医者さんに行きましょう	定期的に病院に通いましょう
Money 金運	借金の肩代わり、盗難にあう、災害にあう、連帯保証人にさせられる、大損失、株の暴落、収入が断たれる	収入減、破産寸前、支払いを背負わされる、ダメ元でやってみたけどやはりダメ（工面は失敗）
アドバイス	ショックでも損切りして再スタート	一刻もはやく対策を講じましょう
Personal relationships 対人関係	突然の絶交、気持の変化で疎遠になる、いざこざが絶えない、信頼関係の崩壊、アクシデントで会えなくなる、怒る	グループの解散を余儀なくされる、いじめ、じわじわと傷つけられる、悪い噂を流される
アドバイス	謙虚な気持ちをもって接してみて	怒って主張するのも方法のひとつです

XVII 17 星
The Star

未来につながる希望

テーマ 意志を明確にしてビジョンを思い描く

●7つの星
7は不思議なことがおこる数字、チャクラにも関連します。

●裸の女性
裸であるということは人間のしがらみから自由であることを表します。裸は器であり、その中身が問題であるということを意味します。

●シリウス
希望や願望を示し、みちびきの星でもあります。

●鳥
高いところまで行くことのできる可能性の象徴であり、夜明けを知らせてくれます。

●生命の泉
大地と水には平等に神の恩寵が降り注ぎ、活気をなくした世界をふたたび甦らせます。

「塔」で驕りや虚栄がこっぱみじんに打ち砕かれたあとは、未来につながる希望の「星」を見上げます。ふたつの水瓶をもった愛と美の女神ヴィーナスは、大地と水と夜空の星からピュアなメッセージを受け取り瞑想します。彼女が水に沈むことなく水面の上に浮いているのは、波紋の広がりから潜在意識を活性化させ、どんなこともなし得る力を生み出しているからです。理想を明確にしてビジョンを思い描く瞑想はとても有効でしょう。「星」は地球の外側にあり、とても遠いところにあります。願いが届くまで長い道のりがありますが、諦めないで希望を抱き続けることが大切です。

絵解きからみえるメッセージガイド

現象 将来への展望　明るい兆し　思いが伝わる　ビジョンを描く　遠方とのやりとり　瞑想

人物像 スター　占星術師　天体・気象観測士　夢を追いかけている人　見た目より若い　理想のタイプ

キーワード 正　才能　願望　順調　期待　良い見通し　夢　高い目標　理想　友情　可能性　夜空

逆　失望　アイデア不足　順調にいかない　暗い見通し　否定　不満　非現実　雨天

このカードが出たときは・・・

正位置 大きなビジョンを持ち、それに向かって一歩一歩進みます。理想と希望を抱きワクワクしています。その気持ちがいつまでも輝いて見えるでしょう。

逆位置 高い理想を追求しすぎて失望したり、失敗を繰り返してしまいそう。微妙にズレた感覚は目的を仲間と共有できず、目標を見失ってテンションが下がった状態のようです。

星のお祭り
希望を掲げたシリウスが輝くとき、ヴィーナスは川で水芸に興じるのでした。

	正位置	逆位置
Love 恋愛運	告白する・される、憧れの人との恋愛、理想が叶う、理想の人が現れる、遠距離恋愛	相手と距離を縮められない、妄想で終わる、恋愛に発展しない、期待ハズレ、理想的過ぎて手が届かない、現実離れ
アドバイス	健全な心でいつまでも新鮮な恋を	理想が高過ぎることを自覚して
Work Study 仕事運・勉強運	開発分野で活躍、最先端技術、IT関連、可能性を見いだす、理想に向けて頑張る、モチベーションが上がる、勉強は理想の点数をゲット、志望校入学	目標を見失う、実現不可能で却下される、アイデアが思い浮かばない、ネタが切れる、やる気が起こらない、理想が高くて不満、高望みが原因で勉強は思ったより伸びず
アドバイス	理想は高く掲げましょう	目標や目的の設定を再検討してみましょう
Body 健康運	問題なし、いつも若々しい、輝いて見える、魅力的で理想のスタイルを維持、バランスがとれた生活、美しい	調子が悪い、情緒不安定、夜更かし、夜遊び、昼と夜が逆転、水分代謝がわるい、むくみ、飲み過ぎ
アドバイス	良質の睡眠をとって美しさをキープ	生活のリズムを整えましょう
Money 金運	資金の調達は成功、発明でひと儲け、臨時収入、長期スパンの計画が有効、個性と才能を活かしてお金を稼ぐ	当てにしていたお金が入ってこない、ひと儲けしようとして失敗、理想を追い求めて浪費、遊興費の使い過ぎ
アドバイス	夢を叶えるための資金計画を	金銭感覚のズレを自覚して
Personal relationships 対人関係	サークルや同じ趣味を共有できる仲間、部活動、憧れの人や理想の人との交流、個性的な人たちとの交流	理想を追求し過ぎて孤立する、一緒に何かをしていても協調性がない、いいかげんな人、風変わりなキャラ
アドバイス	夢や希望をもち続けましょう	不思議ちゃんを演じないで

Chapter2 大アルカナカード解説

XVIII 18 月
The Moon

自分の中にあるミステリアス

テーマ 無意識の世界にふれることを恐れない

●月
満月と半月と三日月が、それぞれ描かれています。身体、心、精神を表しています。

●ふたつの塔
生と死の対極を示し、あちらの世界とこちらの世界を表します。

●吠える犬とジャッカル
犬（狼）は本能の象徴です。彼らには月の女神アルテミスが地獄の女王ヘカテに変容する姿が見えています。本能が危険を察知して騒いでいます。

●月からのしずく
スピリチュアルライトといい、幻想や夢を表します。

●曲がりくねった道
魂の経路と呼ばれ、山河の頂上まで続いているのは、人の意識が月の光に照らされながら高みに登ることができることを暗示しています。

●ザリガニ
ザリガニは下意識の象徴であり、泥は混沌を意味します。混沌とした潜在意識の闇からザリガニが上がってこようとしています。

「星」で掲げた理想が正しいのかどうか「月」では不安になります。迷いが生じ、余計なことばかり考えてしまう始末です。隠された謎が潜む無意識の泥沼から、ザリガニが這い上がってきます。得体の知れないものを見るのは恐怖ですが、怖いもの見たさで気になるのも確かです。月夜の晩に奇妙な行動をとってしまうのはそのせいかもしれません。月はとても幻想的でイマジネーションをかき立てます。泥沼にあるものを恐れず、自分の中にあるミステリアスと向き合うことは、無意識の自分に気付くことです。本来の自分らしくないことをして悩んでいるのなら解放されるでしょう。

絵解きからみえるメッセージガイド

現象	第六感　月光浴　透視　予知夢　夢　霊体験　朝まで飲み明かす　オカルト　レイヴ
人物像	夢想家　超能力者　ヒプノセラピスト　エスパー　デリケートな人　霊感が強い人　セクシーな人
キーワード	**正** 胸騒ぎ　不安　恐怖　曖昧（あいまい）　誤解　うつろいやすい　悪い予感　迷い　インスピレーション
	逆 取り越し苦労　危機の回避　移り気　誤解が解ける　インスピレーション

このカードが出たときは・・・

正位置 目に見えないものが気になり始め、不安と恐怖に取り巻かれています。ただし、この時期は根拠のない予感めいたものもあり、本当の自分の内面を見つめることができるでしょう。

逆位置 悩んでいた問題は解決に向かいつつあるようです。不安や問題は小康状態となり、今後のことを考えてみようという気になって、何かを信じる気持も出てくるでしょう。

月の心配ごと
ザリガニが出る幕ない夜もあるなんて・・・月のちょっとした心配ごとなのでした。

	正位置	逆位置
Love 恋愛運	スッキリしない恋愛、三角関係、心変わり、見えないライバル、隠れた恋愛、遊び、本能のまま付き合う	相手の本心がわかってくる、迷いが晴れる、しばらく様子を見る、トラウマが蘇る、隠されていたことが明かされる
アドバイス	どんな形の恋であれ大事にして	依存心を克服しましょう
Work Study 仕事運・勉強運	行く末が不安、虚偽、誤解をうける、騙す・騙される、敵が潜んでいる、中傷される、成果のばらつき、迷って決断できない、風俗、水商売、成績の浮き沈み	危機を回避、少しずつ回復、夜のお仕事、信頼を取り戻す、問題点が浮き彫りになる、不安に思っていたことが明らかに、勉強は目標が見えてくる
アドバイス	取り越し苦労よりやるべきことを	依存心は捨ててみましょう
Body 健康運	婦人科系の病気、卵巣、子宮、ノイローゼ、神経症、自律神経の問題、冷え、原因不明、うつ、薬漬け、副作用、アルコール中毒	スッキリしない体調、婦人科系、むくみ、水分代謝が良くない、病名や原因がわかる、瞑想で心を癒す
アドバイス	薬に頼り過ぎないで	清流に行き、銘水を摂取してみて
Money 金運	不安解消のための浪費、どんぶり勘定、あやふやな金銭感覚、高い石やスピリチュアルグッズを買う	金欠から抜け出す方法を練る、収入は低いが不安は解消の方へ、帳簿を見直す、計画のずさんさに気付く
アドバイス	ギャンブルは直感が活かせそう	お財布の中の整理をしましょう
Personal relationships 対人関係	感情的になって周囲を引かせる、隠れた敵、過去のトラウマから人を信用できない、曖昧な態度、悪い噂をされる	誤解がとける、とりあえず仲直り、更生場所、自分を打ち明けられる仲間、オカルティックな仲間
アドバイス	曖昧なままの方が良いことも	人を信じることから始めてみましょう

Chapter 2 大アルカナカード解説

19 太陽
The Sun

創造する楽しさと成功の喜び

テーマ 本当の自分を表現する　公に自分の考えを発表する

● **顔が描かれた太陽**
太陽神、アポロンを表します。

● **旗**
努力の勝利を表します。

● **裸の子ども**
裸は純粋であることの表れです。無防備な状態で馬にまたがれるのは、守られた存在だからです。

● **馬**
馬は生命力と本能の象徴です。手綱がないのは、意識と無意識のバランスがとれているからです。

● **太陽のしずく**
「月」で描かれたしずくは本能の象徴であるケモノたちに注がれていますが、太陽では子どもの強い生命力がほとばしり、発散しています。

● **4本のひまわり**
ひまわりは太陽の象徴です。4本あるのは4元素（火、水、風、土）のことを表します。

　自分の中のミステリーを探った「月」から、夜が明け「太陽」が昇り始めました。明るい光の中で本当の自分を表現できるチャンスが来ました。周囲に認められたり、自分の考えを発表したり、スポットライトに照らされます。「太陽」は放っておいても勝手に昇り、勝手に沈み警戒する心配なんてどこにもありません。守られた空の下で思いっきり遊び、真に楽しむことができます。その恩恵を純粋に受けることで、創造性豊かな感性を育み、成功につなげることができるでしょう。「マカロンタロット」の太陽の顔はみんなを楽しませるサーカス団のおどけ役、クラウンをイメージしています。

絵解きからみえるメッセージガイド

現象　完成　勝利　成功　達成　結婚　妊娠　成長　信頼を得る　進展　幸福　光が射す　解放的

人物像　子ども　注目を浴びている人　明るい人　キャラが立っている人　わがままだけどかわいい人

キーワード
正　光　人気　元気　生命力　自己表現　満足　主張　善意　ポジティブ　喜び　純粋
逆　かげり　元気がない　続かない　過保護　能天気　調子にのる　イージー　無計画

◎ このカードが出たときは・・・

　運気が上がっています。何かを発表したり、アピールするなど積極的に動くことになりエネルギーに満ちあふれています。純粋で自由なキャラクターが素直に周囲に認められています。

　太陽からの恩恵を受けられない状況にいるようです。これまでの勢いにかげりが出たり、エネルギーが不足して自分らしさを出せないでいます。または自信過剰なことも。

太陽の寛大さ
太陽はいつだって元気な子の味方。細かいことには目をつぶってのびのびいくのでした。

	正位置	逆位置
Love 恋愛運	良い人との出会い、発展、付き合いを公言、プロポーズの成功、祝福される、幸せな結婚、望まれた妊娠、出産の喜び	子どもっぽい相手、傲慢な相手、ノリがよくて面白いだけの相手、進展がない、楽しければ良い恋愛、
アドバイス	いつまでも純粋なハートをもち続けて	わがままを言い過ぎないで
Work Study 仕事運・勉強運	才能を認められる、成功、名誉を得る、子どもに関する仕事、教育関連、大手企業、クリエイティブな仕事、芸能関係、望んでいた仕事、満足できる点数をゲット	失敗しても痛手を受けない、脳天気な人材、計画性がない、娯楽産業、中途半端、悪いことは起こらないが調子にのり過ぎ、テストは一夜漬けに頼る
アドバイス	自分を信じて前に出ましょう	調子の良さだけで仕事はできません
Body 健康運	良好、妊娠の兆候、元気はつらつ、年齢より若く見える、ハリがある	スタミナ切れ、自分の体力や健康を過信する、心臓、高血圧、熱
アドバイス	アウトドアやスポーツを	今のところ大丈夫ですが定期的な検診を
Money 金運	報酬アップ、昇給、臨時収入、楽しいことにお金を使う、少額でもお金が入ると嬉しい	調子にのって無計画に浪費、送金の停止、減給、殿様商売で売上げ減、何とかなる、当てがハズれるが気にしない
アドバイス	幸運な流れに賭けてみても大丈夫	くよくよ悩まず前向きに
Personal relationships 対人関係	自己表現できる、面白い、嬉しい、ファミリー同士の付き合い、子ども関係のつき合い、笑いが絶えない	人の気持がわからず傲慢、幼稚な考え、何も考えていないために周囲を怒らせる、明るいだけの人
アドバイス	素直な感情表現をしてみましょう	もっと周囲の空気を読んだ方がいいでしょう

20 審判
Judgement

目覚めたものだけに見えてくる道

テーマ　生まれ変わって大きくステージを変える

●ラッパを吹く
大天使ガブリエルが復活する人たちに祝福のラッパを吹いています。その音色は復活する人にしか響きません。

●白い山
抽象度の高い思考の極みを意味します。

●海
これまでのカードに描かれてきた池や沼、川など水の集まるところ、究極のゴールであり、宇宙とのつながりを表します。

●死者たち
すべての死者は甦るための最後のテストを受けています。それをパスした者だけが生まれ変わることができます。

●海に漂う棺
海で船を持つバビロンの住人がいます。彼らは死後も魂は不滅だと考えてきましたが、「太陽」に守られ過ぎた魂は、ここで目覚める必要があるということを知ります。

「太陽」からの恩恵を受け、のびのびと成長することができた次の段階は、成熟度が求められます。大きく変容すべきステージにやってきました。どのように変わるかはその人の気付き次第です。今まで歩んできた経験の中で封印してしまったことや、周りの波にのまれてできなかったことなど、さまざまなやり残しを復活させられるかどうかです。今までとは次元のちがうステージでなければ生まれ変わることを許されません。これまでの努力から今なら実現できると強く確信できたとき、目覚めた者だけに送られる大天使からの祝福のファンファーレが響きわたるでしょう。

絵解きからみえるメッセージガイド

| 現象 | 目覚める　再生　復帰　復活　復縁　変革　決心　結婚　リベンジ　独立　開業　転職 |

| 人物像 | 苦慮を乗り越えてきた人　今まで出逢ったことのない人　唯一無二の人　前世で縁があった人 |

| キーワード | 正　信念の勝利　不滅の精神力　思いきった判断　解放　変身　再開　決断　変化　奇跡 |
| | 逆　不決断　気付きがない　変化しない　煮え切らない　納得できない　くすぶっている |

🌀 このカードが出たときは・・・

正位置 次元が変わる時です。今まで通りのことをしていても発展はありません。または、今まで通りには行かなくなっているかもしれません。ハードな現状でも乗り越える決断が必要です。

逆位置 変わるべき時にいながらチャンスを活かせないようです。行く先の障害物の存在や、勇気がない、自覚がないなど事情はさまざまですが、変われないジレンマの中にいます。

審判の目覚め
調子はずれの天使のラッパがちがう意味で死者を目覚めさせてしまったのでした・・・

	正位置	逆位置
Love 恋愛運	目覚めさせてくれる相手、自分とはレベルのちがう相手、付き合いのレベルが変わる、復縁	好きだけど人生を共にする相手ではないと気付く、生活や価値観のレベルが違う、諦めきれない、ハッキリさせられない
アドバイス	成長には痛みが伴うことを自覚して	次の道に進むしか答えはなさそうです
Work Study 仕事運・勉強運	昇進昇格、リベンジ、転勤、復興事業、全く新しい仕事、独立、開業、修理、修復、司法書士関連、音楽・演奏家、リサイクル事業、目覚ましい成績の向上	チャンスが活かせない、出世できない、勇気がなくて大きなことができない、思い通りにいかない、不採用、リストラ、お蔵入り、成績は思わしくない
アドバイス	決断力がものをいうでしょう	ここまできたら尻込みをしないで
Body 健康運	目覚ましい回復、九死に一生を得る、甦（よみがえ）る、生きている実感を得る	再発、生殖器系、生活習慣が変えられずに病気が悪化
アドバイス	いつまでも若いつもりではいられません	自覚がなくても精密検査や人間ドックに
Money 金運	昇給、お金に対する価値観が変わる、生活レベルが上がる、今までと違う収入がある、遺産が入る	変動がない収支、チャンスが活かせない、不況の影響などで資産が目減りする、ローンが減らない
アドバイス	大きな決断が収入アップにつながります	一から練り直しを
Personal relationships 対人関係	再会、関係修復、昔の仲間との交流復活、インパクトのある人との出会い、唯一の人との出会い、成長できる	傷ついた経験、諦めきれないできごと、仲違い、仲直りできない、しこりが残る、根にもつ・持たれる、成長できない
アドバイス	良い意味での緊張感をもった交流が楽しい	ひとつ大人になりましょう

21 世界
The World

望んでいた世界の完成

テーマ　思いを遂げ、すべてのものを調和させる

●**四隅の聖獣**
運命の輪と同じく、世界の四隅を守っています。

●**裸の女性**
真実はヴェールの中に。借り物の人生を終え、本来の自分の姿に戻ります。

●**リース**
月桂樹でできたリースは、勝利のアイテム。神の恩寵（おんちょう）と永遠性を表します。

●**上下の赤いリボン**
無限のマーク（レムニスケート）永遠を示します。

●**棒（ダブルポイント）**
光と闇のように、対極にあるものを統合することができ、それを自由に扱えることを意味しています。

●**組んだ足**
組んだ足の形は、何かを形にすることを表しています。

「審判」で目覚めてステージアップしたのちは、心残りなく運を天にまかせる境地です。これまでの努力が実を結び、望んでいた世界が完成しました。ついに思いを遂げるときが来たのです。「愚者」から始まったアルカナの旅のゴール地点は素晴らしいハッピーエンドです。「運命の輪」で登場した四隅の聖獣たちも勉強を終え、すっかり得意顔です。すべてが調和された世界に浸っていたいのも束の間、これ以上の道へ進みたいのなら、また次のステージの「愚者」として旅を始めるほか道はありません。どこまでも成長する循環は、リースに無限のかたちで結ばれたリボンのように永遠に続いていきます。

絵解きからみえるメッセージガイド

現象	到達　最善の結果を得る　完成　目的を達成　完結　願望成就　海外旅行　大団円を迎える
人物像	非の打ち所がない人　世界を股にかけている人　完成された人格　既婚者　最良のパートナー
キーワード	正：実現　勝利　成功　満足　サイクルのおわり　次のサイクルの始まり　海外　限界
	逆：不完全　未完成　部分的勝利　制限　欠ける　挫折（ざせつ）　停滞　無気力　低迷　衰退

このカードが出たときは・・・

正位置 取り組んでいたことが完成し、望みどおりの結果を得ることができました。周囲の期待も高まっているようです。次の挑戦に向けてまた新たな出発ができるでしょう。

逆位置 一部分は出来上がったようですが、もう片方は未完成のままだったり不完全燃焼のようです。諦めるか追求して完成を試みるか迷いもあるようですが、視野が狭くなっている状態です。

世界の完璧性

世界が織りなす迫真の演技はみんなの心を揺さぶり、思いを遂げるのでした。

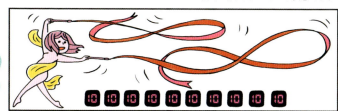

	正位置	逆位置
Love 恋愛運	恋の成就、両思い、結婚、出産、円満家庭、ハッピーエンド、最良のカップル、思い描いていた理想の状態	未完成におわる恋、停滞ムード、不満、煮え切らない、あと一歩のところで破談、結婚までたどり着けない、マンネリ
アドバイス	感謝の気持ちを忘れずに	結論は出そうにありません
Work Study 仕事運・勉強運	成果が出る、完結、夢が実現する、良い形で終了、海外との取引、円満退社、定年退職、レベルアップできる、志望企業に採用される、志望校合格、留学	スランプ、停滞、予算の制限、閉塞感、好きなようにできない、今いる環境が自分のキャパを超えている、志望校の合格点数に到達できない
アドバイス	完結させることが大事です	制限の中で最善の努力を
Body 健康運	良好、健康診断の結果は完璧、長寿、ベストコンディション、大往生を遂げる、悪い所が見当たらない	今ひとつ調子が悪い状態がダラダラ続く、身体が固くなって動きがとれない、コリ、ギックリ腰に注意
アドバイス	両手をつかった筋トレを	疲労が溜まっているので休息を
Money 金運	収入大幅アップ、満足のいく報酬、望みうる最高の収入、欲しかったものを買う	満足できない収入、見合わない報酬、悪くはないが不満足
アドバイス	ストップ高を見極めましょう	リスクをとる勇気を
Personal relationships 対人関係	向上しあえる仲間、国境を超えた付き合い、精神性の高い仲間、ある分野のプロフェッショナルな仲間	あまり変化のない人脈、狭い範囲の交友関係、ご近所付きあいにこだわる、こじんまりとした交友関係
アドバイス	意識の高い人たちとの交流を大事に	身近な人を大切に、閉鎖的にならないで

Chapter2 大アルカナカード解説

似ているカードの違いを見てみましょう

大アルカナの中で、同じシンボルを使っていたり、同じキーワードを持つカードがあることに気が付いた人も多いと思います。それらの相違点を区別できるようになるのもタロットの上達のひとつです。カードの番号が若ければ、実生活に近いところの意味になってきますし、番号が大きくなるほど、スケール感が広がります。他に気が付いたカードがあれば見比べてみるのも面白いでしょう。小アルカナ編はp190～の「ポイントレッスン」をご覧下さい。

「女教皇」と「隠者」

それぞれ何を探求しているの？

この2枚は少し暗めのイメージが共通しています。共通点は、勉強、探究心、沈黙、精神性の高さなどです。物質面においてあまりいいことは起こりませんが、精神世界ではたいへん良いカードです。占いを勉強する人を象徴するカードでもあります。「女教皇」が書物を手にしているように、本などをたよりに教養を身につけ、スキルを習得するための勉強をしています。一方、「隠者」は山にこもり、悟りをひらく境地にいて哲学的なことを探求しています。「女教皇」は潜在意識の世界に潜り未来を見通しますが、「隠者」は経験と知識を基に過去を向いています。

「女帝」と「恋人たち」
恋愛観のちがいって？

「女帝」も「恋人たち」も恋愛運においてとても幸せそうです。「女帝」は愛を大切に育てていこうとし、母性愛や家庭というイメージもあります。「恋人たち」はフィーリングで恋に落ちますが、盛り上がりはなりゆきまかせでノリを楽しむ恋愛です。「女帝」は女性としての幸福と発展力を、「恋人たち」は相手との協調性ということがテーマです。

「力」と「節制」
無意識のコントロールのちがいは？

「力」も「節制」も抽象度の高いカードで意味が掴みにくいとされていますが、共通項は無意識と表層意識をうまくコントロールしているところです。「力」は心の中に持っている欲求とうまく折り合いをつけてコントロールします。たとえば恋人に仕事が忙しくて会えないといわれれば、相手の状況を第一に考えて我慢をします。強い精神力でひたすら耐えて相手を手なずけていきます。「節制」は恋人が仕事で会えないなら、自分はその時間は好きなことをしようと思うでしょう。無理なく相手と付き合うことができて、コミュニケーションがスムーズです。相手の都合と自分の都合を受け入れて、有意義な行動を考えられるクリエイティビティの高さがあります。

「皇帝」と「戦車」
デートのちがいは？

「皇帝」と「戦車」は勇ましい男性の姿が共通しています。ただし大人の男が「皇帝」でまだ若造なのが「戦車」です。この二人とデートしたときの違いを考えてみましょう。「皇帝」はどこに行こうかしっかり計画を立てリードしてくれます。一方、「戦車」はその場のノリで楽しく過ごせ、計画がなくてもイージーに楽しめます。また、逆位置になった時、怒ると怖いのもこの二人です。「皇帝」の怒りは相手が謝まらないと気が済まず、高圧的になりそうです。「戦車」は怒りが一度爆発してしまえばスッキリしそうですが少し乱暴かもしれません。

「法王」と「正義」
結婚観のちがいって？

「法王」と「正義」は、両方とも形式的な厳粛さと世間一般のモラルを兼ね備えています。ただし「法王」は神様との約束、「正義」は人間界での約束ですので、「法王」が憲法を表すなら「正義」は法律を表します。結婚観は、「法王」なら社会的に認知され、守られた環境を望む結婚です。「正義」は社会的な認知も必要ですがバランスの取れた対等な関係であり、仕事と家庭生活を両立できるような結婚を望むでしょう。

「魔術師」と「力」と「世界」
無限大マークと「1」の共通点

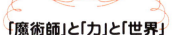

大アルカナの中で、この 3 枚には無限大のマーク（レムニスケート）が描かれています。そしてその 3 枚の番号の末尾にも「1」がつく共通点があります。「1」は始まりを意味し、強い意志のある数字です。「マカロンタロット」では「力」のカードは、「11」番目です。作者には「1」にこのマークを集約させパワーを高めたいという意図がありました。「魔術師」では頭上にあって、そのアイデアは無限であることを表し、「力」においては愛と勇気で本能をコントロールするパワーを示しています。「世界」のリースにかかる赤い二つのリボンは、永遠性を強調しています。

「恋人たち」と「悪魔」
天国も地獄も表裏一体？

「恋人たち」に描かれているアダムとイブは、「悪魔」で再登場します。蛇の誘いに乗ってしまい、「悪魔」の墜落した世界に心を奪われてしまいます。調和的な人間関係が、ふとした心の迷いや誘惑によって束縛や嫉妬に変わってしまう表裏一体を物語っています。どちらも楽しみや快楽が好きなところは同じです。

Chapter2 ポイントレッスン / 似ているカードの違いを見てみましょう

「恋人たち」と「正義」と「節制」
遠距離恋愛のデート場所はどのように選ぶ？

3枚ともバランスを表していますが「正義」は物理的なバランスを表すのに対し、「節制」と「恋人たち」は物理的なものにこだわりはありません。「節制」ではムリのない感じ、「恋人たち」にとっては多少のムリも恋のスパイスです。遠距離恋愛でのデートの場所を選ぶ時は、「正義」なら公平であることが大事なので中間地点で会おうとするでしょう。「恋人たち」なら、どちらかに物理的な負担があったとしてもそれを感情で補えるので、行きやすいほうが相手の場所へ行くことになるでしょう。「節制」ならムリなく自然に会える場所と出張のついでや旅行先など、やり方を探るのでその場その場で柔軟に対応します。

「死神」と「審判」
復縁・復活の違いは？

この2枚には決断や復活という共通のキーワードがあります。「死神」では昔やっていたことを思い出したり、昔の彼氏とよりを戻したりする暗示がありますが、再びハッキリしない関係に戻るという復縁です。一方、「審判」は死者が甦るほどのグレードアップがなければ復活できません。別れた恋人とよりを戻すには、お互いが人間的にステップアップしていなければなりません。恋人から結婚へ、という次元を上げた形の復縁になるでしょう。シンプルにケンカを仲直りすることもありますが、お互いの成長があっての仲直りです。

「星」と「月」と「太陽」
惑星カードの変化の遅さ

この3枚は、天体カードといわれています。地球の外側にあり、地上の時間経過とは別の軸があるため、ものごとの変化に時間がかかります。「星」は「太陽」よりも遠いとされ、掲げる目標の理想も高く、達成までには遠いみちのりになります。「月」はぼんやりとして変化がよくわからない状態で混沌としています。19番目の「太陽」は17番目の「星」や18番目の「月」の経験を経て、今が一番良いという状態にいますが、結果はまだ考えられない状態です。この先20、21番目のカードを控えるので、最善の結果はこの後にあるということになります。

「運命の輪」と「世界」
聖獣たちの変化とは？

「運命の輪」と「世界」に描かれた動物は旧約聖書に出てくる聖獣たちです。「運命の輪」では聖書を広げて勉強中でしたが、「世界」ではその勉強を終えて自分たちの力を存分に活かせるようになりました。タロットカードの最終地点にたどり着いて初めてわかることがあります。それは聖獣たちがまだ勉強中だった「運命の輪」で、チャンスを掴んできたからこそここまで来られたということ。些細なチャンスが実は大きなポイントになっていたことがわかります。

Lesson Column
レッスンコラム1

同じ1枚のカードからいろいろなケースを
言えるようにしましょう

まず次の4つのケースに合う言葉をあてはめてみましょう。

Case 1 …… 行動　　**Case 2** …… 人物　　**Case 3** …… 感情　　**Case 4** …… 状況

またその分類したものを **A. 絵から受けるインスピレーション**
B. 覚えた意味でながめなおしてみると整理がついてわかりやすいでしょう。

●例題1　出会いはありますか？という質問に【女帝】が出た場合

Case 1 …… お洒落して出かける　**A.** 華やか　**B.** 優雅

Case 2 …… 女性として魅力的な人　**A.** お妃さま　**B.** 包容力

Case 3 …… 母性愛にあふれる　**A.** 慈しむ　**B.** 生み出していくパワー

Case 4 …… 女性として幸せな状態　**A.** 愛されている　**B.** 円満

答えは、「あなたの魅力をアピールしていけば出会いはあります。」
と読めそうですね。

●例題2　恋人と将来どうなりますか？という質問に【皇帝/逆位置】が出た場合

Case 1 …… 忙しくて会えない　**A.** 自分勝手　**B.** 協調性の欠如

Case 2 …… せっかちで頑固　**A.** 怒りっぽい　**B.** ワンマン　頼りない

Case 3 …… 怒っている　**A.** イライラ　**B.** 怒り

Case 4 …… ケンカしてしまう　**A.** 別れる　**B.** セオリー通りじゃないつき合い方

答えは、「このままいくと、話し合いもしないうちに終わってしまいそう。
きちんと彼と向き合って気持ちを伝えてください。」と読めそうですね。

Chapter 3

小アルカナカード解説

小アルカナ　Minor Arcana

　小アルカナは、ワンド（火）カップ（水）、ソード（風）、ペンタクル（地）、の 4 つのエレメントが各 14 枚を一組として、計 56 枚で構成されています。それぞれが、エースから 10 までの数札と、ペイジ、ナイト、クイーン、キングのコートカードと呼ばれる人物が描かれたもので成り立っています。

　小アルカナは、大アルカナのようなインパクトのある抽象的な意味合いよりも、主に私たちが日常生活で営んでいるようなことがらを表しています。ですからリーディングに小アルカナを入れることによってものごとの大小の差がハッキリします。小アルカナに描かれている四大元素と、数字による意味などから、それぞれのカードに固有の意味が生じ、具体的なことがわかってきます。

ワンド　Wands　火のエレメント
　ワンドはこん棒を意味し、原始的な道具です。古代の人は木の棒を使っていろいろな場面で生活に取り入れていました。家を造ったり、動物を追いかけたり、戦いの武器にしたり、火をおこしたり、生きる力と野性的なバイタリティは、原初のパワーを象徴します。何もないところから何かを生み出す創造性や突き進む勢いは生命力そのものです。理屈よりも生きるための行動をしますので、単純明快で分かりやすいのも特徴です。一方で扱いを間違えると粗野な荒くれ者と化してしまうでしょう。情熱や意志の力、積極的に行動する活力にあふれています。

カップ　Cups　水のエレメント
　カップは杯を意味し、儀式や飲食のための道具です。優勝カップやトロフィー、祝いの杯（さかずき）は喜びや名誉を称えるシーンのアイテムでもあり、人の感情を満たします。

カップに注がれるのは液体です。液体は流動的で容器に合わせてどんな形にもなり、人の波動に合わせて共鳴する性質を持ちます。
　潜在意識を象徴する海の水も液体であることから神秘的なことや直感力に長けています。一方、水は流動していないとたちまち澱み、新鮮さを失ってしまうのも特徴です。喜怒哀楽や愛情表現、情緒的なことを司り、イマジネーションの豊かさにあふれています。

ソード　Swords　風のエレメント

　ソードは剣を意味し、何も手を加えていない自然のままのワンドと異なり、ソードは製鉄の技術という文明の発展により作られたものです。そこには人間の知性や進化をみることができ、言語や文化を象徴します。また知性とはものごとを識別することでもあり切り分けるための剣をイメージすることもできるでしょう。時代による流れを時代（とき）の風を読む、と言うように風は情報であり、それを伝達する意味もあります。言葉でのコミュニケーションや論理的な分析力で思考をめぐらし、交渉ごとや駆け引きなど知恵を使って説得する武器になります。一方で、扱いを間違えると、言葉によって攻撃したり、悪知恵で人を傷付けることも。両刃の剣であるのは創造と破壊を意味するところでもあります。

ペンタクル　Pentacles　地のエレメント

　ペンタクルは金貨を意味し、通貨として「もの」の価値の尺度を表す道具です。「もの」を所有したり、財力や地位などはもちろん、物質が表すのはそれだけではありません。人の存在そのものや、肉体、五感など健康状態も表します。基礎をかためたり、根源的な才能や素質、それらを活かすための努力や地道さも「地」であり、その結果として得られる対価もペンタクルです。一方で物質的なことにこだわりすぎるとケチケチしたり、自己中心的になりやすかったりということがあるかもしれません。

数札の意味

●エース（**Ace**）　エースはそのスートの意味を最も純粋で強い形で表すカードとして扱われます。すべての始まりと原点です。

●2〜10　エースで獲得したきっかけをどのように活かして成長させていくか、その道のりが描かれています。21 ページの数の意味も参考にしながらイメージを膨らませてください。

コートカード

　コートカードに登場する人物は全部で 4 人です。スプレッドしたときにコートカードが多く出る場合は、その質問の中に、関わってくる登場人物がたくさんいることを表します。重要な位置に何のカードが出ているかで優先順位を探し、キーパーソンをみつけてみましょう。

ペイジ（**Page**）
　ペイジは「小姓」「見習い」「従者」のような存在です。宮廷に仕えるペイジは、手紙を届けたり、王や王女の身の回りのお世話をする係りで活動範囲は身近なところです。現代でいうと子どもや年少者、学生などを表します。発達段階としてはナイトになる前の存在です。そのスートにまつわることを始めようとしていて、やる気は旺盛ですが、まだ何者でもありません。自分の意思ではまだ動けず、他人の様子や指図で動きます。　中高年の質問者がペイジばかり出した場合、人格的に子どもっぽかったり、仕事がプロフェッショナルではなかったりします。実年齢と実力が合わないのは、周囲が苦労するかもしれません。

ナイト（Knight）

　ナイトはペイジが成長した大人の姿です。ペイジとの違いは、自分の意思で素早く行動していくところです。宮廷に仕えるナイトは、馬に乗って家来を引き連れ、戦いの最前線へ向かいます。そのスートにまつわることを、将来を見据えながら押し進めていき、社会の中心になって働く世代です。リーダー的存在でチャレンジ精神旺盛です。ナイトが出るときは、ものごとがぐんぐん前に進みスピードアップしていくことを表しています。

　若年の質問者がナイトばかり出した場合、自分が前面に出ていくときが来ていて、見習い気分ではいられなくなるでしょう。また、中年以降の人がナイトを出すと、キャリアがあっても偉そうにすることなく、現場で走り回るスタンスを表します。

クイーン（Queen）

　クイーンは愛情や包容力を持ち成熟した大人を表しますがキングよりは受身の状態です。自立していて頼りになる「年配女性」を表したりします。権限をもち分別のある行動は、人を引きつける魅力があります。クイーンが出たときは、ものごとがある程度進んでもう少しのところまで来ていることを表します。周囲に女性の存在が多い時でしょう。成人男性がクイーンを出すと、少し受け身になっていることがあります。

キング（King）

　キングは「権力者」「年配の男性」、会社では上に立つ人を表します。そのスートにまつわることを達成させ、その道の重鎮であったり堂々とした風格はカリスマ的魅力があり君臨します。キングが出たときは、ものごとが最終段階であることを表しリアリティがあります。

　若年者がキングばかり出した場合、背伸びをして見栄を張っていたりすることがあります。また、女性がキングばかりを出したときは、権威的なものを求めていることが多いでしょう。

ワンド・エース
Ace of Wands

スパークする情熱

テーマ 衝動に突き動かされる

●**飛び散る若葉**
芽生えたばかりの若葉は生命力に満ち、可能性を表します。

●**背後の山**
乗り越えるべき高い目標を掲げています。

●**雲**
霊性を表します。

●**1本のワンド**
1本のワンドは、情熱の始まりを表しています。「火」のエレメント自体が能動的に何かを始める性質を持ち、更に「エース」にも始める意味がありますので、二重に気力が増している状態です。

　マッチをシュッと擦った時のような勢いでワンドが雲の中から現れました。何もないところからポンっと出てきたのは若さあふれる芽吹きです。何かを始めたい勢いがはちきれて飛び出してきたかのようです。「ワンド・エース」は火の力の根元であり男性性を表すエレメントです。自分らしく主張したり、活力がみなぎりエネルギッシュなことがテーマになります。新しい発想で未開の分野を開拓する創造性にあふれています。高い目標をかかげ、それに向かって頑張ります。初めの一歩を踏み出したところは大アルカナの「魔術師」のようでもあり、小さな魔術師とも呼ばれています。

絵解きからみえるメッセージガイド

現象	情熱の始まり　創造　誕生　突飛な行動　冒険　発明　スタート　魂の受肉
人物像	若者　熱い人　野心家　まっすぐな人　頑張っている人　体育会系
キーワード	**正** 可能性　野心　アイデア　出発　発見　チャンス　勢い　真っ直ぐ　男性性
	逆 やる気がでない　低迷　停滞　怒り　ストレス　トラブル　短気

このカードが出たときは・・・

正位置 急に新しいアイデアが出てきたり、新しいものがズンと飛び出てくるような閃きが冴えています。あれこれ考えずに、突き上げる衝動に従って何かを始めてよいでしょう。

逆位置 気持ちは純粋に高ぶっているのに、それをどうしたら良いのかわからないようです。突然腹が立って、ものに当たったり痴話げんかしたり、怒りの感情の行き場を失っている状態です。

ワンド・エースの原始パワー
ワンドの始まりはマンモスを追いかける太古の時代にさかのぼるのでした。

	正位置	逆位置
Love 恋愛運	新しい出会い、ターゲットをみつける、きっかけをつくる、行動しようとする、男性として意識する、狙いを定める	告白したいけどどうしたら良いかわからない、男性的な自信がない、勢いだけで行動する、やる気がしない
アドバイス	積極的なアプローチを	空気を読むことが大事です
Work Study 仕事運・勉強運	仕事の話が来る、肉体労働、アスリート、バリバリ働く、開拓分野の仕事、新規事業、やる気の出る仕事が始まる、情熱をもって取り組む仕事（勉強）すべて	やる気がでない、チャンスが流れる、やる気はあるけど認めてもらえない、適材適所になっていない、雑な仕事、唐突な仕事、勉強はやる気が失せる
アドバイス	新しいことにチャレンジしてみて	クールダウンさせてから仕切り直しを
Body 健康運	良好、活力あふれる生活、体を鍛える、筋肉質、目標があるから健康でいられる、妊娠の可能性	活力の低下、体調を崩す、男性はED治療、忙し過ぎる、血圧が高い
アドバイス	スポーツするのが効果的	イライラすると高血圧に
Money 金運	精力的に稼ぐ、新しい収入源、自立する	不安定な収入、行き当たりばったりの生活、衝動的にギャンブルにつぎ込む
アドバイス	お金に対する情熱も失わないように	将来の計画を考えてみましょう
Personal relationships 対人関係	新しい出会い、リーダー的存在、人気もの、多少強引でも認められるパワーがある	勘違いの積極性、常識はずれ、強引で嫌がられる、自分本位、ケンカが早い、理解が得られない
アドバイス	物怖じしない積極性が発展につながります	強引さを抑えましょう

ワンド 2
Two of Wands

次なる野望

テーマ　計画を練って行動する

●2本のワンド
2本のワンドは情熱のバランスを表します。ふたつのことが均衡のとれた状態でこそ、成功できると示しています。

●地球儀
今度はどこの領土を治めようか思案しています。

●1本固定されたワンド
過去のキャリアが成功していて、もう持つ必要はなく次のワンドを手にしています。

●景色
遠くにある海を眺めています。海の向こうには何があるのか、次なる野望を抱いています。

●赤いマント
仕事にかける情熱を表しています。

「ワンド・エース」で意気揚々と始めたことのひとつを手中に治め、次の野望を抱きます。お城の展望台から地球儀を片手に遠くの海を眺めているのは、この辺一帯を統治する領主です。彼は地域の開墾や治水事業など手がける名君にちがいありません。2本のワンドは実行力と計画性のふたつのバランスであり、そのどちらが欠けてもなし遂げられないでしょう。自分の実力とそれに見合った計画を綿密に立てることで成功につながる道が拓けます。自分が欲しいと思っていることと、同じことを望んでいるライバルの存在を示す暗示もあり、緊張感が漂います。

絵解きからみえるメッセージガイド

現象　支配する・支配される　計画を立てる　キャリアアップする　君臨する　ターゲットを定める

人物像　支配人　主人　殿様　飼い主　親方　目標に向かって頑張る人　実行力のある人

キーワード
正　自負心　プライド　負けん気　野心　展望　制覇　緊張　ライバル
逆　反撃される　企画倒れ　中断　ケンカ　中途半端　見通しの甘さ　張り合う

🌀 このカードが出たときは・・・

正位置 練った企画をいざ計画通り実行しようとすると、うまくいくのかどうか不安になるかもしれませんが、この挑戦を冒険するつもりで頑張ることができるでしょう。

逆位置 情熱とやる気はあるのに、バランスを崩して事が上手く運びません。負けず嫌いがたたり、強引に進もうとすると余計に不利になるようです。このままでは負けそうな雲行きに。

ワンド2のチャレンジ精神

綿密な計画を立てるには試行錯誤が大事なのでした。

ムム？ボールにしては大きいなあ・・・

それはボールでもクラブでもありません

2ワンド Wands

	正位置	逆位置
Love 恋愛運	張り合う、ライバル出現、強気でくどき落とす、仕事優先、プライドが高く素直になれない	張り合う、折り合えない、落胆する、身の程を知らない、強引、恋をしている場合ではない
アドバイス	力関係にこだわらず素直になりましょう	第三者に仲介してもらうと良いでしょう
Work Study 仕事運・勉強運	バリバリ仕事する、共同事業、土木業、次の展開を考える、インフラ整備、公共事業、貿易、ライバル出現、勉強はやる気に満ちている	計画通りにいかない、中断、がむしゃら、忙しいだけで成果が出ない、頓挫する、中途半端な企画案、転ける、段取り不足、勉強はやる気はあってもヤマがはずれる
アドバイス	負けん気を向上心につなげてみましょう	実行するためのバランスを考えましょう
Body 健康運	良好、熱意でバランスがとれている、脂肪燃焼率が高くダイエットできる、運動量が多い	やる気と体力が落ちる、過労、突然つまづく、転ぶ、体力を考えずに動き過ぎる
アドバイス	エクササイズで筋力アップを	ドロドロ血にならないよう許容範囲を考えて
Money 金運	利権収入、スピーディーな運用プラン、金融市場を眺めチャンスを見張る、外貨取引、臨時収入、昇給、存分に稼ぐ	予想外の損失、見込み違い、投資の失敗、急ぎすぎて失敗する
アドバイス	発展を見込んだ投資にチャレンジを	判断のタイミングを考えてみましょう
Personal relationships 対人関係	リーダーシップをとる、賛同者の集まり、主導権を握る、プライドが高い、異国との交流、ノリが良い	賛同者が得られない、負けん気を出す、自尊心が強くトラブルになりがち、強引、キツい態度を取る
アドバイス	リーダー資質を活かしましょう	相手の立て方をよく考えましょう

ワンド3
Three of Wands

広い視野の発展

テーマ 未知の世界と流通する

●夕陽の大海原
背景のオレンジは、明るい未来を象徴しています。

●赤いマント
情熱を表しています。

●3本のワンド
3本のワンドは、2本よりバランスがとれ、安定感を増しています。三角形が出来ることから、活動的で休みなく回転している状態です。

●後ろを向いている
後ろを向いているのは、敵がいないことを確認していて、恐れるものがない状態です。

●船
人生の冒険やコミュニケーションを象徴しています。

「ワンド2」で綿密に練ったプランを拡大し、実行しています。地球儀を片手に見据えていた未来は、世界とのコミュニケーションや交易です。商人として大切なことは、相手国の文化や習慣を理解し相互の立場を心得ることです。彼が貿易している船はひっきりなしに入出港を繰り返して安定供給を図っています。黄昏(たそがれ)どきの大海原に浮かぶ船を見守りながら、まだ見ぬ未開の地へ思いを馳せ、さらなる発展に向けて次の可能性を目論(もくろ)んでいます。「ワンド3」では、ただ待っているだけでは何も始まりません。好奇心と興味を持って外に働きかけることが重要です。

絵解きからみえるメッセージガイド

現象 商売の成功　支援　休みない発展　助け合い　前向きな姿勢　何かを伝える

人物像 商人　バイヤー　目利き人　通訳人　貿易商　企画する人　話が分かる人

キーワード 正　希望　アイデア　拡大　力　成長　飛び立つ　コミュニケーション　ビジネス
　　　　　　　逆　ケンカ　誤解　行き違い　口先三寸　冗談が通じない　不調和　不活発　連絡なし

このカードが出たときは・・・

正位置 活気があっていい意味で忙しい状態です。企画していたことが軌道にのり始め、今後は回転させるパワーを維持できればいうことはないでしょう。

逆位置 言葉の行き違いがあり、誤解が不信感を呼んでいるようです。連絡ミスや、言った言わないでケンカになってしまうかもしれません。つまらないことで損をしてしまいそうです。

ワンド3の展開力
冒険好きの彼は船酔いしながらも強い意志で航海に臨むのでした！

	正位置	逆位置
Love 恋愛運	コミュニケーションが取れている、将来を話し合う、友情的、分かり合える、ノリが合う、	誤解、ケンカ、メールが来ない、言いたいことがあるけど言えない、音信不通
アドバイス	積極的な行動がさらなる発展を	きちんと話し合ってみましょう
Work Study 仕事運・勉強運	成功、大胆、大きな目的、出張、移動、海外との取引、貿易、国際業務、通訳、交渉、出版、広報、留学、流通業、勉強は各教科をバランスよくこなす	うまく回らない、実行に踏み切れない、足を引っ張られる、不調和、連絡ミス、理解してもらえない、勉強はインプットとアウトプットのバランスを
アドバイス	良い循環で回していく努力を	待っていてもダメ、思い切って飛び出して
Body 健康運	努力の結果安定状態、健康に関する良い情報、血流が良い、体力のパワーアップ	パワーダウン、乗り物に注意、過労
アドバイス	動と静のバランスを取りましょう	お医者さんとのコミュニケーションを大切に
Money 金運	資産が増える、努力の結果収入アップ、投資に挑戦、目標額に近づく、為替差益の儲け、お金がお金を呼ぶ	見込み違いのものに投資、損失、収入減、為替相場の変動による損失、無理をしても稼げない
アドバイス	一歩踏み出して実行しましょう	無理なことはせず計画性を持って
Personal relationships 対人関係	コミュニケーションがきちんと取れる、連絡がマメ、積極的に輪を広める、異文化交流、ノリが合う、盛り上がる	調和できない、自己主張が強い、仲間割れ、短気、言葉上での行き違い、短絡的な理由でケンカ
アドバイス	興味を持った人には物怖じせず接近して	人の言葉をきちんと聞きましょう

Chapter3 小アルカナカード解説

ワンド 4
Four of Wands

晴れの日の和やかなひととき

 さまざまな交流を楽しみ、やる気を保持する

● **リボン・飾り物**
目標達成の象徴です。誰もが心地よいと感じる普遍的な幸福感を表しています。

● **平和（結婚）**
喜びやロマンス、結婚など、老若男女誰でも楽しめる健全な環境と、認めてもらえるものを表しています。

● **背景のオレンジ**
実りの秋の収穫祭と明るい未来を表しています。

● **4 本のワンド**
4 本のワンドは情熱の安定を表します。ストレスなく安心して楽しめ、調和の取れた状態です。

「ワンド 3」で忙しく駆け回ったあと、日常的な落ち着きを取り戻し平穏な日々が訪れます。場面は結婚パーティーです。彼らは心の拠りどころとなるパートナーを射止め、安心できる環境や人間関係を築こうとしています。身内や友達からは祝福のコールがあり、飲んで歌って踊るゲストたちがそこに居ます。誰もが幸せと思える素朴であたたかな一時は、薪に火がついて熾火ができ、火力が安定した状態の時のようです。炎を長く維持させるためには、火だねに薪を寄せていくこと。調和を保ちながらいつまでも情熱を失わずにいることが大切です。

絵解きからみえるメッセージガイド

現象	仕事の完成　平和が訪れる　仲良くなる　リラックス　お祭り　装飾する　イベント
人物像	新郎新婦　穏やかな人　安定した環境にいる人　祝福されている人　落ち着いた人
キーワード	正 実現　安らぎ　安定　華やか　アットホーム　実り豊か　繁栄　休息　喜び
	逆 馴れ合い　痴話げんか　甘え　浪費　享楽的　無礼講　贅沢　暇

このカードが出たときは・・・

正位置 イベントを楽しく盛り上げるために、楽しい企画や行事を考えます。また、呼ばれる立場なら何を着ていこうとか、プレゼントを決めたり、楽しくてウキウキしています。

逆位置 身近な人に馴れ過ぎてありがたさを感じなくなっているようです。ちょっとしたことでケンカになったり、パターンが決まって緊張感がなくなってしまった状態です。

ワンド4の幸福感
思わず笑みがこぼれてしまいそうなハト時計がプレゼントされるでしょう！

	正位置	逆位置
Love 恋愛運	結婚を意識する、円満、ノリが合う、穏やかな育み、ホッとできる、盛り上る、デートが楽しい、信頼し合う	馴れ合い、新しさがない、予定調和、危機感がない、安定にあぐらをかく、楽しいだけで将来を考えていない
アドバイス	一緒に盛り上がって喜びを共にしましょう	刺激的なことを探してみましょう
Work Study 仕事運・勉強運	実りある成果、和気あいあいとした職場、過去に頑張った結果の安定、一息つく、勉強は点数を安定させる努力をする	自分の目標に達していない、業績は悪くないが暇で手持ち無沙汰、癒着、談合、馴れ合いの取引、勉強のペースは軌道にのって平穏無事
アドバイス	職場を離れた交流も大切にしましょう	ぬるま湯状態を自覚して
Body 健康運	心身共に安定、落ち着いている、楽しい気分で体もゆったり、余暇をうまく利用	(少し気が緩むが、正位置と変わらなく良好)
アドバイス	リラックスタイムを大切にしましょう	楽しいエクササイズで筋肉に刺激を！
Money 金運	安定した収入、臨時収入、祝い金、生前贈与、マイホーム購入	収入は安定しているが伸びしろがない、娯楽に使ってしまいがち、現状に満足して先を考えていない
アドバイス	冠婚葬祭のために貯金をしましょう	将来の年金や保険のことも考えましょう
Personal relationships 対人関係	調和のとれた人間関係、家族との強い絆、アットホームで安らげる仲間、ノリが合う、両親に大事にされる、楽しく盛り上がる	悪ふざけはみんなですれば怖くない、馬鹿げたことに誘える仲間、馴れ合い過ぎていいかげん、なあなあの関係
アドバイス	たくさんの人に囲まれて楽しい一時を	親しき仲にも礼儀を持ちましょう

ワンド 5
Five of Wands

いさかいのカオス

テーマ 激しく本音をぶつけ合う

●ばらばらな人たち
着ている服も、髪型も、意見も、アイデアも、目的も、感情も、何もかもすべてバラバラな人が集まっています。自分の意見を通したくて自己主張のあまり、ケンカになっています。

●背景の黄色
叩かれて目の前がチカチカ黄色になってみえている状態です。

●5本のワンド
5本のワンドは、情熱の混乱を表し、どこにエネルギーを向けたらいいのかわからない状態です。

「ワンド4」の穏やかな日々は一体なんだったのだろうと思わせるほど、「ワンド5」では隣人同士が激しく意見をぶつけ合い、乱闘します。人の話に耳を傾けている人は誰もいそうにありません。複雑な問題が絡み合い、収集がつかずもはや自分たちだけで解決するのは無理な状態のようです。だからといって隣人が仲裁に入ったとしてもさらに意見が分かれ、問題を大きくしています。ワンドはつねに動いて昇っていく性質があり、「ワンド4」で一度安定した枠組みに変化を起こそうとします。多少痛い目にあっても押し切るだけの大きなパワーが必要で、この乱闘はそのエネルギーを表します。

絵解きからみえるメッセージガイド

現　象 ケンカ　落ち着かない　衝突する　口論になる　激論する　暴動　もみくちゃになる　火が点く
人物像 ケンカしている人　ドタバタしている人　活発で威勢のいい人　テンションの高い人　乱暴者
キーワード 正 抗争　不和　大胆　無分別　争い　訴訟　対立　泥仕合　十人十色　葛藤
　　　　　 逆 妥協　冷戦　敬遠　統一性がない　分断　派閥　スポーツ　ライバル

このカードが出たときは・・・

正位置 目的を明確に定めていない状態で、ただ忙しく動き回っているようです。思いつきの行動で無駄が多く、何をしたいのか自分でもわからなくなっているようです。

逆位置 解決のない堂々巡りに嫌気がさし無理に妥協しようと努力しています。しかし、この感情をどこに向けたらいいかわからず、不完全燃焼を起こしています。

ワンド5の奮闘劇
それぞれの主張が、行き場のないエネルギーとなってぶつかり合うのでした・・・

	正位置	逆位置
Love 恋愛運	ケンカ、分別がない、落ち着きがない、不毛な恋、意見が合わない、ライバル争い	前向きになりたい、想いを表現できない、感情的になり混乱する、乱暴なアプローチ、アプローチの仕方が稚拙
アドバイス	無理なアプローチは禁物です	我流で押さずに誰かに相談をしてみて
Work Study 仕事運・勉強運	競争、忙しい、社内の対立、議論を交わす、フル回転で素早い、結果が見えない、訴訟問題、体育会系の職場、肉体労働、勉強は何から始めたらいいのか混乱気味	忙しい、トラブル、ペンディング、未解決、会議や交渉で意見がまとまらない、間違った方向に進む、他のことが気になって勉強できない
アドバイス	何がやりたいのかをまとめてみましょう	妥協案を探してみましょう
Body 健康運	ケガ、打撲、過労、イライラ、転ぶ、ドタバタしていて不整脈の気も	気の流れがバラバラでつながっていない、ケガ、打撲、過労、イライラ、消耗
アドバイス	あわてて転ばないよう足元に注意	経絡のツボマッサージに行くといいかも
Money 金運	忙しさに見合わない収入、自転車操業、無駄遣い、金銭トラブル	忙しさに見合わない収入、出費が多い、市場の混乱に巻き込まれる、お金のことで揉める
アドバイス	行き当たりばったりの散財に注意	不満は出さない方が良い時です
Personal relationships 対人関係	けんか腰、意見が合わない、個性がちがう、議論好き、ストレートな物言い、不和	派閥争い、些細なケンカ、犬猿の仲
アドバイス	ケンカしないと分かり合えないことも	歩み寄る努力が必要です

ワンド 6
Six of Wands

勝利の凱旋

テーマ　成功を手にする

●馬（トロイの木馬）
この馬は、中に人が入っている張りぼてです。顔が少しニヤけているのは何かを企んでいるようにも見えます。トロイの木馬とは、敵の陣地へ潜入するために、兵士が木馬の中に入り込み攻撃をしかける手口です。

●リースと月桂冠
勝利者へ捧げられる栄光の象徴です。

●6本ワンド
6本のワンドは、情熱の調和がとれた状態です。それが「勝利」であるということです。

「ワンド 5」の乱闘で勝利した騎士が馬に乗って凱旋パレードをしています。勝因は周囲の期待に応えながら人々の声を調和させたことでした。信念を貫き諦めないで頑張る姿勢は、スポーツで勝利を得る姿と重なるでしょう。彼は勝利者である姿を堂々とアピールし、自らが成し遂げた成功に満足しています。今宵は皆で勝利の美酒を交わし、優越感に浸ることができるでしょう。しかしワンドは常に動いて変化を起こす性質があります。勝利者は油断しているとたちまち成功を奪われてしまうかもしれません。

絵解きからみえるメッセージガイド

現象	勝利　達成　制覇する　利益を得る　受賞する　パレード　祝賀会　凱旋
人物像	勝利者　成功者　受賞者　カリスマ　プライドが高い　高嶺の花　ステイタスがある
キーワード	正　進展　成功　名誉　賞賛　直球勝負で勝つ　権力　ストレート　プライド　ステイタス 逆　敗北　虚栄　裏切り　自惚れ　遅延　協力者がいない　油断　卑屈

このカードが出たときは・・・

正位置 努力が実を結んで、思うようにものごとが運んでいます。良い話や報告が舞い込んだり、大きく躍進できるでしょう。周囲からも称えられテンションが上がっています。

逆位置 ものごとの進み具合が順調だと思いきや、雲行きがあやしくなってきたようです。自らの虚栄が原因だったり、この計画をよく思っていない人がいるのかもしれません。

ワンド6の優越感
馬の上からの眺めは居心地がよく、ひと時の優越感なのでした。

ワンド

	正位置	逆位置
Love 恋愛運	恋愛成就、盛り上がる、狙いを定める、勝ち負けを意識、振り向かせる、進展、優位に立つ、自信を持ったアプローチ	進展しない、裏切られる、デートは中止、恋人を横取りされる、言いなりになる、立場が逆転する、期待ハズレ、断られる
アドバイス	強気のアピールが魅力になります	自分らしさをアピールしましょう
Work Study 仕事運・勉強運	成功、社内でトップの成績、昇進、表彰される、抜擢される、競合に勝つ、ステイタスのある仕事、勉強はライバルに勝てる	契約が取れない、優位に立てない、力不足、思い通りにいかない、手柄を横取りされる、支援者がいない、着服される、勉強はライバルに負ける
アドバイス	勢いに乗って突き進んでみましょう	きれいごとだけではダメでしょう
Body 健康運	血色が良い、パワフル、ハリがある、乗馬などスポーツで体を鍛える、プライドが健康状態を保つ	過労、体力低下、落ちるケガに注意
アドバイス	忙しくても毎日のエクササイズは忘れずに	落ち着いた生活を心がけてみましょう
Money 金運	昇給、臨時手当、ボーナス、賞金獲得、働きに見合う報酬、投資の成功、ギャンブルは勝つ、思いがけない収入	ギャンブルに負ける、投資の失敗、減収、資産が目減りする、うまい儲け話に乗る、お金がなくてイヤな思いをする
アドバイス	収入増は周囲に感謝の気持ちを持って	ツキがないことを自覚しましょう
Personal relationships 対人関係	盛り上げ役、中心人物、カリスマ、厚い信頼を寄せる仲間、意識の高い仲間、レベルの高い人たちとの交流	力関係で負ける、裏切りにあう、気持ちが乗らない、勝負は負ける、信頼できない、高飛車な相手
アドバイス	背伸びすることも時には大事です	卑屈にならないようにしましょう

Chapter3 小アルカナカード解説

ワンド 7
Seven of Wands

勝利を維持する戦い

 追いつめられた状況でも信念を押し通す

●**下から打ちかかって くる6本のワンド**

大きく足を開いて勇敢に構えた勝利者は、次から次に迫る6本のワンドの挑戦者からの攻撃に応戦しています。

●**崖**

崖っぷちとあって、追い詰められてギリギリの状態ですが、この若者は6人の挑戦者より上の位置に居るので、今のところまだ優勢です。

●**7本のワンド**

7本のワンドは、情熱の流れが変化することを表しています。今までは純粋に自分のやりたいことに情熱を傾けて来ましたが、今は勝者でいることの維持に情熱を注いでいます。頂点に立ったものの苦しみはプレッシャーとの戦いです。

「ワンド6」で獲得した勝利を維持することに全精力を注いでいます。"一歩外に出たら7人の敵がいる"というようなシチュエーションです。一人で複数の敵と戦うのは相当のパワーが必要ですが、追い詰められても信念を押し通す気力にみなぎり、今の段階ではその力を発揮できています。しかしいくら叩いても次から次に顔を出すもぐら叩きゲームのように、叩きそびれるとこちらがやられてしまいます。そんな切迫感の中、精神的な余裕もない状況ですが、勝つか負けるか？この緊張が彼を奮い立たせ、積極的に動き回る原動力になっています。

絵解きからみえるメッセージガイド

現象	多忙を極める　死守する　対応に追われる　立場を守りつつ進む　スポーツ　争奪戦
人物像	アスリート　多忙なビジネスマン　複数のライバルと争う人　強気で立ち向かう人　ガッツのある人
キーワード 正	有利な立場　対決　強気　守り抜く　立ち向かう　多忙　勝利
キーワード 逆	不利な立場　対決しない　弱気　あきらめる　負ける　余裕がない　ゲームオーバー

このカードが出たときは・・・

正位置 これまで頑張ってきたことの成果を維持するために、息つく暇もなく働き続けています。ひとたび気を抜けば、たちまちライバルに先を越されてしまいそうです。

逆位置 弱気になっています。何の作戦もなく問題に応戦している状態なので、障害がある場合は滅入ってやる気をなくしてしまうでしょう。

ワンド7の攻防戦
今回ばかりは苦戦を免れた彼ですが、いつ何時どんな宿敵が攻めてくるのか?!

Wands ワンド

	正位置	逆位置
Love 恋愛運	ライバルが多いが有利な状態、複数の人に告白される、主導権を握る、多忙で恋愛できる状態ではない	虚勢を張らないと続けられない、気力がなくなる、ライバル争いに疲れる、多忙で恋愛どころではない、がさつ
アドバイス	強気な態度でいることが魅力に	頭脳戦に持ち込んでみましょう
Work Study 仕事運・勉強運	競い合う、休みなく働く、残業、飛び回る、一人で抱える、次から次へ仕事が来る、ギリギリの予算と時間の仕事をこなす、勉強は努力を続けていれば優位に	形勢不利、障害、撤退、撤収、延期、無駄な労力、リストラ、協力者がいない、雑な仕事、勉強は気が散って集中できない
アドバイス	あえてハードルを上げてやる気をアップ	課題を見極めてみましょう
Body 健康運	気力で健康を維持しているが綱渡り状態、活動量が多い、エネルギーはギリギリ	過労、ケガ、転ぶ、落ちるケガに注意、気が緩んだとたん一気にガタがくる
アドバイス	活動量の多いスポーツで汗を流しましょう	少し休んでエネルギー補給を
Money 金運	精力的に稼いで収入アップ、給料交渉は優位に立てる、お金を使う暇がないので貯金ができる	働きに見合わない報酬、不利な条件の報酬、
アドバイス	サイドビジネスを考えても吉	リスクマネージメントが大事です
Personal relationships 対人関係	ライバルが多い、打ち負かす、強気の姿勢で優位な立場に、負けずぎらい、欲しいものは必ず手に入れる	援助者がいない、四面楚歌、立場を失う、弱気な姿勢でつけ込まれる、がさつ、雑、ガラが悪い、気が強すぎる
アドバイス	多少上から目線でもOKです	腰を低くして人の話を聞きましょう

Chapter3 小アルカナカード解説

ワンド 8
Eight of Wands

急激な展開

テーマ 変化のスピードに乗る

●**8本のワンド**
8本のワンドが宙を飛んでいます。同じ角度、同じスピード、同じ間隔で列を保っているのは、情熱を向ける方向に秩序があり、一点に集中することを表しています。

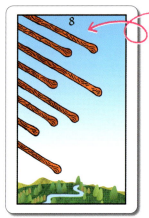

●**背景**
雲ひとつない空の下の、のどかな田園地帯になだらかな小川が流れています。それはごく当たり前の日常の中に、突然チャンスが舞い込んでくることを表しています。人物が描かれていないのは、人の意志とは関係なくものごとがスッと動いていくことを示します。

余裕がなく勢いだけで応戦していた「ワンド7」から、ある程度狙いを定めたところに思いがけずチャンスが舞い込む様子が描かれています。ワンドは同じ方向へ、矢を射るような早さで飛んでいき、じっくり考える間もないまま、急激に展開されていくできごとを暗示します。何気ない日常に大きな動きをもたらす可能性があるでしょう。ワンドが一定の距離感を保っているのは、一気に意識を集中させて、定めた目的にストレートで取り組むということです。目の前に迫るチャンスを見逃さず、その変化のスピードに乗ることが大切です。

絵解きからみえるメッセージガイド

現象 機会が巡る 急展開 移動 旅行 引越 迅速な行動 最新情報を発信 連絡が来る

人物像 リポーター ライター 最新情報を持っている人 ネットアクティブな人 せっかちな人

キーワード 【正】敏速 拡大 濃縮 ストレート 即決 勢い 集中力 秩序 突破力
【逆】慌ただしい 障害 チャンスを逃す ついて行けない 強引 早とちり 中止

このカードが出たときは・・・

正位置 ものごとが急展開する時を迎えています。移動や旅行、引越など場所を変えて気分転換したくなったりするかもしれません。事がトントン拍子で進んでいくさまを楽しめるでしょう。

逆位置 連絡が取りづらかったり、誤情報を早とちりして舞い上がってしまったりするかもしれません。目的が散漫になってひとつに絞りきれず、何をしたら良いのかわからない状態です。

ワンド8のスピード感

目にもとまらぬワンドをキャッチ！この勢いに乗ることが大事なのでした。

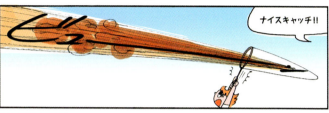

ナイスキャッチ!!

	正位置	逆位置
Love 恋愛運	急展開、メールのやり取りが楽しい、突然の連絡、告白のチャンス、旅行で愛を深める、伝えたいことがある	連絡が取れない、チャンスを逃す、距離ができる、冷める、停滞気味、言えないことがある
アドバイス	素早いアプローチが大事です	待っているだけでなく行動してみましょう
Work Study 仕事運・勉強運	チャンスを掴む、早い展開、即断、情報・通信業界、移動、転勤、仕事が来る、流通業、急成長、勉強は素早く解答を出すことが鍵	情報が入ってこない、流通が遅れる、伝達トラブル、タイミングが悪い、スケジュールが押している、勉強は答えを間違えて認識している
アドバイス	情報収集の正確さと素早い行動を	素早いリアクションを心がけましょう
Body 健康運	良好、パワーが飛び出すくらい元気、早期発見、体の正確な情報を知る、運動量があって健康を維持できる	回復が遅い、医者に行くのが遅い、検査結果を知りたくない、情報を収集できない
アドバイス	投げるスポーツで体力アップ	早めの受診をこころがけて
Money 金運	突然の臨時収入、収入アップの情報、注目銘柄への投資、入金が早い、良い投資情報が入る	不安定な収入、悪い方へ急展開、下降気味、短気間の投資に失敗、金融情報を間違って理解する
アドバイス	タイミングの良さがものを言います	即断即決は避けましょう
Personal relationships 対人関係	コミュニケーションが素早い、ノリが合う、コミュニケーションツールを駆使、すぐ集合できる、すぐつかまる	連絡が来ない、進展しない、率先する人がいない、ダラダラしている、協調性がない
アドバイス	言葉はストレートに伝えることが大事です	もう一度連絡の確認をしてみましょう

ワンド 9
Nine of Wands

守りの態勢

テーマ 受け身をとって状況を見る

●**周りの8本のワンド**
これまで築いてきた功績の砦です。ここから先のエリアは一歩も攻撃させない気構えで守っています。

●**タンコブ**
過去に痛い目に遭ったことを物語っています。

●**9本のワンド**
9本のワンドは、これまで勝ち抜いてきたものを守るプライドを意味します。

「ワンド8」で起きた急展開を目まぐるしくこなしたあと、辿り着いたのは最後の砦です。頭のタンコブはこれまで戦ってきた証しです。ここで敵の侵入を許し、また痛い目に遭わされたら、たまったものではありません。これまでの功績を守るため、用心深く辺りを見渡しています。どうしても負けられないプライドを賭けた戦いになりそうです。いつものように血気盛んな攻撃戦ではなく、徹底的なディフェンス戦に持ち込んでいます。これまでの経験の積みかさねから、守ることの大切さを学びました。持てるパワーはすべて守りに使います。

絵解きからみえるメッセージガイド

現象	守りを固める　不測の事態に備える　持久戦に持ち込む　守備範囲を広げる　擁護
人物像	ディフェンダー　警備員　保守的な人　後見人　保護者　見張り役　監視役　心を開かない人
キーワード	**正** 防衛　抵抗　シャットアウト　慎重　準備万端　緊張　不屈の精神　用心　庇う
	逆 無防備　気が抜ける　過去の失敗を繰り返す　適応力がない　改善できない

このカードが出たときは・・・

正位置 尊厳や主張を守ろうと戦っています。状況は追い詰められているようですが、過去の失敗から緊張感が生まれ、不屈の精神と気迫でやり抜けるでしょう。

逆位置 守っているつもりでも、スキがあるようです。同じ失敗を何度も繰り返し改善策が見あたりません。また、守るばかりでものごとが進展しづらいこともあるようです。

ワンド9の
ディフェンス力

空から
まさかの攻撃!!
守備の奮闘
及ばず
なのでした・・・

	正位置	逆位置
Love 恋愛運	受け身、様子を見る、警戒する、粘る、心を開かない、弱い立場、現状維持、傷つきたくない、ノリが悪い	同じような失敗を繰り返す、スキを与える、支配される、守りに入ったと思われる、自分のいけない癖を出してしまう
アドバイス	攻めるより受け身になってみましょう	どこか抜けている所をチャームポイントに
Work Study 仕事運・勉強運	状況判断に力を注ぐ、閉鎖的な職場、気が抜けない、慎重に進める、警備の仕事、準備に時間と労力をかける、勉強はあと一歩で目標点	保守的に動いていても改善がみられない、進みが悪い、突破口がない、八方ふさがり、閉塞感ただよう職場、出し抜かれる、勉強は気が抜けて成績が落ち気味
アドバイス	気を許さないで行きましょう	ライバルにスキを見せないように
Body 健康運	毎日の健康チェックを怠らない、体が固まっている、精神的緊張度が高い、コリと冷え	コリと冷え、体のケアを怠る、ウイルスに感染(風邪をひきやすい)
アドバイス	無理は禁物、大事をとって	健康管理に意識を向けましょう
Money 金運	現状維持でやりくり、資産を守る、無駄な出費はシャットアウト、着実に貯金が増える、見合った報酬	差し押さえ、働く気力がない、派手に使ってないのにお金が貯まらない、やりくりが下手
アドバイス	リスクを負わない運用法で	徹底的な断捨離をしてみましょう
Personal relationships 対人関係	心をなかなか開けない、警戒心が強い、干渉しない、深入りしない、ノリが悪い、広く浅い関係、頑固、プライドが高い	ソーシャルメディアでうっかりしたことを流してしまう、立場を失う、スキを突かれる、警戒心がバレて周囲の気を悪くする
アドバイス	弱い所を見せないように	ユルさを売りにしたキャラを認めてもらう

Chapter3 小アルカナカード解説

ワンド 10
Ten of Wands

責任とプレッシャー

テーマ 重荷から逃げずに戦う

● **10本のワンド**
10本のワンドは、過剰な情熱。もっと頑張れると思い、自分のキャパシティーを超えた情熱を持って奮闘しています。

● **山道**
険しい山道では、重い荷物はなおさら負担です。責任とプレッシャーに拍車をかけています。

● **赤い服**
自ら進んでたくさんのワンドを持つ、その情熱を表しています。

「ワンド9」で守り抜いた先にあるのは、のしかかる責任と重圧です。責任を果たすためさらに高い所へ昇り、限界への挑戦をしています。はじめのうちは頑張ることができても、この状態が長く続けば苦痛になるでしょう。キャパシティを完全に超えているようです。本当は逃げ出したい、でも責任感の強い彼は荷物を届ける相手の状況を考えて頑張る気力を保っています。苦しさを抜けて、やっとの思いでたどり着いた高い山の頂上には、彼を待っていた人々の笑顔です。辺りに広がる澄み切った境地と、達成した後のピュアな気持ちは「カップ・エース」に変化していくともいわれます。

絵解きからみえるメッセージガイド

現象	負担を抱え込む　仕事のプレッシャー　重荷を背負う　限界に挑む　安請け合い　責任感
人物像	シェルパー　責任者　超人　背負子　ハードワーカー　苦労人　肉体労働者
キーワード 正	圧迫　耐久　やり遂げる　重圧　難問突破　疲労困憊　やせがまん
逆	挫折　手が回らない　耐えられない　放棄　壊れる　無理難題　責任を負わされる

このカードが出たときは・・・

正位置 一人では抱えきれないくらい難しい問題と向き合う状況にいるようです。大変な労力を使って持ちこたえています。目標に向けて頑張ることで闘志がみなぎるでしょう。

逆位置 他人が取り組んでいたことに責任をとらされる羽目になっています。重圧に耐えられそうもなく、荷物を投げ出したいようですが、投げ出しにくい状況です。

ワンド10のお荷物
重圧を抱える彼にもまだ突っ込む余裕があるようで、天使も一安心なのでした。

ワンド

	正位置	逆位置
Love 恋愛運	気が重い、負担がかかる、厳しい状況、問題を抱え込む、責任を取る、プレッシャーをかける・かけられる	我慢に耐えられず投げ出す、疲れを感じる、あきらめる、呪縛から逃れる
アドバイス	限界まで頑張ってみましょう	中途半端にならないようにしましょう
Work Study 仕事運・勉強運	成功を夢見た大仕事、複数を同時進行、一人で抱え込む、人に任せられない、責任の重い仕事、肉体労働、重労働、勉強は難関校を目指し頑張る	他人の責任を負わされる、荷が重過ぎる、能率が悪い、仕事を任せられる人がいない、割に合わない、単純労働、勉強はプレッシャーに負けやすい
アドバイス	一旦取りかかったことには責任を持って	少しくらい息抜きしても大丈夫
Body 健康運	過労、しんどい、肩コリ、腰痛、トレーニングで負荷をかけ過ぎ、睡眠不足	(正位置とあまり変わりませんが、少しはマシかもしれません)
アドバイス	ちょっと休んだ方がいいでしょう	心と体を充分休ませて
Money 金運	借金やローン返済の重圧、採算が合わない、分を超えた出費、支出が多い、重労働のわりに収入が低い	借金の肩代わりをさせられる、楽ではない、支払い過多、自分のことにお金を使えない状況
アドバイス	あくまで正攻法で稼ぎましょう	支出の整理を心がけましょう
Personal relationships 対人関係	多忙で仲間と集う時間がない、面倒な人、背伸びが負担になる、重く考える、リーダー役を自ら引き受ける	意図しない大役を任される、いいように操られる、向上心がない、ハイレベルな人と付き合おうとしない
アドバイス	まっすぐな気持ちをぶつけましょう	要らないプレッシャーにこだわらないで

ワンド・ペイジ
Page of Wands

グッドニュースを運ぶメッセンジャー

テーマ 面白いことはすぐ伝えに行く

●**サラマンダー模様の服**
サラマンダーは「火」の精霊であると言われています。その模様柄はワンドのコートカードの人物が皆、身につけています。彼はワンドの宮廷の見習いです。

●**砂漠**
灼熱の世界は、ワンドのコートカードの舞台です。

●**水色の空**
水色は高い精神性を表す色であり、ここでは平和であることを意味します。

●**上を向いている**
ワンドは上昇していく性質から、彼の目線も上を向き、意識が上昇していることを表しています。

●**右を向く**
右は、意志の力と未来を表します。未来に向けて目標、情熱、強い意志を示しています。

「ワンド・ペイジ」は火のスートの性質を純粋に集めています。率直に、何か思いついたことをやりたいという心に火が点いた瞬間です。彼は今からどこかへ走り出そうとしていますが、どこに向かうのでしょう。まだ始まったばかりなので方向は定まっておらず、どこに飛び立とうかプランがない状態です。やる気はあるけれど、何をしたらいいのか分からない……彼はとりあえず、みんなを喜ばせるために面白いニュースを伝えに行くことに決めました。彼は主君に良い知らせを伝えるメッセンジャーボーイともいわれています。

絵解きからみえるメッセージガイド

現象	情熱の始まり　何かを始める　動き始める　知らせる　伝える　場を盛り上げる
人物像	若者　元気がいい　活発な人　頑張る人　配達員　旅人　人気者　少年　話しが面白い人
キーワード 正	行動的　積極的　良い知らせ　大胆　素直　気楽　純粋　やんちゃ　子どもっぽい
キーワード 逆	わがまま　でしゃばり　悪い知らせ　暴れん坊　嘘つき　未熟　悪ガキ

このカードが出たときは・・・

正位置 自分に何ができるのかまだわかっていませんが、熱意だけはあふれています。具体的なことは着々と準備して努力します。未熟だけど、その一生懸命さに周囲も感化されるでしょう。

逆位置 思いついたことが本質とズレていて、無駄な動きが多いでしょう。考えもなく衝動的な行動は周囲を困惑させます。過剰な熱意はその時だけで、三日坊主で終わってしまうようです。

ワンド・ペイジの伝達力
ライバルにどう立ち向かうのでしょう!?
彼はまた伝達力を磨く旅に出るでした。

	正位置	逆位置
Love 恋愛運	純粋で誠実、一目惚れ、まっすぐな気持ち、告白する・される、若くて純粋な恋人、良い知らせ、メールのやり取りが楽しい	連絡が来ない、いいかげん、ムードがない、長く続かない、頼りない、ノリだけ、進展が性急過ぎてすぐ飽きてしまう
アドバイス	先のことはあまり考えず今を楽しんで	長い目で相手を見ましょう
Work Study 仕事運・勉強運	配達員、運転手、下っ端、仕事が早い、使い走り、フットワークが軽い、雑務、体を動かす仕事、気軽な作業、アルバイト、新しい勉強法を見つける	情報収集の誤解、メールや郵便物の未着、間違った情報を発信、バイトの無責任さ、辞めたい、根性がない、熱意がない、勉強はやる気が起こらない、良くない結果
アドバイス	スピーディーさを活かしてみましょう	丁寧な確認作業を怠らないように
Body 健康運	元気、はつらつ、活力がある、若いエネルギー、空いた時間を上手く使って運動する	衛生に気を遣わない、不規則な生活、ケガ、事故、風邪を引く、発熱しやすい、すぐ治るとタカをくくる
アドバイス	短時間のエクササイズをしてみましょう	落ち着いた生活を心がけましょう
Money 金運	見習い程度の収入、大入り袋、ちょっとした臨時収入、くじが当たる、旅行資金が必要	不安定な収入、行き当たりばったりの生活、衝動的にギャンブルにつぎ込む、見込み違いで損をする
アドバイス	お金にまつわる良い知らせが来そう	早とちりが散財のもと
Personal relationships 対人関係	明るいキャラクターで人気者、素直で実直、信頼が厚い、面白い、伝達が上手い、良い知らせで盛り上げる	注目されたい、軽薄な態度、頼りない応答、コミュニケーション不足、アテにならない、自分勝手、連絡が来ない、気が短い、早合点
アドバイス	好奇心を持っていろいろな人との交流を	落ち着いて情報の選択をしましょう

ワンド・ナイト
Knight of Wands

情熱で突き進む騎士

テーマ 直観力とストレートなアプローチで積極的に進む

●**走り出す跳ね馬**
気性の激しさと若いエネルギーを表します。どんな困難にも打ち勝つ勇気を持ちます。

●**サラマンダー模様**
ワンドのコートカードが皆、身につけている模様です。彼はワンドの宮廷のナイトです。

●**炎の飾り**
鎧の随所に炎の飾りを付けています。ペイジからナイトへ成長した青年男性のダンディズムを表しています。

●**燃えさかる炎**
灼熱の炎が燃え上がっています。ナイトの燃えるような情熱と勇ましい闘争心を表しています。

「ワンド・ナイト」はペイジが成長した大人の男性です。無計画に事を進めたり、相手のことは考えないなんて無粋なことはいたしません。高い理想をかかげ、冴える直感力とストレートな物言いで周囲を引き込み、ものごとを突き動かしていきます。率直な態度は、腹に何も隠し持っていない明快な人物であることがわかります。火を噴くような燃える情熱の持ち主であることから、気性が荒く少々無骨なところもありますが、一途な誠実さも併せ持ちます。暴れん坊の跳ね馬を見事に乗りこなしながら、未開の地への旅は続きます。

絵解きからみえるメッセージガイド

現象	勇気ある行動　目的を遂行する　未知への冒険　旅行　移動　人事異動　転居　出張
人物像	野心家　頑張る人　アスリート　ビジネスマン　働きざかり　スポーツマン　フットワークの軽い人
キーワード 正	熱い　刺激　行動力　決断力　単純明快　独立心旺盛　冒険好き　激情　スピード
逆	自己中心的　傲慢　横暴　わがまま　押し通す　トラブル　ケンカ　暴走　DV

このカードが出たときは・・・

正位置 いろいろなことに関心を持ち、自分の意志で行動します。少し落ち着きがないですが、野心と信念を持って行動するので、大きな成果を期待できるでしょう。

逆位置 一度火が点いてカッとなるとなかなか止められません。短絡的な考え方をしてしまいがち。ややもすると、自分でも制御できないほどに暴走してしまうかもしれません。

ワンド・ナイトの意気込み
火の演出にはこだわりがあるワンド・ナイトなのでした。

	正位置	逆位置
Love 恋愛運	真っ直ぐな愛情、積極的、展開が早い、インパクトが強い、裏表がなく嘘がない、情熱的、行動に出る、デートは遠出する	自分勝手、相手を振り回す、強引、ケンカ、突然の別れ、見かけ倒し、DV、ストーカー
アドバイス	心に響くストレートなアプローチを！	一度落ち着いて相手の立場を考えてみて
Work Study 仕事運・勉強運	中心となって働く、プレイングマネージャー、自分の意志で進める、走り回る、営業マン、物流関係、交渉成立、決断が早い、勉強は一夜漬けでもカンが冴える	トラブル、ケンカ、暴走、無謀なプラン、先を急ぎ過ぎる、交渉がまとまらない、急な異動、突然の中止
アドバイス	血気盛んで真面目な仕事ぶりをアピール！	状況を見極めて仕切り直しを
Body 健康運	快調、運動量が多い、タフ、良い循環、乱暴だが体力があるのでなんとかなる	高血圧、働き過ぎ、怒り狂って発熱、頭の方に気が上がっている、体調悪化、事故や転落に注意
アドバイス	スポーツでも能力を発揮して	落ち着いてクールダウンしましょう
Money 金運	精力的に稼ぐ、予想以上の報酬、昇給、入金が早い、思い切りのいい買い物	トラブル、金銭感覚がない、借金を作る、衝動的な浪費、結果を急いで失敗、お金は貯まらない、ギャンブルで散財
アドバイス	決断力を活かして	支出プランを地道に考えてみましょう
Personal relationships 対人関係	本音を言い合える仲間、表裏がない、ケンカしても後腐れない、スポーツ仲間、旅行仲間、時代を切り拓く壮年層の仲間	横暴な態度、ケンカ、傷つける言動、自分勝手、分からず屋、短気、派手好き、薄っぺらいつき合い
アドバイス	ノリだけで進んでも OK	短絡的な言動は慎みましょう

Chapter3 小アルカナカード解説

ワンド・クィーン
Queen of Wands

華やかで積極的な女王

テーマ 明朗さや快活さで周囲をまとめる

●**南を向いている**
太陽の南中時刻です。一番高い所にいる太陽を見ているのは、プライドの高さと気高い自我を表しています。

●**黒猫**
気まぐれで、自由な心の持ち主であることを表し、束縛を嫌います。また、本能的な直感にも優れています。

●**ひまわりとライオンのレリーフ**
ひまわりとライオンは、獅子座の象徴であり、太陽を表しています。ワンドクイーンは太陽のような明るい性格とエネルギッシュで気性の激しい性質を持っています。

●**黄色のローブ**
黄色は太陽の光を表現する色です。元気で幸福であることを表します。

「ワンド・クィーン」は積極的で自分の意志をしっかり持った女性です。太陽の光がスポットライトのごとく、自信にあふれた華やかさと堂々としたたたずまいを照らし、何もしなくても圧倒的に目立つ存在です。気高さの中に、フレンドリーで開けっぴろげなところもあり、親しみやすさが注目と人気を集めています。彼女の圧倒的な魅力は、集まってくる人を分け隔てなく受け入れる面倒見のよいところ。弱きを助け強きをくじく姿勢は頼りになる姉御です。冴えた直感力を使って周囲を奮い立たせ、リーダーとして周囲をまとめていきます。

絵解きからみえるメッセージガイド

現象 人気を得る　モテる　華やかで派手な行事　面倒を見る　健康的　愉快で楽しい

人物像 母　女上司　女性オーナー　女性アスリート　女性向けの仕事をしている人　太陽のような人

キーワード **正** 明るい　開放的　行動力　天真爛漫　プライドが高い　気が強い　活力　笑い
逆 わがまま　横暴　威張る　プライドが高過ぎる　自己主張が激しい　悪趣味　目立ちたい

このカードが出たときは・・・

正位置 明るく積極的に行動すれば、上手く回っていくでしょう。信頼できる女性との出会いや、その人の計らいによってチャンスを掴むこともあるかもしれません。

逆位置 目立ちたいがために見栄を張ってしまったり、強引にわがままを通すことがあるでしょう。感情のアップダウンが激しく、周りを困らせてしまうことも。

ワンド・クイーンの大らかさ
大きな愛でどーんとかまえるクイーンはときたま、うっかり屋なのでした。

	正位置	逆位置
Love 恋愛運	楽しい、ノリが合う、華やぐ、モテる、盛り上がる、包容力豊か、男性は草食系、いきいきする、多忙で恋ができない	押しが強い、干渉する、張り合う、女性がわがまま、魅力の低下、いきいきしていない、女王様気質
アドバイス	女性の方がリードするとうまくいきます	控えめになってみよう
Work Study 仕事運・勉強運	仕事のできる人材（女性）、行動的、出世、昇格、女性を対象にした仕事（商品）、女性の多い職場、職場リーダー、勉強は日の目を見る	トラブル、自分の意見をごり押しする、独断で進める、キツいお局がいる職場、派手にみえるけど中身が伴わない、勉強は頑張ったわりには点数が取れない
アドバイス	女性のセンスを活かして行動的に	中身が伴う努力をしましょう
Body 健康運	毎日の生活が充実していて体調は良好、ホルモンバランスが整っている	活力が落ち気味、パワーダウン、イライラ、コリが固まっている、高血圧、更年期
アドバイス	スポーツで汗を流しましょう	イライラの原因を取り除きましょう
Money 金運	昇給、収入アップ、精力的に稼ぐ、後輩におごる、つき合いの出費	買い物依存、ブランド好き、見栄を張った浪費、働かずして報酬を得る、パトロンから資金提供
アドバイス	ファッションや美容への投資も惜しみなく	どんぶり勘定は改めましょう
Personal relationships 対人関係	異性を引きつける、積極的に人脈を広げる、リーダー的存在、人気もの、注目を集める、姉御肌、寛大、分け隔てなく付き合える	トラブルメーカー、わがまま、気が強い、偏見、協調性がない、過剰に派手、妙にゴージャス、大げさ、張り合う
アドバイス	明朗さをどんどんアピールしましょう	プライドの高さを改めましょう

Wands ワンド

ワンド・キング
King of Wands

プライド高くエネルギッシュな武将

テーマ 自ら先頭に立ってリーダーシップを発揮する

●猫のペンダント
ワンド・クイーンとおそろいの猫のペンダントです。ワンドは動物が持つような本能的な直観力に優れています。

●黒い蜥蜴
ワンドの王室の、マントや洋服の模様になっている伝説上の動物であるサラマンダー（火の蜥蜴）は、「火」のスートの象徴です。

●炎の王冠
燃える炎をかたち取った王冠です。試練を乗り越えて今の地位を築いたワンドキングの証です。

●獅子と蜥蜴のレリーフ
玉座の背もたれに権威を示す獅子と「火」の象徴であるサラマンダーのレリーフが刻み込まれています。

「ワンド・キング」は彼方を真剣な眼差しでみつめ玉座に腰を下ろしています。軍を統率するキングにとって領土を守ることは使命であり、今にも立ち上がって出陣したい衝動にかられています。彼は玉座から指示を出すだけではなく、先頭に立ってリーダーシップを発揮します。驚くほどの体力と、超人的なスタミナで武道に秀で、カリスマと呼ばれるにふさわしい風格を持っています。これまでも数々の逸話を残しているにちがいありません。誇り高き一国一城の主は、気高いプライドと情熱を持って国の発展のために今日も働きます。

絵解きからみえるメッセージガイド

現象 昇格 役職に就く やり甲斐のある仕事 フロンティア精神を発揮 やる気を起こさせる

人物像 創始者 監督 熱血漢 権力者 上司 社長 アスリート 父 スポーツマン 男気のある人

キーワード
正 野心 意志強固 正直 勢い 力強い 頼もしい 太っ腹 豪快 単純 ストレート
逆 独裁 ワンマン わがまま 攻撃的 身勝手 暴君 頑固 無慈悲 偏見 威張る

このカードが出たときは・・・

正位置 やりたいことを押し通す気概と説得力を持っています。周囲もその気迫に Yes と言うでしょう。情熱と積極的な行動力で成果を出すことができます。

逆位置 自分の地位と権力を利用する暴挙がまかり通っているようです。パワーで人を支配していると、いつか自分も同じような目に遭うかもしれません。

ワンド・キングの闇落ち
タフなキングは、大の格闘技好き！強すぎて遊び相手がいなくなってしまったようです・・・

ワンド

	正位置	逆位置
Love 恋愛運	リーダーシップを取る、頼れる男性、将来を考える、多忙で恋どころではない、考えられる限りのパワーで愛を注ぐ	支配的な男性、わがまま、威張る、暴君、ケンカ、短気、DV、ストーカー、怒りを爆発させる
アドバイス	男性にすべてを委ねてみましょう	怒りをため込まないようにしましょう
Work Study 仕事運・勉強運	バリバリ仕事をこなす、昇進、自営業、建築業、不動産業、男性が多い仕事、モチベーションが高い、開拓する、出世、自分にしか出来ない仕事、成績が上がる	無駄に忙しい、権力と地位を悪用する、パワーハラスメント、独裁、威嚇、暴力、忙しく見えて中身が伴っていない、勉強しているフリ（だけ）
アドバイス	多少ワンマンでも OK	権威を振りかざすことはやめましょう
Body 健康運	体の中にエネルギーがみなぎっている、良好、元気に満ちあふれる、タフ、強靭な体力、持久力がある	健康管理をしていない、不摂生、高血圧、頭に血が上りやすい、男性エネルギーの枯渇
アドバイス	体力維持のために筋肉トレーニングを	体力を過信しないように
Money 金運	収入アップ、精力的に稼ぐ、利権収入、欲しいものは必ず手に入れる	アップダウンが激しい収入、ストレスから浪費、見栄を張った浪費、その時の気分で使いたいだけ使う
アドバイス	実力で勝ち取りましょう	将来の計画を考えてみて
Personal relationships 対人関係	未開拓な分野を支援してくれる仲間、リーダー的存在、賛同者、人が集まる、頼りがいがある友人	見かけ倒しで頼りにならない、横柄、ケンカ、傲慢、協調性がない、自慢話、暑苦しい、権力や地位をひけらかす
アドバイス	自分が中心になって人を集めてみて	虚栄心が強いことを認識しましょう

カップ・エース
Ace of Cups

溢(あふ)れる感情の始まり

テーマ 誰かを(何かを)好きになる

● **魚**
水の中に住んでいる魚は、水のスートであるカップのキャラクターです。

● **一杯のカップ**
一杯のカップは、感情の始まりを表しています。水のスートは愛情や感情など何かを慈しむ性質を持っています。

● **泉**
泉の水に染み渡るほど愛情が豊かであることを表します。

● **噴水**
カップから水があふれています。感情が満ちあふれていることを表します。

● **蓮**
蓮は濁った水の中でも咲くことができ、とても浄化力の強い花です。よどんだ感情をクリーンにする力を表します。

「カップ・エース」は、気持ちや感情または愛情が生まれてきた状態です。みずみずしいお魚がカップの中で微笑んでいます。エースはどのスートも最も純粋で、テンション高く舞い上がります。好きな人が出来た！夢中になれることをみつけた！というトキメキが心を躍らせています。泉から噴水のようにあふれる気持ちはピュアな喜びと豊かな感性を育みます。誰かと付き合い始めたとか、具体的に何かを始めたとか、まだターゲットがあるわけではありませんが、何かに目覚めたことに嬉しさを感じている状態です。

絵解きからみえるメッセージガイド

現象 感情の始まり　トキメく　好きなことが見つかる　満たされる　みずみずしい感性の発露

人物像 幼児　若者　優しい人　好きな人　感受性の強い人　ペット　アーティスト

キーワード　**正** 愛情　純粋　満足　浄化　人間愛　恋の始まり　豊かな気持ち　インスピレーション
　　　　　　　逆 思いが伝わらない　鈍感　思い込み　独りよがり　自分本位　感情的　偽りの愛

🌀 このカードが出たときは・・・

正位置 誰かや何かに一目惚れしたり、キュンとするできごとが起こりそう。愛情や感性、感覚において新たな始まりがあり、トキメキと喜びで一杯です。

逆位置 何かに夢中になりたくて、無理やり好きだと思い込んでいるようです。心から好きという気持ちがないと、インスピレーションがわいてきません。

カップ・エースのトキメキ
カップからあふれる泉で遊ぶお魚は、喜びにあふれているのでした。

	正位置	逆位置
Love 恋愛運	一目惚れ、ターゲットをみつける、きっかけをつくる、好きな人ができる、プラトニック、無意識に惚れている相手	偽りの愛、相手がどう思っているのか不安、片思い、思い込み、バーチャル恋愛、自己満足、気持ちが伝えられない
アドバイス	ピュアな気持ちを汚さないように	素直な感情を表現してみましょう
Work Study 仕事運・勉強運	好きな仕事、やりたいことがみつかる、和気あいあいとした職場、損得抜き、感受性や感性を活かした仕事、勉強は純粋な気持ちで取り組める	思い通りにいかない、惰性、ダレる、わかり合える人がいない、思いは巡らすが形にならない、勉強はマンネリでやる気をなくす
アドバイス	お金じゃなくて好きなことを優先に	本当は何がやりたいのかよく考えましょう
Body 健康運	若々しい、妊娠の可能性、感情面に張りがある、艶やか、水分バランスが良い	むくみ、感情面での鬱屈感、血流が悪い、下痢、多汗
アドバイス	楽しみながら出来る健康法をみつけて	新陳代謝を良くする運動をしてみましょう
Money 金運	収入額にこだわらない、少額でも嬉しい、好きなことをしているから不満はない、やりくりが楽しい、募金する	忘れている支払いがある、いいかげん、お金がない振りをする、払いが悪い、出し惜しみする、やる気がなくて稼げない
アドバイス	純粋な気持ちでいましょう	お金に対して愛情を持ちましょう
Personal relationships 対人関係	損得勘定しない、親切で優しい仲間、好きな人たちと純粋に付き合う、感性が合う、不思議ちゃんキャラが人気	とぼける、わがまま、甲斐性無し、起伏が激しくつき合いにくい、頼りない、子ども扱い、不思議ちゃんキャラは不評
アドバイス	キュートさを素直にアピールしてみて	周囲に甘え過ぎないようにしましょう

カップ2
Two of Cups

心が溶け合いひとつになる

テーマ　分かち合う関係をつくる

●**2杯のカップ**
2杯のカップは、気持ちが行き来することを表し、とてもラブリーな状態です。

●**見つめ合う二人**
心が結びついてひとつになっている両思いの二人です。

●**柄に2匹の蛇が巻きついている杖**
ギリシャ神話のヘルメスが持つ杖です。（カドゥケウス）知恵の象徴であり、欲望と精神が溶け合い昇華されていくことを表しています。

「カップ・エース」でトキメいた気持ちを大切にしながら、男の子と女の子はお互いが吸い寄せられるようにみつめ合い、カップを交わしています。優しい二人の恋は、のどかな田園風景の中でお互いを思いやりながら育まれるでしょう。二人のフィーリングはカップに注いだシャンパンがパチパチっと勢いよく立ち上る泡のようにはじけ、鮮やかに共鳴し合っています。泡が上昇するのは今が一番のピークです。彼らの相思相愛は、今が幸せ！と思える瞬間です。分かち合える人がいることの嬉しさと、その時の高揚感を味わっています。

絵解きからみえるメッセージガイド

現象	出会い　パートナーシップ　ギブ&テイク　友情　恋愛　相思相愛　思いやりを持つ
人物像	若いふたり　カップル　ユニット　パートナー　分かち合える人　愛されている人
キーワード	正　援助　共感　共鳴　受容　交換　相性が良い　通じ合う　両思い
	逆　すれ違い　相性が悪い　誤解　意思疎通が図れない　打算的　三角関係

このカードが出たときは・・・

正位置 お互いを想い合い、心が通じ合う人との出会いがあります。恋愛だけに限らず友達であったり仕事上でのパートナーや仲間でもあります。認め合うパートナーシップを持てるでしょう。

逆位置 感情のコントロールができず、打算が先走ってしまいます。自分本位な思い込みや押しつけが二人の間（周囲）に不和を生じさせ、ややこしい状態を招いてしまうかもしれません。

カップ2の分かち合い

ふたりでいることの幸せを体で表現してみせるふたりなのでした。

見つめ合うふたり

踊るふたり

扇形になってみたふたり

カップ

	正位置	逆位置
Love 恋愛運	両思い、つき合い始める、好みのタイプ、分かち合う、燃えるような愛、相性が良い、モテる、相手しか見えない	ズレが生じる、すれ違い、分かち合えない、性の不一致、好みじゃないけど嫌ではない、嫌いじゃないけど良くもない
アドバイス	フィーリングを大切にしましょう	純粋な気持ちを大切にしましょう
Work Study 仕事運・勉強運	パートナーに恵まれる、援助者の出現、共感し合う、接客業、仲の良い職場、相手の用件をよく聞く、サービス業、勉強は理解力が深まって楽しい	周囲と意思の疎通が図れない、理解に欠ける、クライアントに好かれない、嫌ではないがフィットしない、勉強は問題を解く読解力が欠けて進まない
アドバイス	助け合って喜んでもらいましょう	誤解や間違いがないかどうか確認を
Body 健康運	水分代謝、循環器系は良好、原因の発見、治療法の発見、血流、医者と相性が良い、体の状態を分かってもらえる	循環が悪い、不定愁訴、原因を発見してもらえない、バランスを崩す
アドバイス	水分をたっぷり摂取しましょう	自分の状態をみつめ直しましょう
Money 金運	共稼ぎ、二人のものを購入、欲しいものが手に入る、援助者の出現、来た話がお金につながる	思うように稼げない、期待ハズレの収入額、シェアできない、お金の問題で行き違い、パートナーの分を肩代わり
アドバイス	協力関係を大切にしましょう	お金より大切なものを忘れないように
Personal relationships 対人関係	分かり合える親友、ノリが合う、以心伝心、あうんの呼吸、盛り上がる、相性が良い、協力してくれる仲間、誤解が解ける	分かり合えない、誤解が生じる、信頼できない、距離を置く、きまずい、コミュニケーションがズレる
アドバイス	何も言わなくても通じ合う	歩み寄って人の話しを聞きましょう

カップ3
Three of Cups

喜びの収穫祭

 気の合う仲間と楽しく過ごす

●3杯のカップ
3杯のカップは感情を広げていくことを表しています。飲んで楽しく盛り上がり、感性を育みます。

●三人の娘
三者三様の個性の違う人たちが集まって喜びを分かち合い、乾杯しています。

●ぶどうやカボチャ
収穫の時を迎え、作物がたくさん実りました。それを感謝するお祭りの真っ盛りです。

「カップ2」で出会った恋や絆をより多く分かち合うために、いろいろな人との交友を広めていきます。この絵は、歌って踊る楽しい収穫祭を祝っているところです。育てたものが実になって、皆とても嬉しく幸せを感じています。彼女たちはそれぞれ違う個性の持ち主ですが、その喜びを共有し、ひとつの場にとけ合っています。二人よりもみんなでわいわいやるパーティーのように集うのが楽しいのです。難しい話や嫌なことは忘れて、居心地よく食事やお酒を楽しみましょう。気の合う仲間と楽しく過ごす満たされた感情は、人の和を育くみます。

絵解きからみえるメッセージガイド

現象	披露宴　合コン　パーティー　女子会　懇親会　祭　祝い事　食事会　打ち上げ　イベント
人物像	乾杯する人　祝う人たち　盛り上げ役　明るく楽しい人　飲み会好きな人　若くて可愛い人
キーワード	正　豊穣　友情　社交　コミュニケーション　祝福　食事　飲み会　対人関係の広がり
	逆　快楽　享楽的　感情過多　三角関係　情に流される　馴れ合い　いいかげん　不真面目

このカードが出たときは・・・

正位置 喜ばしいことがたくさんあり、心がウキウキしています。自分だけでなく周囲も幸せを感じ、みんなで楽しい気分になることができるでしょう。

逆位置 周囲との関係にメリハリがなく、ダラけてしまいがちです。悪いことが起こるほどではありませんが、気が抜けているのかもしれません。

カップ3の女子会
さわやかに乾杯したつもりがいつのまにか酔っ払いになるのでした。

	正位置	逆位置
Love 恋愛運	ノリが合う、二人きりでなくても楽しい、コロコロ笑い合う、明るさに惹かれる、表面的な楽しさに流される	三角関係、浮気、飲んだ勢い、遊び過多、依存、いいかげん、気が多い
アドバイス	みんなで盛り上がれるところに行きましょう	理性を大切にしましょう
Work Study 仕事運・勉強運	楽しい職場、明るく働ける、飲食業、接客業、協力関係がある、怖い人がいない、仕事帰りの飲み会、勉強はみんなで取り組む	怠ける、計画性がない、やる気がない、いいかげんな勤務態度、プライベートを優先、遊びに夢中で勉強に集中できない
アドバイス	場をうまく盛り上げてみましょう	やるべきことを見極めましょう
Body 健康運	楽しさから健康状態は充実、飲食の楽しみから太りやすい、ダンスで健康増進、水分代謝が良い	飲み過ぎ、食べ過ぎ、不摂生、二日酔い、胃もたれ、遊びすぎ、健康管理をみくびる
アドバイス	ポジティブシンキングが役に立つ！	不規則な生活を正しましょう
Money 金運	喜べる収入、祝い事の支出、大入り袋が出る、交友関係の出費、御祝儀、無計画だがなんとかなる	エンゲル係数が高い、祝い事の出費、遊びの浪費、無計画、その日暮らしにそろそろ無理が来る
アドバイス	対人関係の支出は先への投資と考えて	生活にメリハリをつけましょう
Personal relationships 対人関係	ノリが合う、飲み友達、盛り上がる、協力してくれる仲間、人脈の広がり、思いやり、温かい人間関係	馴れ合い、だらける、いいかげんな態度、いつまでも飲んでいる、甘える、友人と恋人のラインがわからない
アドバイス	気の合う仲間を大切にしましょう	線引きはしっかりしましょう

カップ4

Four of Cups

みずみずしさを失った心

テーマ 心を落ち着けてゆっくりする

●**4杯のカップ**
4杯のカップは感情が安定することを表します。水は常に流動していないと新鮮さを失います。それと同じように、感情も動きがなくなるとたちまち、マンネリになり怠惰になってしまいます。

●**木の下で眠る人**
うとうと寝ているのは、宴で飲み過ぎて酔いを冷ましているからです。騒ぐことに疲れて一人になっています。

●**差し出されたカップ**
雲から出た手が持っているカップは、閃きやインスピレーションを表しますが、彼はそれに気付いていません。

「カップ3」で皆と喜びを分かち合い飲み明かしたあとは、酔い醒ましで一人になりたい気分になります。静かな丘の木陰でうとうとし始めました。もう一杯いかが？とカップを差し出されていますが、それに気付かないほど酔ってしまっているようです。大騒ぎが続くとどこかで疲れを感じ、もうたくさん、うんざり、と少し心を閉ざしたくなることもあります。喜びやトキメキを感じられなくなった心は虚脱感におおわれ、みずみずしさを失ってしまうでしょう。身近なところに大事なものがあることを忘れています。よどんだ感情を生き返らせるには、カップをひっくり返して水に動きを与えることです。

◎ 絵解きからみえるメッセージガイド

現象	満腹 眠気におそわれる マンネリ 物足りなさを感じる 飽きる 怠惰 酔いさまし
人物像	酔っ払い 怠け者 しまりのない人 疲れている人 無感情の人 二日酔いの人
キーワード	**正** 不満 倦怠感 よどみ 虚脱感 うつ 妄想 気力がない どうでもよい
	逆 方向転換しようとする 気付き やり直し 身近なところで良いものに気付く

このカードが出たときは・・・

正位置 騒がしい交友関係や、うるさいしがらみから抜け出したい気分になっているようです。気持ちがよどんでいると考えが凝り固まって、やりたいことの結果がなかなか出せないことも。

逆位置 方向転換しようとすると、スランプ状態から抜け出すことができるようです。自分の中のわだかまりが少なくなり、身近にあるものや、周りのありがたさに気付くことができるでしょう。

カップ4の酔い冷まし
すっかり出来上がっていてもなお、夢の中で飲み続ける彼なのでした。

カップ

	正位置	逆位置
love 恋愛運	マンネリ、飽きる、旬が終わった状態、刺激がない、思い込み、相手の良くないところが目に入る	心を開く、相手の愛や優しさに気がつく、思いやりを持つ、刺激はないが安心できる、マンネリの中に良さをみつける
アドバイス	安心できることが大事です	青い鳥は部屋の中に！
Work Study 仕事運・勉強運	物足りなさを感じる、飽きる、閃きがない、人との関わりを避ける、能率が上がらない、変わり映えしない、勉強はやる気が起こらない	身近なものを扱う商品、方向転換を考える、マンネリでいることにも飽きる、周囲のありがたさを知る、勉強のやり方を変える
アドバイス	新しいものより古いものの良さを見直して	マンネリの中に新しいネタがありそう
Body 健康運	だるい、虚脱感、プチうつ、生活にハリがない、不定愁訴、二日酔い、胃のもたれ	ゆっくりと回復、回復方法に気が付く、目が覚める、心が落ち着くと体も落ち着く
アドバイス	あくせくせず、のんびりしてみましょう	良質な睡眠をとりましょう
Money 金運	そこそこの収入なのに満足できない、横ばいの収入額、計画性がない、ダラダラ浪費する	不満が解消する、へそくりを思い出す、今まで放置していた資産を動かす、大きな収入ではないが生活に困らない
アドバイス	プールしておくことも大事です	貯金額や持ち物をしっかり把握しましょう
Personal relationships 対人関係	なんとなく疲れる関係、抜け出したい、言いたいことが言えない、易きに流れる、向上心が持てない、ハッキリしない	周囲の大事さに気が付く、感謝の気持ちを知る、新展開がありそう、新しい環境に気付く、心を開く
アドバイス	あえてハッキリさせない方が良いことも	新しい人たちと交流してみましょう

カップ5
Five of Cups

不十分であることの悲しみ

 不足を補うものに目をむける

●**5杯のカップ**
5杯のカップは、感情の混乱を表します。水どうしは一つに混ざることで充足感を得ますが、この絵は5つのうち、3つがこぼれています。こぼれた分の水を想い、悲しんで落胆することを意味します。

●**2杯のカップ**
テーブルの上の2杯のカップは倒れておらず、残っています。
残ったものに望みをかけることができます。

●**3杯のこぼれたカップ**
3杯のカップがこぼれ落ちています。中身は赤ワインです。赤い液体は、血液を連想させ血縁関係を表しています。

「カップ4」で身近なところに大事なものがあると気付き始めたとき、その身近なものの一部を失ってしまう経験をします。水のスートはすべて一体になることで満たされますが、その一部分でもなくなると悲しくなります。5つのうちの3つがこぼれてしまったカップに後悔と喪失感でやり切れない思いを抱きます。チェスボードのような床の上での悲劇は、人生の駒を進めていこうとしていた矢先のこと。因縁めいたものを感じながら、ふと目をやったテーブルの上には2杯のカップが残っています。これに目を向けて行くことが、気持ちを立て直すために大事なことになっていくでしょう。

絵解きからみえるメッセージガイド

現象	意気消沈　途方に暮れる　孤独感に苛まれる　失恋　投げやりになる　親族問題　喪失体験
人物像	失望している人　悲しむ人　残念な人　喪に服している人　遺産問題を抱えている人
キーワード	正　失意　失望　損失　欠損部分　後悔　裏切り　不安感　悲しみ　喪中
	逆　姿勢を立て直そうとする　可能性を見いだす　問題改善に向けて動く　未来に希望をもつ

このカードが出たときは・・・

正位置 これまで培ってきたことが失われてしまうかもしれません。何かが欠けて不十分であることの満たされない気持ちから、後悔の念に苛まれ悲しい思いをしそうです。

逆位置 喪失の悲しみと向き合うことによって、復活の兆しが見えてきます。なくさないで残っているものへ目を向けることが、もう一度チャレンジする気持ちや希望につながります。

カップ5の喪失
大事なワインをこぼしたのはだれの仕業なのか?!顔面蒼白の伯爵なのでした・・・

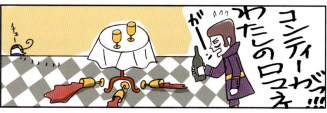

	正位置	逆位置
Love 恋愛運	愛を失う、失望、後悔、別れ、去って行く、裏切る・裏切られる、振る・振られる、お金のかかる関係、損をする　混乱	相手を見直す、悲しみと向き合う、一度振られて再度チャレンジ、復活、リベンジのチャンス、新しい展開を考える
アドバイス	損得勘定で考えないで	発想の転換が未来を拓けそう
Work Study 仕事運・勉強運	損失、期待ハズレ、お蔵入り、やる気が萎える、冠婚葬祭、家族間の法律問題、勉強は思ったような点数が取れず落胆	前向きになろうとする、潜在能力の開発、やり直す、計画を見直す、お蔵入りしたものが日の目を見る、勉強方法の問題点を改善
アドバイス	期待し過ぎないようにしましょう	既にあるものに目を向けてみましょう
Body 健康運	遺伝性の病気、悪化、水分分泌の悪さ、破水、出血など	回復途上、遺伝性の病気、再検査、序々にマシになる、体質的な病状との共存
アドバイス	栄養補給を考えましょう	だましだましやることも大事です
Money 金運	収入減、浪費、お財布を紛失する、損失を出す、相続、遺産問題、費用対効果が見合わない	過払い金を取り戻す、ヘソクリがみつかる、目先の収入より手持ち金でやりくりする、収入源を発見、遺産問題は解決の方向へ
アドバイス	損して得を取る精神を持ちましょう	残されたものに目を向けてみましょう
Personal relationships 対人関係	失望、距離を置く、大事な人がいなくなる、別離、人が去っていく、仲違い、気持ちが混乱する、落ち着かない	仲直り、誤解が解ける、再会する、去って行った人より今いる人と絆を深める
アドバイス	被害者意識を持ち過ぎないで	良かったときのことを思い出してみて

カップ6
Six of Cups

あの頃のあこがれ

テーマ 過去の良い思い出を胸に抱き、初心に帰る

●男の子と女の子
この絵は幼い頃の幼なじみを思い出しています。お花をプレゼントしているのは、かつて純粋だったことを表しています。

●6杯のカップ
6杯のカップは感情が調和することを表します。気持ちをもらったりあげたり、周囲と心の交流をすることで元気になります。

「カップ5」で失った何かを思い出しているシーンです。純粋でキラキラ輝いていた楽しい日々を思い出します。過去は完結されたものなので、思い出すうちにより美化されていきます。あの頃はよかったと想う気持ちは高まり、幸福感と喪失感が入り交じるノスタルジーに胸がキュンとなるでしょう。幼い日に気持ちが戻っていくのがわかり、家族や仲間、人と人が一番純粋な気持ちで結ばれ、お互いを思いやることができた日々を懐かしく思えます。この素朴さと純粋さがあれば、未来が明るいものだと信じていた気持ちを取り戻すでしょう。

絵解きからみえるメッセージガイド

現象	思い出　プレゼント　子どもに関わること　心が通い合う　素敵な体験　ピュアな気持ち
人物像	子ども　幼なじみ　地元の友達　血縁の人　繊細で敏感な人　汚れなき人　昔を懐かしむ人
キーワード 正	幼年時代　喜び　憧れ　愛着　初心　過去のいい思い出　郷愁　純粋
逆	将来　未来　前進　新たな可能性　大人になる　先を見る　子どもの成長

🌀 このカードが出たときは・・・

正位置 幸せだった日々や、自分が一番輝いていた過去に想いを馳せています。この素晴らしい思い出の中の自分が、忘れかけていたものを取り戻してくれるでしょう。

逆位置 過去の思い出したくないできごとにこだわってなかなか前に進めなかったことがありますが、過去は過去だと吹っ切ることができてきます。前を向いて歩き始めようとしています。

カップ6のあこがれ
大人を観察するおませな子どもたちは自分たちの方法で愛情を表現するのでした。

	正位置	逆位置
love 恋愛運	過去の人、良い思い出、純粋な愛、純粋過ぎて恋愛の対象にならない、子どもが欲しい、可愛らしい相手	将来を考える、未来を共にできる相手、将来性がある、過去は過去として認め前進する
アドバイス	素直な気持ちを表現してみましょう	そろそろ将来のことを考えましょう
Work Study 仕事運・勉強運	子どもに関する仕事、周囲とうまくやる、ピュアな気持ちで仕事に向き合う、過去の仕事が役立つ、やりたかった仕事、勉強は過去問題をおさらいする	過去にやってみたかった仕事に就く、新たな可能性を見いだす、ゴールを考える、失敗と向き合って前に進む、過去の勉強方法にこだわらない
アドバイス	初心を取り戻しましょう	未来の明るさを信じてみましょう
Body 健康運	穏やかな健康状態、水分バランスが良い、子どもがかかりやすい病気、妊娠の可能性、体に良いものを心が欲している	体が大人になってくる、病気が回復する、将来の健康法を考える、過去の治療法にこだわらない
アドバイス	自分の欲求に正直でも大丈夫	未来に向けた節制を
Money 金運	安定した収入、実家に戻る生活、子どもにかかる出費、贈り物の交換、交際費は嬉しい出費	子どもに手がかからなくなって楽になる、ローンが終わる、未来の計画を立てる、収入の当てができる、実家から出て自立
アドバイス	過去に購入したものを活性化しましょう	ロングスパンの計画を
Personal relationships 対人関係	昔の仲間との再会、家族愛、心温まる交流、過去からのつながり、幼なじみ、旧友、兄弟愛、子どもと接する、癒される	トラウマから解放される、将来性のある友人、地元から飛び立つ、新しい人脈をつくる、長く付き合える友人
アドバイス	思いやりを大切にしましょう	人付き合いの幅を広げてみて

カップ7
Seven of Cups

実体のないものへの憧れ

テーマ いろいろな可能性を夢見る

● **カップの中に入っているもの**

欲しいものがたくさん入っていて、人間の欲を表しています。左の人の顔は自分の好きな相手（人への執着）を、へびは性欲を、城は地位を、宝石は財産を、月桂樹は勝利を、ドラゴンは嫉妬を意味します。中央でヴェールを身につけて手を広げている人は、人間が一番持ってはいけないもの、それは神の領域に達したいと望む野望（※塔のカードと同じ）を表していますが、彼はその姿が何なのか、わかっていません。

● **7杯のカップ**

7杯のカップは、感情がある一定のボーダーラインを超えた状態を表しています。感情も限度を超えると欲張りに変わることを意味します。

「カップ6」で過去から未来に向かおうとしている途中いろいろなものと出会います。人生にはいろいろな可能性があることを知り、あれこれ夢の中で思い描くことにあふれています。決めたかと思えば、今よりもっといいことがあるのではないかと次から次へ思い描いては消すの繰り返しです。そんな調子で夢や憧れを抱いているだけで、実体がひとつもありません。彼が後ろ姿で影になって描かれているのは、自分自身が何を望んでいるのか分かっておらず、まだ無意識の中にいるからです。これだというものに出会えたとき彼の体に光りが当たるでしょう。

絵解きからみえるメッセージガイド

現象 妄想する　目標が持てない　雰囲気に飲まれる　大風呂敷を広げる　ひとつに絞れない

人物像 夢想家　何を考えているか分からない人　八方美人　ほら吹き　欲張りな人　虚栄を張る人

キーワード 正 多情　邪心　優柔不断　幻影　自己欺瞞（ぎまん）　見栄張り　誘惑　耽溺（たんでき）　何かにハマる

逆 夢から覚める　平常心を取り戻す　もやが晴れる　具体化する　目標が決まる

このカードが出たときは・・・

正位置 たくさんの選択肢があり迷っています。本当にやりたいことがまだ分かっていないので方向性が定めきれません。自分には手が届かないと思っているものほど欲しくなります。

逆位置 周りの雰囲気に流されて、ステイタスにばかり気を取られていたことに気付くでしょう。手が届かないと思っていたものは憧れとして胸にしまい、自分の出来ることに専念し始めます。

カップ7の欲望
彼の本当に欲しいカップが何なのか!? 見つけられない限り、彼は影のままなのでした。

	正位置	逆位置
Love 恋愛運	好きなのかどうか分からない、気が多い、羨望を浴びたい、相手を選べない、テレビドラマのような恋がしたい	好みじゃなくてもとりあえず付き合う、現実的になる、大事な人に気付く、水商売的色気のある相手
アドバイス	今はひとりに決めてしまわないで	本質を見極めましょう
Work Study 仕事運・勉強運	ビジョンがない、地に足がついていない、夢ばかりで現実味がない、フリーター、ニート、優柔不断、風俗系、飲食業、気が散ってなかなか勉強に集中できない	目標を見つけて動き始める、夢を追いかけながら別の仕事で働く、現実的になる、勉強法をひとつに絞り集中する
アドバイス	大きな夢を追いかけることも大事	自分の出来ることから始めてみましょう
Body 健康運	遊び過ぎ、飲み過ぎ、オカルト体験、自分でコントロールできない、麻痺、睡眠不足や不調を認識していない	病み上がり、水分バランスが戻る、スッキリしないけど目が覚めた感じ
アドバイス	ストレスの解消を	リフレクソロジーなどでスッキリと
Money 金運	収入はアップダウン、宣伝に乗りやすい、浪費、金銭感覚が麻痺している、要らないものを買ってしまう	欲しいものが決まりそう、掛け持ちのバイト、貯金の目標をみつける
アドバイス	出費は夢を買うと割り切って	地に足をつけた収入を目指しましょう
Personal relationships 対人関係	話しの辻褄が合わない、情緒不安定、虚栄を張らなければ人と付き合えない、分を超えて憧れの人に近づこうとする	前向きになってみる、分を知る、ステイタスを捨てて人と付き合える
アドバイス	夢の話しをしてみましょう	夢と現実を区別して

カップ 8
Eight of Cups

涙に沈む逃避行

 現状を離れる　諦めて立ち去る

●月
三日月と満月が合体したような月の顔は無表情です。万物が流転をするさまを淡々と眺めています。

●8 杯のカップ
8 杯のカップは、感情が煮詰まった状態を表します。きれいに積もうとしたカップは、これまで努力してきたものを表しますが、うまく積み上げることができず、その場を立ち去っています。

●赤いマントと杖
月夜の夜に、カップに背をむけて立ち去ろうとしている人の手には杖（ワンド）が握られ、赤いマントを身につけています。
それは去ろうとしていることにハッキリとした意志を持っているということを表します。

「カップ 7」で追いかけてきた夢の数々をここでは並べて積み上げました。しかし何かが違うと思い始めます。行き詰まってどうにもならないと思ったときに感情は変化します。彼は今までやってきたことに興味を失ってしまい、こんなハズではなかったと失望を感じながら立ち去ろうとしています。カップをもっと積み上げたいのに、うまくできないジレンマがあるのでしょう。愛着のあるものを諦めることは水のスートの情緒からは難しいことです。それでも彼は誰にも見送られることなく新しい地へ向けて旅立ちます。

絵解きからみえるメッセージガイド

現象　諦める　失恋　満足できない　投げ出す　退去　逃避　関心がなくなる　未練　ハマり込む

人物像　立ち去る人　失望している人　現実逃避している人　いろいろな経験をしてきた人

キーワード　**正** 他に目を向けようとする　別天地へ旅立とうとする　捨て去る　心変わり　潮時
　　　　　　　逆 固執する　諦めきれない　無駄な努力　孤独になる　周囲が去って行く

このカードが出たときは・・・

正位置 今まで頑張ってきたことが、本当に自分のやりたかったことなのかわからなくなってしまうかもしれません。空しくなって、投げ出してしまいたい気分です。

逆位置 これまで愛情を注いできたものが、周囲に認められなくなっています。時の移り変わりと人の気持ちのはかなさを感じながら、努力してなんとか持ち堪えようとするでしょう。

カップ8の隠喩
積み上げたカップが崩れてしまいました。落胆するのか、笑い飛ばすのかは彼次第なのでした。

	正位置	逆位置
Love 恋愛運	諦め、妥協、失望、旅立つ、別れ、冷める、相手の悪いところが見えてしまう、立ち去る、愛情過多、期待し過ぎ	潮時なのに別れられない、重たい言動、ウェット過ぎて引かれる、どうでもよくなる
アドバイス	とことんハマってみるのも手です	執着心があることに気付きましょう
Work Study 仕事運・勉強運	今の仕事を諦める、やり甲斐がなくなる、職場に不満がある、方針が合わない、客足が遠のく、投げ出す、介護、看護、今までやってきた勉強に興味がなくなる	努力が裏目に出て成果が出ない、冷静さが足りない、無駄な努力をする、辞めたいけど辞められない、勉強する気はあるが計画性がない
アドバイス	集中できるものを探してみましょう	気持ちを前向きなことに使いましょう
Body 健康運	水分代謝が悪い、婦人科系疾患、胃、冷え、夜型生活、下痢、下血、泌尿器、病気を治そうとしていない	（正位置とほぼ同じ）年齢に合った体調を理解しようとしない
アドバイス	気功かヨガで集中力を養いましょう	ゆるめのエクササイズから始めましょう
Money 金運	お金が流れ出ていく、収入は期待ハズレ、相続放棄、夜逃げ、差し押さえ、何に使ったか覚えていない	お金の流出を食い止めようとする、あったものを取り戻す努力をする、何か残ってないか探してみる
アドバイス	今までの膿を出し切る時	収入源を大切に守りましょう
Personal relationships 対人関係	つき合いを諦める、しがらみから逃れる、向上心を感じられない仲間、脱退する、疎遠になる、人間関係の不満	倦怠感をリフレッシュしようとする、疎遠な人に連絡する、去る人を引き留める、期待はしてないが付き合ってみる
アドバイス	一歩退いてみましょう	過去のしがらみを見直すチャンス

カップ 9
Nine of Cups

物の豊かさと心の満足

テーマ 願いが叶った幸福は他人にも分け与える

●WISH カード
カップ 9 は望みが叶うカードといわれ、Wishカードと呼ばれています。(※ペンタクル・エースも同様)

●9 杯のカップ
9 杯のカップは、感情の充足を表します。後ろにずらっと並べられているのは勲章や優勝カップです。これまで数々の名誉を獲得してきた彼は、望みが叶ったことの満足感に浸っています。また、これらのカップは、これからの生活を保証してくれるものでもあり、すべてが安泰であることを表しています。

「カップ 8」で目指した別天地にたどりつき、ここでは人々の賞賛を得て成功を収めます。赤ら顔で恰幅の良い人が得意満面の様子で座っています。その堂々とした姿からうかがえるように、彼はついに夢を叶えることができました。夢を追い続けてきた長い旅の到達点は、精神的な満足感と物質的な豊かさです。彼の成功は自分の気持ちを大事にしてきた結果ですが、決して自分だけの欲望を満たすものではありません。周りの人々にもその幸福を分け与えます。水のスートの満足感は幸せを皆で一体になって感じること。もし独り占めしたらたちまち輝きを失ってしまうでしょう。

絵解きからみえるメッセージガイド

現象	願いが叶う　賞賛　受賞　結婚　思いが届く　望みが実現する　成功　充実　自信がつく
人物像	優勝者　受賞者　経営者　自営業　幸福で一杯の人　満足そうな人　ゴージャスな人　お金持ち
キーワード 正	願望実現　幸福　満足　豊か　栄誉　分け合う　努力の結果　自信　誇り
キーワード 逆	快楽におぼれる　飽食　独占　浪費　肥満　願いが叶ってもまだ欲しいものがある

このカードが出たときは・・・

正位置 湧き上がるインスピレーションに従い自分の感情に正直に生きてきた結果、夢を実現し成功を収めることができます。皆でその幸運を分かち合うことができるでしょう。

逆位置 現状に満足し過ぎて怠け癖がついてしまっているようです。有利な立ち位置にいることに感謝の気持ちを忘れがちです。傲慢な自分に気付いていないのかもしれません。

カップ9の欲しいもの
どんなお金もちでも欲しいものが手元にないと不自由なのでした。

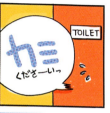

	正位置	逆位置
Love 恋愛運	恋の成就、玉の輿、お金も愛も両方ある、望み通りの相手、心がこもったもてなし、大事にしてもらえて満足する	傲慢、心よりお金に惹かれる、快楽、リッチなデートをしても感謝がない、お金はあるが思いやりに欠ける
アドバイス	余裕のある振る舞いを	高飛車になり過ぎないように
Work Study 仕事運・勉強運	満足できる仕事、賞賛される、成功する、予算も時間もたっぷり取れる仕事、スポンサーが付く、儲かる仕事、勉強は満足のいく結果を得る	自信過剰、過剰な自己満足、成功を自慢する、立場を利用して威張る、独占する、楽で儲かる、利権商売、試験合格後は勉強を怠ける
アドバイス	優雅な仕事ぶりが高評価に	感謝の気持ちを忘れないように
Body 健康運	満足できるプロポーション、体調は良好、美食、リッチなジムに通って健康に、お金をかけて体調を維持、体に良い食物	幸せ太り、肥満、糖尿病、痛風、暴飲暴食、不摂生、体について傲慢な考え
アドバイス	プライドを大事にすることが健康維持に	少し動いて運動しましょう
Money 金運	収入増、功労金、莫大な富を得る、ギフトの山、ハイブランドの買い物、たくさんの買い物、お金持ち	そこそこの収入があるが不満も多い、収入は増えるがストレスも多い、利権で稼ぐ、強欲、浪費
アドバイス	満足度の高さをアピールして	「足るを知るものは富む」を忘れずに
Personal relationships 対人関係	成功者の集い、ゴージャスな飲み会、充実した人間関係、レベルの高い仲間、会いたかった人に会える、楽しい関係	自慢大会、見栄だけの関係、遊び人仲間、おこぼれをもらう、仲良くしていても陰口を言う
アドバイス	みんなに幸せを振りまいていきましょう	傲慢キャラでゆかいにいきましょう

Chapter3 小アルカナカード解説

カップ 10
Ten of Cups

虹色の愛

テーマ　今と未来の幸せを　みんながいればそれでいい

●虹
虹は神との約束です。今も未来も幸せを守ることを誓っています。

●家族
家族が手を取り合って空を見上げています。一緒にいてほんわかする家族愛です。1 対 1 ではなく、みんなで愛し合っています。

●10 杯のカップ
10 杯のカップは、感情のクライマックスを表します。家族間での見返りを求めない愛はこの世で一番ピュアな感情です。

「カップ 9」では願いを成就させた満足感がありました。ここではお金やものがなくてもみんながいればそれでいいという深い愛に充ちた家族を得ます。人物は 4 人で主役は誰なのかわかりません。みんなでいることがテーマです。家族がいればカップからカップへ虹を呼ぶことだってできるでしょう。10 番目のカップはサイクルの最終章になり、感情面では最も満ち足りた状態です。完成された幸福は心の安らぎであり、ホッと一息つける場所があることです。今と未来に虹を架け、永遠の幸せを誓い合っていくでしょう。

絵解きからみえるメッセージガイド

現象	家族での行事　団体生活　団結する　結婚　穏やかな暮らし　円満　ホッと一息
人物像	家族　メンバー　近親者　仲良し　幼なじみ　家庭的な人　心が通じ合った人　親族　家族的集団
キーワード 正	家族愛　幸福　平和　家庭円満　くつろぐ　信頼　繁栄　未来の約束　相互理解
キーワード 逆	痴話げんか　閉塞感（へいそくかん）　見せかけの愛　馴れ合い　なあなあの関係　情にもろい

このカードが出たときは・・・

正位置 人と人とのつながりに愛を感じる環境に身を置くことができます。みんながお互いに思いやり、困ったときは親身になって助け合う、そんな頼れる人間関係がそこにはあるでしょう。

逆位置 平穏な関係に少しだけ異物が混入し不穏な空気が漂いますが、大ごとにはならないようです。馴れ合った関係からは閉塞感が生まれ、無意識のうちに相手を縛っているかもしれません。

カップ10の幸福感
家族みんながいれば空に虹だって架けられるのでした。

	正位置	逆位置
Love 恋愛運	安らぐ、平和的、家庭的、円満、結婚、のんびりできる、刺激はないがそれが良い	馴れ合い、マンネリ、閉塞的な関係、当たり前の存在、仮面夫婦、エロさがない、照れて感謝の言葉が言えない
アドバイス	穏やかな愛情を注いでみて	言葉にしないと伝わらないことも
Work Study 仕事運・勉強運	満足できる仕事、アットホームな職場、会社サイドと関係が良い、家業、同族会社、チームワークの結束力、助け合う、のんびり働く、勉強はみんなで教え合う	物足りない、言いたいことが言えない、風通しの悪い職場、やりたくない家業、職場のしがらみがうっとおしい、古い習慣、勉強はマンネリでやる気が出ない
アドバイス	アフター5も大切に	伝統的な習慣も大切に
Body 健康運	家族のおかげで健康に過ごせる、ストレスなく感情が安定する、病気は完治の兆しがある	遺伝性の体質、悪くもなく良くもなく体調はそこそこ安定している、水分代謝の悪さから来るむくみ
アドバイス	みんなでできるスポーツを	風通しの良い部屋にしましょう
Money 金運	安定収入、家業で稼ぐ、資産がある、家族の援助がある、マイホーム購入、周囲の人間関係でお金を回す	お金回りが悪い、自転車操業、冠婚葬祭の出費、安定しているが先行き不安
アドバイス	みんなが喜ぶ買い物をしましょう	新たな収入源をみつけて
Personal relationships 対人関係	家族ぐるみのつき合い、幸せな家庭環境、アットホームな関係、親子の関係が良い、ローカルなコミュニティー、和やか	閉塞感、束縛、お情けで付き合う、見せかけの家族仲を演じる、家出、馴れ合い、仲は良いが疑いを持つ
アドバイス	家族のような関わり方で	距離をおくことも大事かも

カップ・ペイジ
Page of Cups

魚と会話する少年

 ピュアなかわいさが売り　センスを活かす

●**カップの中の魚**
カップの中の水は潜在意識で、魚はアイデアや夢を表します。「カップ・ペイジ」は潜在意識から湧き上がる夢と対話をしています。

●**背景の水**
水のパターンは海を表しています。海は感情が豊かであることを意味します。

●**蓮の模様の服**
「カップ・エース」の背景と同じ模様の服を着ています。蓮は純粋さや浄化力、受容性、女性性を表します。（※「マカロンタロット」では特にジェンダーにはこだわりません。）

「カップ・ペイジ」は水のスートの性質を純粋に集めています。感性が豊かで繊細で、アートセンスに秀で、優しくて・・・言い尽くせないほどのピュアなセンスの持ち主です。生まれたての子どものようなつるつるお肌と、ふわふわした可愛らしさを持っています。守ってあげたくなるような甘え上手でみんなが放っておけない人気者です。魚と会話ができるのは空想力が豊かで、どんなものにも共感できる不思議な力を持っているからです。潜在意識の中に入り込み、それをアートや詩などにして想いを伝える愛のメッセンジャーでもあります。

絵解きからみえるメッセージガイド

現象	直感　閃き　イマジネーション　空想　子どもやペットと遊ぶ　芸術的なセンス
人物像	子ども　多感な若者　アイドル　アーティスト　純粋で優しい人　かわいい人（ペット）
キーワード	正　感覚的　空想　個性的　芸術センス　甘え上手　受動的　純粋無垢　色白
	逆　優柔不断　甘え　いいかげん　誘惑に弱い　妄想癖　依存症　小悪魔　享楽的

このカードが出たときは・・・

正位置 誰かの喜怒哀楽をみると、声をかけ一緒に共感する優しさを持っています。インスピレーションで喜ばせてあげることができるでしょう。ピュアな個性が可愛いらしいと思われています。

逆位置 いつかはデビューする、と言いながら夢ばかりを追い続ける妄想家です。現実味に欠け、無意識に周りを振り回しがち。純粋ではなくただの世間知らずと思われてしまうかも。

カップ・ペイジの空想術
おしゃべりでうわさ好きのお魚との会話が止まらない彼なのでした。

	正位置	逆位置
love 恋愛運	純粋な相手を愛する・愛されている、年下との恋愛、甘え上手、可愛いらしい、保護本能を刺激される	甘える、依存、頼りない、振り回す、小悪魔、感情的、気持ちが揺れ動く、弱さを振りかざす、刹那的
アドバイス	無垢な気持ちを失わないで	自立を考えましょう
Work Study 仕事運・勉強運	純粋にやりたいことがある、接客業、真面目に取り組む、感性を活かした仕事、職場で可愛がられる、一生懸命の見習い、ペット関連、勉強は協力者が現れる	続きづらい、無責任、不安定な仕事、モチベーションがあやふや、夢物語、勉強は集中力が続かない
アドバイス	好きなことを仕事にしましょう	何がやりたいか整理してみましょう
Body 健康運	実年齢より若い、妊娠の可能性、ピチピチ、若々しい、血流が良い、水分代謝が良い、不安定だが大ごとではない	感情面の不安定さが肉体に悪い影響を与える、免疫系の問題、婦人科系、望まない妊娠
アドバイス	アンチエイジングが大事です	メンタルの安定が先決です
Money 金運	お金の出入りに無頓着、おごってもらう、貯金は少ない、小遣い稼ぎ程度、誰かがなんとかしてくれる	浪費、金銭感覚が麻痺、貢ぐ・貢がせる、依存、現実逃避、収入は少ない、適当な金銭感覚
アドバイス	頼れる人には頼りましょう	社会人の自覚を持ちましょう
Personal relationships 対人関係	共感する、アーティスト仲間、可愛いらしい、純粋な無邪気さが人気、アイドル的存在、犬・猫に好かれる、子供っぽさ	人任せ、幼稚、周囲に甘え過ぎ、頼りない、情に流される、優柔不断で振り回す、人に影響されやすい、ロリコンに好かれる
アドバイス	大人になり過ぎないで	芯をしっかり持ちましょう

カップ・ナイト

Knight of Cups

ロマンティックなプロポーズの騎士

テーマ　愛を伝える

● **ナイトの衣装**
身につけた鎧にある模様は、水のスートの象徴である魚です。感受性が強く純粋であることを表します。ヘルメットには羽根飾りをあしらい、優雅さを強調しています。「カップ・ナイト」は男性として女性にムードを演出する粋な計らいができるスマートさを持っています。

● **白く優美な馬**
よく手入れされた美しい毛並みの白い馬は、穏やかさと純粋さを表します。

● **波紋**
静寂な水面に波紋が広がっていきます。穏やかでリラックスした状態を表しています。

「カップ・ナイト」はペイジが成長した大人の男性です。ペイジでは天性の甘え上手から無意識にムードを作っていましたが、ナイトは男性としてそれを意識しています。彼はとてもロマンティストで繊細な心の持ち主です。戦闘を好まない平和主義の彼は、いつも話し合いで決着をつけます。彼の乗っている馬も大人しく優しげです。歩調がぴったり合っているのは、彼と馬が深い信頼関係で結ばれているからです。そんな優しさにあふれた白馬のナイトがプロポーズにやって来ました。水面の波紋は大きな波になって愛する人へ伝わり、至福の愛の世界へいざなってくれるでしょう。

絵解きからみえるメッセージガイド

現象	プロポーズ　結婚　告白の成功　男性の出現　愛される　心のこもったおもてなし
人物像	ロマンティスト　優しいイケメン　愛情表現の上手い人　恋愛上手な人　芸術家　支援者
キーワード	正　愛情深い　愛を伝える　サポート　創作　話し合い　接客　サービス
	逆　女たらし　軽薄　嘘つき　騙す　不誠実　ルーズ　いいかげん　移り気　気が多い

このカードが出たときは・・・

正位置 幸せはすぐそこに来ています。気になる人や、ものと急接近する暗示です。大事に想われ優しい気持ちになるでしょう。心を伝え合うことがスムーズにできる幸福なときです。

逆位置 優し過ぎて優柔不断になりがちです。そのため恋愛ではいつの間にか二股になっていることも。人の気持ちを扱うのは上手ですが、純粋さに欠けているかもしれません。

カップ・ナイトのラブメッセージ
ナイトは白い馬に乗ってハートをいっぱい運んで来てくれるでしょう。

	正位置	逆位置
love 恋愛運	告白する・告白される、盛り上がる、愛を伝える、愛情表現をする、思いやり、プロポーズ、優しい振る舞い	女たらし、だらしない、誘惑、優しいけど頼りない相手、浮気、誰にでも優しい
アドバイス	ロマンティックさを言葉にして	シビアな判断も必要です
Work Study 仕事運・勉強運	介護、看護、音楽家、芸術家、接客関連の仕事全般、対人能力を活かす、居心地の良い職場、人に喜ばれる仕事、勉強は協力者が現れ捗る	いいかげん、仕事をしているふり、ごまかす、サポートしてもらえない、信用が失われる、サボる、要領良く手抜き、勉強はやっているが的を得ない
アドバイス	空気を読んで行動を	責任感を持ちましょう
Body 健康運	水分代謝が良い、周囲のサポートで健康でいられる、満たされた心は体に良い影響を与えている	循環器系、必尿器系、前立腺、腎臓、健康に気を配っていない、なんとかなると思っている
アドバイス	みずみずしい心を保って	定期的な検診は忘れずに
Money 金運	支援を上手く頼む、多彩な収入源、収入が多いというわけではないが幸せ	甘い言葉に乗せられて投資する、無駄使い、貢ぐ、お金を貸す、不正な収入、義理人情に流されてシビアになれない
アドバイス	心が豊かになる使い道を	合理的な判断が必要です
Personal relationships 対人関係	思いやりをもって付き合う、マメな連絡、大切な人のために行動する、人に慕われる、優しい、褒めてくれる人	不誠実、優しさで気を引く、いけない道に誘惑する、感情につけ込んで近づく
アドバイス	心を伝えられる努力をしましょう	甘い言葉に惑わされないように

カップ・クィーン
Queen of Cups

慈悲深く献身的な女王

テーマ　包容力と思いやりを持つ

●クイーンのカップ
彼女が手にしているゴージャスなカップは魔術用であり、これを持つ人は魔法を使えます。

●背後の波
彼女の玉座は波のすぐ近くにあります。波は彼女の豊かな感性そのものを表しています。

　「カップ・クイーン」は優しく感性豊かな女性です。大切そうに持っているゴージャスなカップは、これまで登場したものとは形も大きさも違います。カップの中には秘めたものが入っていて、簡単には見えないように蓋が閉まっています。それは表面には見えないものを感じ取る洞察力を示しています。相手の心理状況を察知し、困った人がいたら親身になって助けようとします。また、この中には愛も入っていてそれを守っています。彼女の包容力と思いやりは癒しであり、安らぎです。研ぎ澄まされた感性を持つ水のスートの女王は、慈悲深く献身的です。

絵解きからみえるメッセージガイド

現象	癒される　感情豊か　愛し愛される　直感と感性が研ぎ澄まされる　保護する　思いやり
人物像	理想の女性　母　優しい愛情豊かな女性　母性的な人　芸術家　ヒーラー　恋多き人
キーワード 正	優しさ　女らしさ　慎ましい　受容　優雅　包容力　幸せ　芸術への造詣が深い
キーワード 逆	多感　情緒不安定　情にもろい　気まぐれ　恋に溺れる　わがまま　不道徳

このカードが出たときは・・・

正位置 優しさと、慈しみが周りに安らぎと癒しを与えているようです。直感が鋭く相手の気持ちをすぐ分かってあげられるので、周囲から信頼が厚く慕われるでしょう。

逆位置 波風はそんなに立っていないようですが、情に流されています。人に合わせ過ぎて都合のいいようにされているかもしれません。そのせいで自分がよく分からなくなっています。

カップ・クイーンの包容力
カップの蓋を開けたらびっくり！思いもよらない楽しいことが入っていました。

	正位置	逆位置
Love 恋愛運	盛り上がる、理想の女性、愛し愛される、女性らしく愛情豊か、尽くす、モテる、甘え上手、女性としての魅力アップ	気持ちが重い、妄想、多情、依存的、情に流される、色気がある、感情的になる、なんでも許すから相手がやりたい放題、
アドバイス	しっとりとした感情表現を心がけて	クールダウンすることが大事です
Work Study 仕事運・勉強運	優しさで仕事をする、水商売、心理学、芸術関係、優雅に仕事ができる、接客業、介護、看護、優しい人の多い職場、勉強は直感を活かして	気まぐれで長く続かない、逆境にもろい、主張できない、情だけで続ける、周りの空気に合わせてしまう、勉強は自発的ではなくやらされている
アドバイス	柔らかい雰囲気で働きましょう	ダラダラせずに割り切って
Body 健康運	心身のバランスが良い、お肌がきれい、ホルモンバランスが良い、妊娠の可能性、化粧のノリが良い、水分代謝が良い	婦人科系に注意、お酒に溺れる、暴飲暴食、メンタルから来る体調不良
アドバイス	みずみずしい感情が健康を増強します	水分代謝を上げる努力をしましょう
Money 金運	ガツガツしなくても満足、安定、お金より気持ちが大事、おごられ運、エレガントさがお金を呼ぶ	買い物依存、浪費、金銭感覚が麻痺、貢ぐ、入ってくるとすぐ出て行く、感情に流されて金銭感覚が狂う
アドバイス	心の充足を第一に	理性でセーブすることも大事です
Personal relationships 対人関係	包容力がある、どんな人にも優しくする、困っている人の話を聞く、サポートする、ボランティア活動、癒す、情感豊か	過保護、干渉する、寂しがり屋で甘える、嫌なことを嫌と言えない、いいようにされる、依存する
アドバイス	共感しながら話を聞きましょう	もう少し自立心を持って

Chapter3 小アルカナカード解説

カップ・キング
King of Cups

情が深く神秘的な首領(ドン)

テーマ 思いやりを持って人の世話や保護をする

●**王冠**
波のうねりと、海の中の生物のようなデザインが施されています。丸みをおびているのは、社会的権威などにこだわらないことを表しています。

●**マンタのペンダント**
マンタ（エイ）は海の王者です。シンメトリーの形は、感情のバランスが取れていることを表します。深い感受性を持ちながら、理性的な部分も併せ持ちます。

●**大波**
感情や愛情、無意識を象徴する海が大きく波打っています。キングは平然と玉座に座り、感情に飲まれないことをアピールしています。うねる波は大きな創造力と芸術に情熱を持っていることも表します。

「カップ・キング」は大波の中、微動だにせず玉座に腰を下ろしています。芸術を愛する彼は波のしぶきの中で音楽を大音量で聴いているかのように、胸に歓喜がこみ上げて目が潤んでいます。また、潜在意識を表す海底には、彼の慈愛に満ちた心や創造力の宝が無尽蔵に眠っていて、人とのつながりや、過去世や来世をつなぐ神秘的な力を感じさせます。民衆の身の上話にも耳を傾けて共感し、思いやりを持って人の世話を買ってでます。人情に厚い首領(ドン)は清らかな心で人々を受け入れ、見守り続けるでしょう。

絵解きからみえるメッセージガイド

現象	創造する　芸術　人の面倒を見る　解決に導く　癒(いや)す　世話する　愛情を注ぐ
人物像	面倒見の良い人　父　芸術家　優しいおじさん　ヒーラー　感受性の強い人　恋多き男性
キーワード	**正** クリエイティビティ　世話好き　包容力　親切　情が深い　寛容　許す　温厚
	逆 情緒不安定　表裏　優柔不断　不誠実　好色　陰湿　えこひいき　感情的　逃避

このカードが出たときは・・・

正位置 物腰が柔らかく周りに慕われています。多少わがままを言ってくる人にも冗談を交えて乗ってあげる度量の広さを持っています。損得抜きで人と関わっていくでしょう。

逆位置 人が好きでおしゃべりですが、自分の気に入らないことがあるとすぐ感情的になってしまいます。又、好きな人は過剰に甘やかしたり、気分のアップダウンが激しいところがあります。

カップ・キングの絵杯
友達くじらがベビーを誕生させました！家族が増えたようでキングはウキウキなのでした。

	正位置	逆位置
Love 恋愛運	ロマンティックなムード、優しい、博愛的、世話好き、信頼が厚い、守る、保護する、モテる、余裕がある	女性の扱い方に慣れている、過保護、一方的、いいかげん、妄想、しつこい、話が長い、お酒の上での間違い、同情心で引き留める
アドバイス	すべてを受け入れる心を持って	甘やかし過ぎないで
Work Study 仕事運・勉強運	水商売、接客業、介護、接待上手、対人スキルを営業に活かす、付き合いが仕事につながる、大きなコネ、カウンセリング、勉強はカンが冴える	責任をごまかす、コネを振りかざす、偽善的、えこひいきする、アイデアがない、威厳がない、頼りない、いいかげん、義理人情で判断、勉強は人に頼りすぎ
アドバイス	ネットワークを活かしましょう	冷静な行動を取りましょう
Body 健康運	飲み食いが好き、水分代謝が良い、満足感が体を良い状態にさせる、人に優しさを与える余裕がある	感情のアンバランスからくる不健康、飲み過ぎ食べ過ぎ、アルコール中毒、循環器、泌尿器系
アドバイス	酒は百薬の長、代替医療の研究もOK	感情に流されない健康管理を
Money 金運	太っ腹、周囲のためにお金を使う、交際費、人間関係の中からお金儲けの話が来る、人と人をつないでお金が入る	ギャンブルで散財、豪遊浪費、不正、裏金、貢ぐ、騙される、見栄を張る、収入がありそうに見えて流れてしまう
アドバイス	コネ作りにお金を使いましょう	交際費をセーブして
Personal relationships 対人関係	寛大、包容力、義理人情に厚い、信頼される、慕われる、共感する、優しい、見返りを顧みず人に尽す	優柔不断、過保護、表裏がある、セクハラ、スキャンダル、好き嫌いで人を判断する、雰囲気に流される、無責任、いいかげん
アドバイス	できる限りの優しさを発揮して	優しさをはき違えないで

Chapter3 小アルカナカード解説

ソード・エース
Ace of Swords

決意の始まり

 意志を定める　スッパリ決める

●**1本のソード**
1本のソードは意志の始まりを表し、ハッキリした物言いで伝えることを意味します。剣は両刃であるため、それで勝つためにはリスクがあります。

●**険しい山**
今まで乗り越えてきた困難を表しています。

●**王冠**
崇高で誇り高い精神と、勝利や栄光を表します。

●**椰子の葉とオリーブ**
椰子の葉は、男性性と勝利の象徴であり、オリーブは平和を意味します。

●**雲**
霊性、つまり神のエネルギーを表します。

　研ぎ澄まされたソードには、きらめく凛々しさと何かを突き動かす気迫があり、洗練された美しさは神秘性を感じさせます。ただ鑑賞するだけならば、ケースの中に仕舞っておけば良いのですが、社会生活の上では否が応でもソードを使わなければなりません。タロットカードの世界ではソードの扱いが一番難しいといわれます。思い悩む最も大きな原因は、ソードの示す人間関係と知恵の扱いです。つまりコミュニケーションの仕方が問われます。「ソード・エース」は、強い意志があることをはじめの一歩として相手にハッキリ伝えることを意味しています。

絵解きからみえるメッセージガイド

現象	新企画立ち上げ　ズバッと言う　勝利　強い意志で臨む　雑音を断ち切る
人物像	若者　企画マン　IT系の人　情報通　先駆者　パイオニア　シビアな人　頭の良い人
キーワード	正　ストイック　シャープ　新戦略　研ぎ澄まされたアイデア　論理　冷静沈着
	逆　トラブル　具体案がない　反論　説得力がない　ブレている　意志が弱い　自虐

このカードが出たときは・・・

正位置 新しい作戦に集中します。困難なことがあってもゴールがハッキリ見えているのでモチベーションは高いでしょう。感情に左右されることなく冷静な判断で対処していきます。

逆位置 意志の方向性が違っていたようです。また、思ったことをハッキリ言ってしまったことが、周囲を傷つけ、自信を失いかけているかもしれません。

ソード・エースのハッタリ

剣を扱うには世渡り術と、多少のハッタリが必要なのでした。

	正位置	逆位置
Love 恋愛運	精神性が高まる恋、ハッキリさせる、付き合おうという意志、方針を決める、ロマンティックではないが話しが合う	傷つける、罵る、言い合い、自分が悪いと思う、進展する意志がない、自分の考えがなくいいようにされる
アドバイス	ひとつの目標を定めてみて	冷静になってみましょう
Work Study 仕事運・勉強運	新企画、アイデアが通る、説得力がある、商談の成功、思い切った作戦、起業する、リスクがあるけどやり甲斐がある、文章力がある、勉強は新しいことを学ぶ	企画が通らない、意志が通らない、深読みし過ぎ、ポイントがズレている、見当違い、情報不足、働く意志がない、中断、勉強する意志がない
アドバイス	強い意志で進めましょう	ポイントを絞ってみましょう
Body 健康運	健康を管理する意志が強い、情報を得る、自分の健康状態を知る、医者に行く、治療方針をハッキリさせる、神経系統	手術、切除、切り傷、健康を管理する意志がない、知識がない、体に向き合うことを恐れる
アドバイス	知識力を活かした健康管理を	情報収集してみましょう
Money 金運	資金繰りの成功、投資の決断が成功する、新しい収入源、ハイリスクハイリターン、新計画がある	採算が合わない、損失を出す、判断ミス、計画性がない、詐欺、知識の悪用でお金を得る
アドバイス	新しい話には乗ってみて	計画性を持ちましょう
Personal relationships 対人関係	知識を持った仲間、仕切り屋、大胆な行動、主導権を握る、頭が切れる、話が上手い、シビアに切り捨てる、ジョークが上手い	批判する、言葉がキツい、意志が弱い、主体性がない、自己卑下、自虐的、攻撃、話が面白くない、ジョークが下手
アドバイス	ドライな人間関係を活かしましょう	優先順位を冷静に考えて

ソード2
Two of Swords

知性と感情のはざま

テーマ　静と動のバランスを取る

●目隠し
視野を隠しています。今起きていることを正確にとらえようとしていません。そうすることで精神の安定をはかっています。

●2本のソード
2本のソードは、バランスを表し、張り詰めた緊張を意味します。思考は停止している状態です。

●海と三日月
海も三日月も感情を表しています。それに背を向けている状態で、自分の感情と向き合おうとしていません。

「ソード・エース」で強い意志を持って始めたことが、ここでは精神の緊張を招いています。彼女には見たくないものがあって、目隠しをして視界を閉ざしています。情報を入れないことで平静を保とうとしています。意志を通すことと、感情と向き合うことと、そのはざまで葛藤しているのです。ふたつのことをそれぞれ交差させてバランスを取り、とりあえず心を落ち着かせているようです。辺りは嵐の前の静けさで、彼女がじっと動かないでいる状態とリンクしています。静けさが束の間であるように、この姿勢を維持することにも限界が来ています。

絵解きからみえるメッセージガイド

現象	沈黙　問題を直視しない　窮地に立たされる　失敗を恐れる　様子をうかがう　先送りする
人物像	緊張している人　バランスを取る人　冷静な人　傍観者　中立の立場の人
キーワード	正：小康状態　バランス　交錯　緊張　一時的　拮抗　相殺　駆け引き
	逆：バランスを崩しそう　葛藤　感情が乱れやすい　膠着状態を脱出したい

このカードが出たときは・・・

正位置 人間関係やコミュニケーションの中で、葛藤が起きています。とりあえず冷静になり、偏りのない状態を保つため、情報をシャットアウトしています。

逆位置 様子をうかがっていましたが、そろそろ動いてみようと思い始めます。多少バランスは崩れますが、時間をかけて動きだそうとしています。

ソード2の平和な一時
彼女の悩みはさておき、スイカ割りに興じる平和な一時なのでした。

	正位置	逆位置
Love 恋愛運	距離をとる、様子を見る、決断しない、変化のない状態を維持する、雑音を入れないことで自分を保つ	様子を見ているだけで何もしない、にらみ合いから少し動こうとする、不自然な動きをする
アドバイス	静観することで有利に	もう少しこのままでいて
Work Study 仕事運・勉強運	周囲の様子を見過ぎて動きが悪い、受付、店番、とりあえず現状を維持、ややこしいことにはタッチしない、勉強は応用力が発揮できない	考えているけど実行できない、動きが悪い、周囲からのプレッシャー、方向性を定められない、結論が出ない、勉強はやり方に迷い手が付けられない
アドバイス	状況を見据えて無駄な動きはしないように	いざとなったら動ける準備を
Body 健康運	腕が痛い、腱鞘炎、悪い所を見ないように頑張る	腕が痛い、腱鞘炎、神経痛、我慢の限界、悪い所を見ないようにしていると悪化するかも、検査結果が怖い
アドバイス	一旦小休止して下さい	健康管理の指針をハッキリ持ちましょう
Money 金運	お金の動きがない、お金を回さない、自分の貯金通帳を見たくない、チャンスを逃す、低め安定	収支のバランスがくずれ浪費、二足のわらじが二足ともダメになる、チャンスを逃して収入減
アドバイス	冒険はしない方が良いでしょう	大きな判断はしない方が良いでしょう
Personal relationships 対人関係	連絡は一方通行、意思疎通の難しさ、コミュニケーションを遮断、沈黙する、良い子ぶる、見て見ないフリ	沈黙を破りたいけど破れない、気まずいけどそのまま放置、人間関係の改善をしたいが動けない、文句があるけど言えない
アドバイス	波風を立てないようにしましょう	大きな動きはしない方が良いでしょう

ソード3
Three of Swords

分離する悲しみ

テーマ 心の痛みを成長につなげる

●ソードが突き刺さる
ハート
傷ついた状態です。

●3本のソード
3本のソードはものを考えることによって、心が引き裂かれることを表します。感情をソードがドライに切り捨てる状態です。

●雲と雨
四方からの雲は抑圧を、雨は悲しみのしずくです。雨の水は、感情に囚(とら)われていることを表しています。

「ソード2」で目を背けたことに直面しなければいけない時が来てしまいました。四方から圧迫してくる不穏な雲のプレッシャーから逃れられそうにありません。本質を突く鋭い言葉を真っ向から受けて傷つくことがあるでしょう。それが批判や忠告なのかどうか、感情に邪魔をされて判断できず悲しみに暮れています。孤独になったハートに天使たちは試練のソードをチクチクと突き刺し、こう言います。「人生にはそういうこともあるさ、そういったやりきれない悲しみを経験しなければ、わからないことがたくさんあるんだよ」と。天使たちの言うとおり、試練を成長につなげることが救いとなります。

絵解きからみえるメッセージガイド

現象	破局　失恋　傷つく　中傷される　いじめられる　悲嘆(ひたん)　辛い　なくす　手術する
人物像	傷ついた人　失恋した人　傷つきやすいデリケートな人　何かをなくしたばかりの人
キーワード	**正** 別離　失望　分離　孤独　疎外感　三角関係　痛み　別れ　離別 **逆** 整理をつける　諦め　方向性を見出す　成長を考え始める　痛み（正位置より緩い）

このカードが出たときは・・・

正位置 傷ついています。きつい言葉で辛い思いをしたり、誰かが自分のもとから去って行ったり、理性を働かせることができないくらい悲しみのピークにいます。

逆位置 悲しい気持ちをずっと引きずったままでは生活にも支障がでます。なんとか悲しみから抜けだそうとする努力が見え始めています。時間の経過とともに傷は癒えていくでしょう。

ソード3の分け前
ハートのケーキを仲良く分け合うつもりがケンカになってしまったのでした。

	正位置	逆位置
love 恋愛運	破局、別離、失恋、裏切り、傷つく、傷つけられる、ケンカ、わかり合えない、三角関係の発覚、会えない時が続く	別離（うすうす分かっていた）、見たくないものを見て傷つく、別れの原因が見えてくる、何かを失う
アドバイス	傷ついた理由を考えてみましょう	逃げずに悲しみを受け止めて
Work Study 仕事運・勉強運	組織の分離、リストラを進める部署、医療系、予算カット、ギスギスした職場、クレーム班、疎外感、勉強は結果が悪くて落ち込む	（正位置とほぼ同じ）ただし状況を理解している行動になる
アドバイス	批判を改善につなげましょう	批判を改善につなげましょう
Body 健康運	ケガ、手術、傷が付く、心臓、食欲不振、辛い痛みがある、精神的な落ち込み、切除した方がいい部位がある	（正位置とほぼ同じ）ただし本人は正位置より、状況を把握している
アドバイス	早めにお医者さんへ行きましょう	早めにお医者さんへ行きましょう
Money 金運	収入源を失う、評価が低く傷付く、給料カット、節約必至、財産分与　分割払い	（正位置とほぼ同じ）ただし本人は正位置より、状況を認識している
アドバイス	金銭計画の洗い直しを	金銭計画の洗い直しを
Personal relationships 対人関係	落ち込む、暗い人と思われる、被害妄想、陰口を叩かれる、孤独、疎外感、悲しみ、うつ状態、仲間割れ	人間関係の苦しみから逃れようとする、関わらない方法で踏み出そうとする、傷付く、やり過ごす、孤独
アドバイス	一旦切った方が良い関係もあります	気持ちに整理をつけましょう

Chapter3　小アルカナカード解説

ソード4
Four of Swords

冷戦状態の静けさ

 英気を養う　平和と秩序の回復を待つ

●眠る人
「お休みカード」といわれるこのカードの主人公は、ソードを傍らに置いて、鎧をまとった姿で眠っています。彼は戦いの中にいて、教会や寺院の非武装地帯で体力を回復させるために休息をとっています。

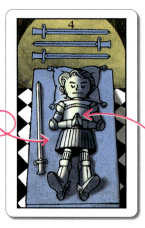

●4本のソード
4本のソードは、自分の意志でものごとをストップさせている状態です。壁に掛かっている3本のソードは過去の勲章であり、このソードで戦っていたことがうかがえます。もう1本のソードはこれから戦うためのものです。

●手のかたち
お祈りしているような手の合わせ方は、懸命さと精神性の高さを表します。

　「ソード3」で傷ついた心を癒すため、休息をとる判断をしました。寝ているのは棺の上です。一見、死んでいるようにも見えますが、体の半分に月の光が当たり、わずかながらもエネルギーが注ぎこまれています。外で起きているできごとから一旦退き動きを止めていますが、兵士の傍らに置かれているソードは、ここで英気を養ったあと、いずれまた参戦することを物語っています。静寂な冷たい石造りの寺院では、思考の無駄なエネルギーをそぎ落とすことができるでしょう。人間関係やコミュニケーションの平和と秩序の回復を待ち、次の戦いに向けて充電します。

絵解きからみえるメッセージガイド

現象　休む　眠る　一旦中止　エネルギー回復　充電中　停止　リフレッシュ　疲労回復

人物像　休んでいる人　入院患者　動きのない人　冷静な人　心が落ち着いた人

キーワード　
正　休暇　休息　静止　小休止　祈る　保留　返事まち　待機　入院　睡眠
逆　再開し始める　英気を取り戻す　回復　復活　準備する　退院　動き出そうとする

このカードが出たときは・・・

正位置 思考が安定して固まると、可能性のバリエーションがなくなります。このまま動き続けても、いいアイデアは浮かばないでしょう。一度小休止してリフレッシュすることが必要です。

逆位置 中断していたことが再開されそうです。充電期間のあとは、以前よりパワーアップした自分を発揮できるでしょう。新規に作戦を練って出陣の準備を始める段階に来ました。

ソード4の落ち着き
何者かに次の闘いのソードを奪われてしまったのに落ち着きを見せる彼なのでした。

	正位置	逆位置
Love 恋愛運	平和、波風が立たない、動きはスロー、ものごとが起こらない、何もせず待つ、冷却期間、しばし距離を置く	気力を戻そうとする、焦って行動しない、まだ本調子でないが動き始めようとする、落ち着いた状態を維持しようとする
アドバイス	早まった判断をしないようにしましょう	そろそろ目覚める時期だと認識して
Work Study 仕事運・勉強運	休む、辞める、気楽になる、保留、休止状態、時期を待つ、癒しの仕事、病院関係、状況を眺めながら練る、動かない状態、勉強は一旦頭を休める	保留していたものが動き出しそう、慎重に準備をする、悪い時期を抜け出す、休んでいられなくなる、勉強はやる気を取り戻す
アドバイス	一旦動きを止める勇気を持ちましょう	休んでいる間に栄養補給を
Body 健康運	病欠、入院、休息を取る、潜伏状態、エネルギーの回復を待つ、自律神経失調症	生気を取り戻した感じ、退院の兆し、少し動けるようになる、病巣が動き始める
アドバイス	ゆっくりと静養しましょう	ゆっくり動く太極拳がおススメ
Money 金運	入金が一時的に止まる、返済が滞る、収入の目処が立たない、動きのない口座、お金を使わない、支払い保留	滞っていた支払いが多少ある、収入の目処が立つ、お金が動き始める
アドバイス	無駄なお金は使わない（お金を動かさない）	こちらからの働きかけも大事です
Personal relationships 対人関係	少し距離を置く、返信しない、対応しない、目立たないようにする、サークルを休む、輪の中から一旦退く、ひとりになる	再開する、サークル活動などに復帰する、恐る恐る関わる、浅く付き合う
アドバイス	リアクションしない方がいいでしょう	距離を置いて関わりましょう

ソード 5
Five of Swords

出し抜く競争社会

 要るものと要らないものを整理する

●**5 本のソード**
5 本のソードは、知性の乱用を表します。絵の中の主人公は、手段を選ばず戦いに勝ち、5 本のソードを手に入れました。そのうち 3 本は有用なので持ち去ります。使えるものと使えないものを選り分けています。

●**雲が動く**
風で雲が早いスピードで流れています。「風」のエネルギーが強く動いている状態です。

●**煙の上がった村**
容赦のない手段で襲った村が燃えて、煙りが出ています。この村で悪事を働いたことを描いています。

「ソード 4」で英気を養い出陣した先の戦闘は、勝つためなら手段を選ばないものでした。要るものと要らないものを容赦なくドライに切り捨てた果てにはぬくもりのかけらもなく、計算ずくの利己的な主張があるだけです。やられる前にやらなければ生き残れないという自己防衛は、過去に負った悲しみの根深さからでしょうか。戦場のような競争社会を生き抜くためには、出し抜いたり出し抜かれたりは当たり前のことかもしれません。しかし人を傷つけて得た勝利は、又すぐに出し抜かれてしまうでしょう。

◎ 絵解きからみえるメッセージガイド

現　象	出し抜く・出し抜かれる　征服　容赦ない仕打ち　盗難　騙す　乗っ取る　横取り
人物像	知能犯　悪知恵の働く人　ずる賢い人　意地が悪い　サディスト　狡猾な人
キーワード	**正** 残忍　横領　卑怯　整理する　断捨離　容赦ない　罠　冷酷 **逆** 盗難に遭う　困難　損失　失敗　騙される　障害　敗北　精神的揺れ　自暴自棄

🌀 このカードが出たときは・・・

正位置 自分だけに都合の良い論理でさまざまなことを整理しようとしています。正論は通らず、多少冷淡な感じになるかもしれません。競争に勝つための利己的な知恵が働きます。

逆位置 殺伐とした環境の中で苦しんでいます。自分の正当性を主張し合い争いが起きています。相手の方が上手で戦いに負けてしまうかもしれません。

ソード5の意外な一面

彼女の意外な一面は、吹き荒ぶ風の中でしかわからないものなのでした。

	正位置	逆位置
Love 恋愛運	損得勘定、ライバルを蹴落とす、復讐、自分の都合のいいように進める、裏切る、切り捨てる、浮気する、略奪	騙される、切られる、裏切られる、遺恨が残る、相手を奪われる、浮気される
アドバイス	もっとドライになってもいいでしょう	潔く負けた方が良いこともあります
Work Study 仕事運・勉強運	談合、裏取引、偽装工作、製造業、IT系、組織再編、リストラ、優先順位を決める、抜け道を行く、机上の空論を押しつける、勉強はずるい手を使ってテストに合格	騙される、出し抜かれる、整理される、リストラ、仕事を奪われる、ポジションを脅かされる、屈辱を味わう、勉強はライバルに出し抜かれて不合格
アドバイス	強気で理論を押し進めましょう	負けるが勝ちの状態です
Body 健康運	不安定な体調、精神的な揺れ、切り傷、動きが悪く不安定な部位（臓器）がある、神経症、神経痛、	（正位置とほぼ同じ）冷え、敗北感からエネルギー枯渇、神経過敏
アドバイス	早めに治療をしましょう	早めに治療をしましょう
Money 金運	賄賂、いかさま、着服、詐欺、二重帳簿、不安定な収入、支出の整理、断捨離する、人に言えない収入	騙される、不良品を掴まされる 不安定、支出の整理が上手くいかない、騙したつもりが騙される
アドバイス	もっと要領良く動きましょう	うまくやったつもりでも再確認をしっかりと
Personal relationships 対人関係	付き合う人を整理する、損得勘定、コネ、自分が有利に立てるよう操作する、姑息、なりすまし、仲間はずれにする	意地悪される、仲間はずれにされる、追いやられる、乗っ取られる、キャラがかぶって目立たない
アドバイス	もっとエゴイストになっても大丈夫	口ごたえやリベンジは避けて下さい

Chapter3 小アルカナカード解説

ソード6
Six of Swords

困難からの再出発

 逃げるが勝ち　次のチャレンジを考える

●舟を漕ぐ人
「ソード5」で負けた人が逃げています。戦わずして逃げることは、決して負けたわけではなく、逃げることが得策になるという考えです。

●手前の波
手前の波は荒だっていて、今の感情が揺れていることを表しています。

●6本のソード
6本のソードは知性の調和を表します。ここでは逃げることが一番良い状態であり、愚かなバトルなら無理矢理戦わない方が、結果的に利益がもたらされるということを意味します。

●遠くの波
遠くの静かな波は、未来が穏やかであることを暗示しています。

「ソード5」で戦いに負けた人々は、逃げるという道を選び路線を変更します。6本のソードを舟に積んだ状態では、追っ手が取り返しに来るかもしれず、予断を許さない状態です。ここから逃亡の旅が始まり、新天地へ向けて出発します。意志を貫くためには感情の勢いで動くのではなく、計画性を持って進むということを彼らは心得ています。逃げることは負けではなく勝ちなのだと、「ソード6」の美学を訴えています。困難の中の再出発は決して楽なことではないですが、悲嘆に暮れてはいられません。策を練っていくことが次のチャレンジにつながります。

絵解きからみえるメッセージガイド

現象	逃げる　チャレンジ計画　旅　異動　移動　転勤　引越　困難の中で策を練る　頭を使う
人物像	計画性のある人　リベンジする人　旅人　ネットアクティブな人　有能な人　段取りが良い人
キーワード	正 方向転換　計画性　転換　クールダウン　無駄がない　争いを避ける　未来 逆 うまく逃げられない　楽な方に逃げる　堂々巡り　波風が立つ　前進できない

このカードが出たときは・・・

正位置 次の段階に進む時が来ています。今あるしがらみからはうまく逃れ、静かに立ち去って別の方向で展開していく方が賢明でしょう。

逆位置 人間関係や任務などからうまく逃げたつもりが、逃げ切れていなかったようです。騙すつもりはないけれど、手を抜いたことは周囲に不信感を与えてしまい波風が立ちそうです。

ソード6のお助け隊
逃避中の彼の船を助けてくれたのは、イルカたちなのでした。

	正位置	逆位置
Love 恋愛運	この恋で成長できる、口説く、アプローチのために対策を練る、遠距離恋愛、順調に進展する	相手に適当に合わせる、いいかげん、向き合おうとしない、楽な方に逃げる
アドバイス	もっと相手の性格を分析して	適当に流して合わせるのも大事
Work Study 仕事運・勉強運	異動や転勤、転職、企画を練る、旅行関係、物流関係、IT系、無駄がない、チャレンジする、方向転換、変化がある、勉強はワンランク上にチャレンジする	手を抜いている、いいかげん、責任を負わない、堂々巡りの議論、企画がなかなか進まない、信用できない、勉強は深い所まで考えていない
アドバイス	今やっていることに執着しないで	あまり手を抜き過ぎるとブーイングが
Body 健康運	旅に出ると回復、すべての代謝が良い、チャレンジする気持ちが若さを保つ、呼吸と排出・血液の循環が良い	ルーズな生活によるけだるさ、低体温、状況に向き合いたくない、代謝が悪い、検査結果が怖い、医者に行きたくない
アドバイス	新エクササイズにチャレンジして	理性的な判断をしましょう
Money 金運	新しい資金源を探す、運用の策を練る、融資を受けて次の展開へ、返済計画を合理的にする	波のある収入、いいかげんな考え、借金やローンを苦にしない、悪銭身につかず
アドバイス	将来のための情報収集と計画を	お金のことに真面目に取り組んでみましょう
Personal relationships 対人関係	趣味や考えの合う仲間、意識が高い、旅行仲間、知的な刺激、ゴールが同じ仲間	進展がない関係、適当なつき合い、波風は立たないがどうでもいい、八方美人、口だけのつき合い、無責任な友人
アドバイス	信頼があるから意識を戦わせても大丈夫	人の話は真面目に聞いた方が良いでしょう

Chapter3 小アルカナカード解説

ソード7
Seven of Swords

器用に立ち回っていいとこどり

テーマ　弱みをにぎる　スキを狙う

●泥棒
抜き足差し足忍び足…この男は、ある場所へ忍び込み、スキを狙ってソードを盗んでいます。後ろを気にしているのは誰かが追いかけてこないか確認しているからです。

●7本のソード
7本のソードは、悪知恵を表します。意地汚かったり、ズル賢かったり、周囲の様子を見ながら態度を決めていきます。

●背景のテント小屋
いくつかのテント小屋は、巡業中のサーカス団のものです。この男は人々が楽しんでいる間の、スキを狙っています。

「ソード6」で困難からの再出発をした男は、器用に立ち回りながらちゃっかり稼ぐこともあります。やり方はずる賢く、儲けるためなら裏切りも、ものともしません。相手の弱みを握って平気で人を利用します。男のいるところはサーカスショーの真っ最中で、そのスキを狙ってソードを盗み出しているところです。彼の衣装や付けひげのような出で立ちは、怪しまれないためのものかもしれません。悪事を働いているわりには楽しい雰囲気ですが、もしバレたときは咄嗟の言い訳で難を逃れるつもりでしょう。黄色の空が陰湿さを感じさせず、悪役キャラであってもお調子者のようです。

絵解きからみえるメッセージガイド

現象　盗む　騙す　ゴマをする　裏切る　逃走する　寝返る　悪知恵を使う　移動　引越　逃避行

人物像　泥棒　詐欺師　話しがうまい人　お世辞がうまい人　機転が利く人　遠くにいる人

キーワード　正　二枚舌　抜け駆け　狡猾　トリッキー　ウソも方便　情がない　クール　合理的
　　　　　　　逆　腹黒い　逃げ切れない　失敗に終わる　穴埋めする　葛藤　意地悪　嘘つき

このカードが出たときは・・・

正位置 知恵が冴えてくると、それをゲーム的に使いたくなります。有利に運ばせたい時は、詭弁を使ってうまくポジションを確保できるでしょう。周囲の状況をよく見て出方を考えます。

逆位置 悪知恵を働かせたことが、周囲にバレてしまい、バッシングされそうになっています。逃げようにも逃げられない状態です。ことをあまり大きくしないよう穴埋めに走るでしょう。

ソード7の強運
いつもずる賢く立ち回る彼ですが、ギリギリで助かるのも彼なのでした。

	正位置	逆位置
Love 恋愛運	騙す、相手の出方を見て駆け引きする、相手の気を引きたいだけ、遠距離恋愛、人のものを盗る、SNSで芽生える恋	冷たくしたことのしっぺ返しが来る、望まない遠距離恋愛、アメとムチを使う、脳内恋愛（ネットだけで盛り上がる）
アドバイス	シビアに対策を練ってみて	理論だけでは上手くいかないことも
Work Study 仕事運・勉強運	移動、部署異動、物流関係、IT系、掛け持ちする、ごまかす、先方を様子見、おいしい話が来る、まゆつば、ゴマすり、勉強はズルをして点数を稼ぐ	騙される、信用できない、悪事との葛藤、ズルをしたことがバレる、手を抜いて失敗、出し抜いたことを謝罪するつもり、勉強はズルせず真面目に取り組む
アドバイス	シビアな策略を練ることで成功します	知識を正しく使いましょう
Body 健康運	様子を見る、誤審、神経系統疾患、調子が悪いのをごまかしている、ドクターショッピング	（正位置とほぼ同じ）
アドバイス	正しい検査とその結果を知りましょう	正しい検査とその結果を知りましょう
Money 金運	正当ではない収入、楽して儲ける、泥棒・詐欺に注意、騙す、怪しい儲け話、パスワードが盗まれる	欲に走ると騙される、おいしいつもりが期待ハズレ、情報がまちがっていて損失を出す
アドバイス	ハイリスクハイリターンもありかも	皆でシェアできるお金儲けを考えましょう
Personal relationships 対人関係	損得勘定で付き合う、有利な方へ立ち回る、いいとこどり、帰国女子、ウソ、陰口、抜け駆けする、海外の情報、確信犯的行動	信用できない仲間、話題が合わない、知らない間に仲間はずれにされる
アドバイス	狙いを読まれないように	信頼しなければ関係性は築けないでしょう

ソード 8
Eight of Swords

八方ふさがりの沼地

テーマ　足場が固まるまで時期を待つ

●目隠し
目隠しをされ、正しい情報が得られない状態です。また真実を受け入れることができず、目をつぶることを表します。

●水たまり
水たまりは、彼女が流した涙といわれています。足元にあるため、感情を上手く表現できません。

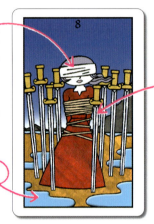

●8本のソード
彼女を取り囲んだ8本のソードは誹謗中傷を表し、知性が行き詰まった状態を表します。

●縄
縛られているのは、囚われの身であることを表しています。失敗を恐れるあまり精神的に自由が奪われています。

「ソード7」で悪事を働いてきた人たちが罰を与えられたのでしょうか。ソードに囲まれ一人の女性が縄で縛られ置き去りにされています。目隠しをされ、どうしたら良いのかわからないでいるようです。人間関係の難しさにすっかり自信をなくし、何をするにも恐がりになってしまいました。彼女の涙でできた沼地は足場を悪くし、八方ふさがりになっています。ソードの風スートは情報を武器に生きていく性質がありますが、ここではそれを使うのではなくそれに囲まれて動きを制限されるという皮肉な状態です。正しい情報が入ってこないもどかしさがあります。

絵解きからみえるメッセージガイド

現象	身動きできない　束縛　制限　孤立無援　自縄自縛　非難を浴びる　盲信
人物像	自信喪失している人　人間関係に悩む人　身動きできない人　マゾヒスト
キーワード	正　失意　誹謗中傷　情報を遮断　過干渉　孤独　災害　規制　制限 逆　制限が緩くなる　救いの暗示　感情的になる　身動きはまだ取れない

このカードが出たときは・・・

正位置 自ら枠を決めてしまい、その中でなんとかしようとしています。自分自身の可能性を信じることができないのは、情報の制限により考えが偏ってしまったからかもしれません。

逆位置 正位置とあまり変わらない状況ですが、何かに制限をかけている場合は少し緩くなるでしょう。回復するにはもう少し時間がかかりそうですが、周囲を見ながら合わせて行こうとします。

ソード8の脱出術
動く気力を取り戻したとき、彼女は脱出に成功するのでした。

	正位置	逆位置
love 恋愛運	失恋、失意、裏切り、年齢的制限に悩む、束縛、囲われる、はまる、自由に動けない、都合のいい所しか見えない、SM嗜好	他の人も見てみようと思う、周囲の人の優しさに気付く、思考停止から少し冷静になる
アドバイス	ひとつのことに深くハマってみましょう	コリ固まらずに目を外に向けてみましょう
Work Study 仕事運・勉強運	孤立無援、中断、固執し過ぎて失敗、法律関係、ライバルに批判される、有効な手立てがない、能力を活かせない、忠告を聞かない、勉強は応用力不足	正しい情報が得られない、注意力散漫、今いる場所から動けない、缶詰状態、気持ちが不安定で業務に支障、業務知識のズレ、勉強は参考書が古すぎる
アドバイス	辛いけど集中力だけは自信を持って	情報をもっと仕入れた方がいいでしょう
Body 健康運	目の疲れ、手が痛い、包帯が必要、身動き取れない、必尿器、腎臓、切り傷、介護問題、寝たきり	（正位置と変わりなし）少し回復する
アドバイス	思い込みを捨てて情報収集を	思い込みを捨てて情報収集を
Money 金運	入金が遅れる、自由に使えない、苦しい、収入源が見えない、物欲に制限をかける、しがらみや思い込みが金運を下げる	わずかな収入を得る、騙されていることに気付く、しがらみや思い込みを捨てるとお金が入る
アドバイス	信じたことをやり続けるしかない時です	新しい情報を積極的に取り入れましょう
Personal relationships 対人関係	動きを封じ込められる、萎縮、洗脳、中傷される、いじける、意地地になる、自分から話しかけられない、カルト	誹謗中傷されている中でも声をかけてくれる人がいる、救いの手を差し伸べてくれる、救われたような気になる
アドバイス	信じていることは盲信かもしれません	時間の経過を待ちましょう

ソード9
Nine of Swords

運命を嘆き眠れない夜

テーマ 悲しみの正体を探る

●**暗闇の中で嘆く人**
精神的に背負いきれない苦痛から悲嘆に暮れて、夜も眠れない状態にいます。

●**9本のソード**
9本のソードは、精神の行き詰まりを表しています。過去の悲しみや罪悪感などが彼を悩ませ、絶望的な気持ちになっています。

「ソード8」で受けたトラウマが、なかなか癒えず夜も眠れずにいる人がいます。がっくり肩を落とした彼の背中に暗闇が重くのしかかります。運命を嘆くばかりで、ため息が止まりません。ソードに囲まれているのは、過去のさまざまなできごとの中で起きた葛藤に悩むことがあるからです。あのときこうしていればよかった…という後悔が強迫観念に変わり、ネガティブな考えがグルグル巡っています。神経が過敏になって些細なこともストレスにしてしまっているようです。客観的に状況を見て悲しみの正体は何なのか、見極めていくことが大切です。

絵解きからみえるメッセージガイド

現象	悩む 悲しむ 不眠 ノイローゼ 自律神経失調症 うつ 精神的苦痛 病気 流産 中絶
人物像	悩む人 怖がっている人 嘆く人 心配性の人 神経過敏な人 睡眠不足の人
キーワード	**正** 絶望 不安 心配 恐怖 嘆き 非難 脅迫(きょうはく) 孤立
	逆 多少開き直る 現実を受け止める 被害妄想 手術 原因を探る

このカードが出たときは・・・

正位置 過去のネガティブなできごとも現在の辛いことも、たくさんあり過ぎて落胆しています。悩みは深い所まで行き着き、考えれば考えるほどマイナス思考になり突き落とされます。

逆位置 苦難から立ち直りたいと思っています。現実を把握し解決に向けて少し前向きになろうとしています。ネガティブ思考が再発するかもしれませんが、焦らず向き合って行けるでしょう。

ソード9の不眠
ひつじを数えたら押しつぶされそうに・・・
どちらにしても眠れない夜なのでした。

	正位置	逆位置
love 恋愛運	失恋、絶望、苦悩、悲しみ、傷付いた心、悲嘆に暮れる、ひどいことをされる、拒絶される、ショッキングなできごと	失敗の原因が見えてくる、被害妄想、だいぶ落ち着いてくる、傷付くことがある、辛いけど一応納得している
アドバイス	もっと理詰めで考えた方がいいでしょう	原因を探ってみましょう
Work Study 仕事運・勉強運	最悪の状態、医療系、海外トレーディング、ショッキングなできごとで集中できない、大きな失敗、リストラされる、悪い報せ、勉強は悩みがあって手に付かない	周囲の目が気になる、被害妄想、職場の人間関係に嫌気が差す、評価の低さに悩む、寝不足でミスをする、徹夜の勉強は身に入らない
アドバイス	リサーチを行って対策を練りましょう	建設的に立て直して考えましょう
Body 健康運	精神的な苦痛、うつ、眠りが浅い、睡眠障害、自律神経、健康状態に悩む、手術の不安、覇気がない、うつろ	(正位置とほぼ同じ)
アドバイス	早めにお医者さんへ行きましょう	早めにお医者さんへ行きましょう
Money 金運	将来の不安、悲観、不安定な収入、破産、騙される、大損失、収入源を失う、計画が進まない、失敗	(正位置とほぼ同じ)
アドバイス	自分の理念を忠実に実行しましょう	自分の理念を忠実に実行しましょう
Personal relationships 対人関係	誹謗中傷の中にいる、コミュニケーションが取れず孤独になる、暗い人と思われている、対人恐怖症	被害妄想、中傷されているような気がする、怖くて輪に入れない、ビクビクする、トラウマに邪魔をされる
アドバイス	傷付いても自分の意志は曲げないで	痛みを他人のせいにしない方がいいでしょう

ソード 10
Ten of Swords

苦悩の夜明け

 思考の行き着く果てにあるものは

● **10本のソード**
10本のソードは、頭の中が手いっぱいになっていることを表します。考え過ぎると、ロクなことがないようです。

● **頭に刺さるソード**
考え過ぎて、精神が壊れている状態です。

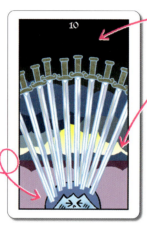

● **黒い空**
100%黒い空は、どん詰まりを示し、その先には何も考えることがないということです。

● **明るい雲間**
考えた挙げ句に行き場を失った精神も、いつかは夜が明けるという暗示です。

「ソード9」では、まだ悲嘆に暮れる余裕がありましたが10ではその余裕もありません。ついに頭にソードが突き刺さってしまいました。1本1本はこれまで浴びせられた鋭い言葉の数々です。競争に勝つために、それがフェアであろうとなかろうと知恵を絞って戦ってきた結果、使いこなしてきたはずのソードに身を滅ぼされてしまうとは・・・。最後のステージに来て始めてソードが両刃であることのリスクを身をもって知ることになりました。何も考えられない漆黒の闇は永遠に続くものではありません。夜明けが近いことに救いを求めます。

絵解きからみえるメッセージガイド

現象 破滅 災難に遭う 挫折 精神的苦痛 最悪の状態 破産 倒産 自分を追い詰める

人物像 けが人 鍼灸師 ショックを受けている人 デリケート過ぎる人 希望を持てなくなった人

キーワード **正** 破壊 失敗 自業自得 不運 精神的苦痛 ショック 絶望 終わり
逆 (正位置とほぼ同じ) 自分に対する痛み ある程度分かっていた厄介なこと

◎ このカードが出たときは・・・

正位置 周囲に向けたソードが自分に向かって来ました。極限まで悩んで考えますが解決策が見つかりません。弁明もできない所まで行き着き、終わってしまうショックを隠せません。

逆位置 辛さが一番厳しい時は過ぎましたが、問題に向き合い続けなければいけません。思い込みや考え過ぎにより自責の念がありますが、ここまで来ると開き直ることもできるでしょう。

ソード10の立ち直り
絶望の淵まで落ちてしまったら、あとは立ち直るだけ。おどけて見せる彼なのでした。

	正位置	逆位置
Love 恋愛運	傷付く、ショック、希望が持てなくなる、破局、終止符が打たれる、悲しいできごと、信用できない	後悔、うすうす分かっていた結末、自分を責める、現実を見るチャンスが来る、悲しいこともあるが得るものもある
アドバイス	傷付いても最後まで投げ出さないで	理想論ではなくリアリストになりましょう
Work Study 仕事運・勉強運	倒産、ショックなできごと、針のむしろ、ブラック企業、辛く厳しいが賢くなる、困難、仕事がハードで精神を病みそう、勉強は難問に挑戦	困難から少し抜け出す、回復の兆し、買収される、大変だが現実を見て調整する、統一性がない、理屈より現場の声、勉強は技術より数をこなす
アドバイス	一貫した理念とコンセプトで	行き過ぎた理念より現実を見ましょう
Body 健康運	ケガ、精神的疾患、うつ、パニック、精神的なことからくる体調不良、自律神経系	（正位置とほぼ同じ）ただし最悪の状況からは逃れる
アドバイス	鍼灸の治療が効き目あり	お医者さんとうまく付き合いましょう
Money 金運	破産宣告、苦しい経済状況、途絶える、大きな打撃がある、収入が大幅に減る、怪しい情報で投資に失敗	自己破産する、精算する、投資の失敗、金銭問題はかすかに解決に向かう、理屈でなくコツコツ稼ぐ
アドバイス	一旦ゼロになってみるのも手段のひとつ	夢より現実を見る姿勢が必要です
Personal relationships 対人関係	関係が終わる、絶縁、絶交、自虐行為、被害妄想、傷付く、対人関係でショックなできごと	関係が最悪な状態を抜け出す、小さな可能性が見えてくる、諍いに終止符が打たれる
アドバイス	中途半端にしておかないで	理想論で相手を縛らないようにしましょう

Chapter3 小アルカナカード解説

ソード・ペイジ
Page of Swords

風を切って剣を身構える少年

 何が起こるかわからないエキサイティングなこと

●**入道雲**
もくもくとわき上がる入道雲はアイデアや好奇心が豊富に生まれ出てきていることを表しています。

●**草原の風**
遮るものが何もない草原に吹く風は、何が起こるかわからない予想外なできごとを表しています。

●**風に向かう少年**
風を切ってどこかへ向かおうとしています。「風」は情報やコミュニケーションを表しますが、彼はいつもその真っ只中にいて、今の「風」をキャッチしようとしています。

「ソード・ペイジ」は風のスートの性質を純粋に集めています。知的で鋭く、臨機応変、クールで快活なコミュニケーション能力を持ち、情報収集に長けています。草原の中、ソードを握って風の向こうに行こうとしています。縦横無尽に吹く風は、何が起こるかわからないエキサイティングなできごとを巻き起こし、彼をワクワクさせています。風向きはすぐ変わるので継続性はあまり期待できませんが、用心深く前方をみつめサーチしています。その情報収集の的確さは、びっくりするようなニュースをキャッチして周囲を驚かせるでしょう。

絵解きからみえるメッセージガイド

現象	最新情報をキャッチ　突発的なできごと　好奇心　アイデアがわく　トレンドを読む
人物像	クール　話し好き　ネットアクティブな人　情報通な人　アイデアマン　生意気な子
キーワード	正 知的　軽快　メール　ネット　モバイル端末を駆使　器用　ニュース　迅速　調達
	逆 計算高い　皮肉　ずる賢い　情報の悪用　予期しない報せ　意地悪　情に欠ける

このカードが出たときは・・・

正位置 思いがけないきっかけがありそうです。アンテナが鋭くなり、早いスピードでものごとが動きます。好奇心の旺盛な時なので、新しい世界に飛び込みたくなるでしょう。

逆位置 いいかげんな行いをしてしまいそうです。急ぐあまり地に足をつけることができないようです。悪気はなくても、得た知識を使おうとして常識はずれに行動してしまうかもしれません。

ソード・ペイジの瞬発力
バイト先でも彼は意気揚々と瞬発力を発揮するのでした。

	正位置	逆位置
Love 恋愛運	突発的な出会い、関心を持つ、好奇心だけで付き合う、飽きっぽい、ナンパ、話が面白い、スピード展開	自己中心的、トラブルを起こす、嘘つき、すぐ飽きる（別れる）、方向転換、傷付ける、モバイル端末ばかり気にして相手を見ない
アドバイス	勢いに乗って進めてみてもいいでしょう	短気を起こして判断しないで
Work Study 仕事運・勉強運	サクサク片付ける、IT関係、通信関係、エンジニア、メディア関係、調査能力、責任のある仕事はまだ任されていない、柔軟な対応、勉強は短時間で要領良く	職場のトラブルメーカー、すぐ辞める、中途半端、軽薄に片付ける、いいかげん、無頓着、協調性がない、散らかっている、混乱している、勉強は集中力に欠ける
アドバイス	仕事のスピードアップを図りましょう	落ち着いてひとつのことに取り組んで
Body 健康運	状態がすぐ変わる、民間療法の知識が豊富、知らない間にぶつけてアザができる、健康診断を受ける、軽快な運動	ドクターショッピング、神経系トラブル、健康法を試してはすぐ投げ出す、健康状態を把握せず無理をする
アドバイス	良いと思った健康法はすぐチャレンジして	落ち着いて健康状態を把握しましょう
Money 金運	良い金融情報をゲット、突発的な報酬、切り詰め方がうまい、少しずつの収入、即応することで収入のきっかけを掴む	待つことができず損をする、会社をすぐ辞めて収入が減る、中途半端な金融情報、給料は安い
アドバイス	お金儲けに好奇心を持ってみましょう	怪しい情報に踊らされないようにしましょう
Personal relationships 対人関係	好奇心で人と関わる、サバサバしている、言葉がきついが面白い、生意気だが情報通、話題作りに長けている	トラブルメーカー、知ったかぶり、うわさ、言っていることがすぐ変わる、計算高い、猜疑心、皮肉屋、きつい言葉で傷付ける
アドバイス	ツッコミの上手さを活かしましょう	人を傷付ける言葉に気をつけましょう

Chapter3 小アルカナカード解説

ソード・ナイト
Knight of Swords

旋風の中、剣を振りかざす騎士

テーマ　予期しないハプニングに対応する　急激な変化で走り回る

●**白く精悍な馬**
ナイトを乗せるこの馬は、風と一体になったように、たてがみをなびかせて全力疾走しています。馬の勢いの制御がきかなくなると、大変な破壊力を持って暴走するので注意が必要です。

●**疾走するナイト**
ペイジと比べると、こちらは嵐の中のような風が吹き荒れています。雲の流れは疾風そのものです。ナイトの性質は、瞬発力、攻撃力、行動力です。突然の変化にも強く、そう簡単に勢いは止まりそうにありません。

「ソード・ナイト」はペイジが成長した大人の男性です。ペイジは好奇心は強いけれど、社会的にはまだ責任のない状態でしたがナイトは社会的に責任のある立場を任され、中心になって働く世代です。目標を定めてから広い世界の情報を集め、風向きが変わったと感じたら、すぐ急展開して疾走します。ハプニングに対応する能力は、彼の研ぎ澄まされた知性にあります。余計なものをすべて削ぎ落とすやり方は、時に冷淡に見えたり、振りかざしたソードに痛い思いをさせることもありますが、彼は生きることにとても純粋であることは確かです。

絵解きからみえるメッセージガイド

現象	素早い展開　ハプニング　突然のできごと　恐れ知らず　迷わない　的確な判断力
人物像	クール　鋭い人　ネットアクティブな人　発想力豊かな人　話題が豊富な人　発信力のある人
キーワード	正　知的　説得力　論理的　そぎ落とす　好奇心　急変　攻撃　瞬発力　視野が広い
	逆　頭でっかち　せっかち　偏見　皮肉屋　堅物　扱いにくい　視野が狭い　前のめり

このカードが出たときは・・・

正位置 急激な変化の中にいて、走り回っている状態のようです。それをこなすだけの力が備わっています。自分を信じ、恐れることなく真っ直ぐ進むことができるでしょう。

逆位置 迷わず行動することはできるものの、攻撃的になりやすいでしょう。周囲の人とスピード感が合わず、独断で動いてしまいがちです。

ソード・ナイトの負けん気
空を自由に駆け回るもう1人のキャラクター現る!! 早さを競う闘いが始まるのでした。

	正位置	逆位置
Love 恋愛運	ドライな付き合い、情を理解しない、相手のペースに合わせない、急な展開、他にやることがあり恋愛どころではない	相手の気持ちがわからない、素直でない、冷淡な態度、揚げ足を取る、猜疑心、サディスティック、ひねくれる、自分勝手
アドバイス	思ったことはすぐ行動に移しましょう	とげとげしい言葉を吐かないように
Work Study 仕事運・勉強運	有能、ハプニング、IT系、メディア関係、トレーダー、交渉人、即断、リサーチ関連、知識を使う仕事、無駄がない、要領が良い、率先して動く、勉強は難関に挑戦	急いで裏目に出る、判断力不足、急な展開に対応できない、知識不足、無理難題を押しつけられる、イラついて失敗、勉強は難関に挑戦するも失敗
アドバイス	全力疾走でスピーディーに働きましょう	落ち着いてひとつずつ処理しましょう
Body 健康運	無駄のないボディ、フットワークが軽い、運動量は適正、血のめぐりが良い、ダイエットは成功、健康法をすぐ試す	精神的疲労、神経痛、痛みを伴う、神経過敏、切り傷、手術、ケガ、足が痛い、落ち着きがなく不調につながる
アドバイス	エクササイズでシャープなラインをキープ	ドタバタしない生活を心がけて
Money 金運	一時的な収入アップ、ボーナスアップ、臨時収入、短期的に投資は順調、即断即決、思い切りのいい買い物	急いだことによる投資の失敗、お金を落とす、判断ミス、方針がブレる、お金の情報が錯綜する
アドバイス	思い切りの良い判断で	焦らないでじっくり判断しましょう
Personal relationships 対人関係	軽快なしゃべり、根に持たない、話題が豊富、落ち着きがないが楽しい、斬新な発想、ダラダラしない	知識をひけらかす、卑屈、扱いにくい、攻撃的、偏見、皮肉屋、イヤミ、頭が固い、おだてに乗らない、ひねくれ者
アドバイス	キツいと思ってもハッキリ言うことが大事	言葉がキツ過ぎることに気をつけましょう

ソード・クィーン
Queen of Swords

雲海の上の孤独な女王

テーマ 自分を貫く強い気持ち　知性とコミュニケーション能力を活かす

● **クイーンのソード**
人を裁くためのソードです。このソードを扱えるのは、公平さや判断力に長けた人です。

● **入道雲**
クイーンの玉座の位置は気流が安定して安心ですが、上昇気流になって雲が発達すれば嵐になる可能性をはらんでいます。

● **蝶**
蝶は魂の象徴です。クイーンの冠や、椅子のレリーフのデザインは蝶の装飾で彩られています。蝶が一匹、クイーンのそばへ寄ってきました。蝶には死者の魂が宿ると言われますが、過去の者が舞い降りてきたのでしょうか。この蝶も孤独であり、ひとりぼっち同士認め合っているようです。

「ソード・クイーン」は知的でクールな女性です。右手に持ったソードを真っ直ぐ誇らしげに掲げています。「正義」のカードと同じく、公平さやバランス感覚を備えています。誰もたどり着くことのできない雲海の上に玉座を構え、彼女は一人きりで喪に服しています。過去に悲しい経験をしているようですが、感情に左右されることなく、未来を切り開く強い気持ちを貫こうとしています。決してソードを権力闘争に使うことはありません。必要なものと不要なものを切り分け、自分を保つためにソードを使っていくでしょう。

絵解きからみえるメッセージガイド

現象	自立　自活　恋愛より仕事に生きる　資格を取る　勉強する　シャープさを持つ
人物像	クールな人　独身女性　未亡人　仕事を持って生きる女性　頭脳明晰　どこか醒めた人
キーワード	**正** 賢い　強い　クール　論理的　精神レベルが高い　独立心　軽快
	逆 怖い　冷酷　排他的　心に余裕がない　過敏症　ヒステリック　孤独　淋しい

このカードが出たときは・・・

正位置 情に流され複雑に絡まった糸のような局面でも、合理的に判断できます。少し冷たいと周囲に思われがちですが、観察力は誰にも負けないでしょう。

逆位置 ちょっとしたことでも神経が過敏になり、人の言動にいちいち突っかかってしまうようです。仕事のストレスやプレッシャーの疲労感で、心に余裕がなくなっています。

ソード・クイーンの愛でるもの

孤高の人クイーンは蝶や虫を愛でることが安らぎとなるのでした。

	正位置	逆位置
Love 恋愛運	クール、ドライ、独りで生きていける、恋に溺れることはない、恋より仕事優先、損得を考える、クールダウンして考える	怖い、ヒステリック、猜疑心、連絡しない、ダメな相手と付き合って優位に立つ、相手を分析しているだけで動かない
アドバイス	冷静に考えることで上手くいくでしょう	疑ってばかりでなく信じることも大事です
Work Study 仕事運・勉強運	有能、教育関係、公私混同しない、マスコミ関係、出版、通訳、フリーランス、知性を活かせる仕事、独立、もの書き、コネで動かない、勉強は成績優秀	有能だが怖い、お局、ギスギスしている、公平さがありそうでない、心が狭い、プレッシャーとストレスに苦しむ、排他的、勉強は合格できるかプレッシャーに悩む
アドバイス	感情に流されないのが成功の決め手	他人のせいにばかりしないように
Body 健康運	冷えからくるコリ、仕事し過ぎの疲労感、神経痛、腰痛	ストレス、プレッシャー、婦人科系が弱い、精神的に淋しい、全身にコリ、ドクター不信、ホルモンバランスが悪い
アドバイス	鍼灸治療で体を温めましょう	（正位置と同じく）鍼灸治療で温めましょう
Money 金運	自分の才覚によって稼ぐ、安定収入、計画的な運用、信用ある取引、収支管理は完璧、情に流されない	ストレス解消の浪費、無駄を省いたケチ、ネット（テレビ）ショッピング、稼いでも心が満たされない
アドバイス	無駄を省いて合理的な運用を	収支をきちんと把握して
Personal relationships 対人関係	自分にも他人にもクール、肩入れしない、相談役になる、つるまない、お勉強仲間、知識人との交流、しがらみから逃れる	変なところにこだわって扱いにくい、孤独、頭がいいのに時々突拍子もないことをする、しがらみが面倒、偏屈、協調性なし
アドバイス	エスプリの効いた会話を心がけましょう	なんでも悪意に受け取らないように

Chapter3 小アルカナカード解説

ソード・キング
King of Swords

公正な判断を下す知将

テーマ 揺るぎない信念をもつ　曇りのない目でものごとの真実を見通す

●**王のソード**
知性と公平さ、人を裁く判断力を持つ者だけが扱えるソードです。

●**雲**
雲は「風」の象徴です。もくもくと立ち上る雲は、豊かな発想と知的好奇心を煽ります。

●**蝶の装飾**
蝶は「風」の象徴です。王冠と背もたれの高い椅子に、蝶があしらわれています。

「ソード・キング」は雲海の上に玉座を置き、「正義」のカードと同じ姿勢でこちらをじっと見据えて座っています。彼も人を裁き公明正大に判断を下します。ソードのコートカードのクイーンとキングは、風が安定している雲海の上にいます。ですから彼らの信念は何があっても揺らぐことがなく、高い視点から的確にものごとを見通す力と貫禄にあふれています。彼らの前ではウソが通用しないでしょう。ソードの風の国では、自由と平和を尊重する博愛主義を掲げるため、個人が自分の意見をしっかり持ち、権力に屈することなく生きていく知恵を導いています。

絵解きからみえるメッセージガイド

現象 議論をする　冷静な判断　決断する　指導する　理性的な行動　資格取得　高度な勉強をする

人物像 合理的な人　裁判官　弁護士　教師　医師　落ち着きがあり知的な人　相談役

キーワード 正 冷静　ドライ　頭脳明晰　公平　バランス感覚　知的　決断力　個人主義
逆 偏見　不公平　えこひいき　独裁者　融通が利かない　権力を振りかざす　無慈悲

このカードが出たときは・・・

正位置 知的向上心が強くなり、何かを勉強したくなります。すべては理想の社会を作るために、高度な知識を得ることができるでしょう。合理的な判断力は一目置かれた存在です。

逆位置 自分の持っている知性や情報をフラットに使うことができません。損得勘定でシビアな行動に出ることが多くなります。それによって傷付く人もいるかもしれません。

ソード・キングの裁き
ドラマのような名裁き!?
ソード・キングが真実をあばくのでした。

	正位置	逆位置
Love 恋愛運	クール、相手を冷静に分析、見下すような態度、サディスティック、知的レベルが合う	身も蓋もない、冷淡、独身主義、情がない、愛情がわからない、無関心、独りで完結してパートナーを必要としない
アドバイス	冷静な分析をしてアプローチを	寛大な気持ちで相手を信じましょう
Work Study 仕事運・勉強運	高レベル知識の仕事、資格取得、法律関係、仕事に役立つ勉強を始める、教師、研究家、医師、官僚、エリート、勉強は頭が冴えわたり成績優秀	えこひいき、個人主義過ぎる、厳しい上司、不公平な判断、パワハラ、協調性がない、情報だけで現場を見ていない、誰も手伝ってくれない、勉強は机上の空論
アドバイス	もっと冷静に判断する材料があります	原理原則だけでは実情に合わないことも
Body 健康運	神経系、全身にコリ、手術の成功、自分の状況を冷静に判断できる、良いドクターにかかる、検査、外科的治療	そぎ落とし過ぎてダイエットは失敗、拒食症気味、神経症、ストレス、切り傷、手術、ケガ、ドクターを信用しない
アドバイス	健康診断は定期的に行きましょう	ドクターの意見をきちんと聞きましょう
Money 金運	計画通りの運用、安定収入、不労所得、お金より名誉、株での収益、ハイレベルの情報で投資に成功	情報に惑わされる、自己投資し過ぎ、自分の頭の良さを過信して失敗する、おいしい話はウソ、収入は低め安定
アドバイス	世間の動きをさらにウォッチして	情報の取捨選択は慎重にしましょう
Personal relationships 対人関係	知的向上心が刺激される、知識人との交流、勉強仲間、情に流されない関係、ハッキリした立場、仲良しでもクール	権力を振りかざす、自分勝手、頭でっかち、頭はいいけど人の心を逆なでする、きつい、意地悪
アドバイス	意識の高い会話をしましょう	上から目線でものを言わないで

Chapter3 小アルカナカード解説

ペンタクル・エース
Ace of Pentacles

具体的なことの始まり

 繁栄につながるきっかけ

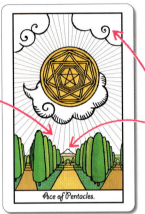

●**WISHカード**
「ペンタクル・エース」は願いが形になるカードといわれ、Wishカードと呼ばれています。

●**庭園**
美しく整備され、手入れの行き届いた庭園はこの世の楽園を表します。

●**1枚のペンタクル**
1枚のペンタクルは、金銭的なことや肉体的なことなど、ものごとが形になっていく最初の段階を表します。

●**雲**
空にあって、霊性を表します。

●**山**
背後に見える山は、掲げた目標があることを表しています。

「ペンタクル・エース」は、小アルカナの中で最もエネルギーの強いカードと言われています。絵空事を語ってかすみを食べる生き方は現実的ではありません。ペンタクルは金銭的なことや肉体など、現実的に生きることを表しています。地に足をつけてしっかり働くことが、生物として人間の生きる使命です。ペンタクルは抽象的なことではなく、例えば靴が欲しいと思ったら、それが手に入るという目にみえる結果であり、エースはそのきっかけです。まだ始まったばかりなので、願いがいきなり手に入るわけではありませんが、繁栄につながるきっかけを得たことは大きな幸運となるでしょう。

絵解きからみえるメッセージガイド

現象 働き始める　きっかけを得る　生まれる　受胎　収入のチャンス　健康を得る　形になる

人物像 幸運を得た人　仕事を得た人　地に足が付いた人　ラッキーな人　分かりやすい人

キーワード
正 ものごとの原点　恩恵　役に立つ　目に見えるものすべて　ルックスが良い　証拠
逆 物質主義　実現しない　執着心　強欲　ケチ　チャンスを逃す　満たされない

このカードが出たときは・・・

正位置 新しいことが具体的に始まっていきます。まだきっかけの段階ですが、押し進めれば成功しそうです。手応えを実感することができるでしょう。

逆位置 頭の中に考えはあっても、なかなか実現できません。自分の能力や望みをうまく把握出来ていないようです。現実と向き合う姿勢が必要です。

ペンタクル・エースの底力

ペンタクルは食べられてたってへっちゃらなパワーを備えているのでした！

1枚じゃ足りない〜

	正位置	逆位置
Love 恋愛運	身になる恋、成長できる、愛を形で表す、相手の存在が安心できる、玉の輿、地に足が付いた相手、彼氏・彼女ができる	相手不在、体目当て、決め手がない、欲しがり過ぎ、相手を失う、お金がかかる、お金を持っていない相手、信用できない
アドバイス	うやむやではなく、形にする決意を	ピュアな感情を大切にしましょう
Work Study 仕事運・勉強運	仕事を始める、稼ぎ始める、コツを掴む、抜擢される、才能を買われる、農業、園芸関係、クリエイティブな仕事、きっかけを掴んで勉強し始める	仕事をしていない、仕事を辞める、稼ぎたいけど稼げない、チャンスを逃す、損害を出す、才能を発揮できない、勉強したのに資格が取れない
アドバイス	能書きより始めることが大事です	中途半端な働き方をしないで
Body 健康運	若々しい、丈夫な体、健康状態は良好、子どもが産まれる、命が宿る、良質な食事、ピンピンしている、要らないものがない	健康状態を気にしない、ケアしていない、治療費がかさむ、大きな落とし穴がある、腫瘍がある、体力が落ちている、疲労
アドバイス	この状態がベストと覚えておいて下さい	体をいたわる姿勢が大切です
Money 金運	収入のチャンス、収入源をみつける、大金を手にする、安定した生活、欲しかったものを手に入れる	チャンスを逃す、収入源を失う、見栄、お金を落とす、立ち消えになる話、貴重品や金品がなくなる、信用できない話
アドバイス	チャンスを逃さないようにしましょう	小銭もバカにしないで着実に
Personal relationships 対人関係	分かりやすい友人、素直な友人、職場仲間、社会的地位や素性がしっかりした仲間、ギフトを贈り合う仲、成長できる	学歴詐称やウソの経歴、支援者がいない、周囲に人がいなくなる、お金がかかる交際、虚勢を張る、ハッタリ、信用できない
アドバイス	話しを盛らずに素直に語らって	いいかげんな話を信用しないように

Chapter3 小アルカナカード解説

ペンタクル2
Two of Pentacles

くるくると器用にジャグリング

テーマ 変化の波を楽しむ

●**ジャグリングをする人**
ジャグリングの球（ペンタクル）は常に動いています。不安定な波の上でバランスをとりながら、楽しんでいるようでもあり、陽気な雰囲気です。

●**波と船**
波は人生の浮き沈みを、船は幸運と希望を表します。船は波の上で揺れていて不安定ですが、今のところは上手く乗りきっています。

●**2枚のペンタクル**
2枚のペンタクルはふたつのことを行いながら、バランスを取ることを表しています。

「ペンタクル・エース」で幸運のタネを掴んだ次のステージでは、無限大マークの形をしたロープでジャグリングをする若者が現れます。彼が回しているのはふたつのペンタクルです。ペンタクルをくるくる器用に動かしている姿を見ると、彼はものの移動を商売とする仕事を始めたようです。不安定な波の上ではペンタクルを落とすかもしれない危なっかしさがありますが、彼はそれを苦難だと思わず、変化を楽しんでいるような、おちゃらけたところもあるようです。大時化だったり凪だったり人生にもいろいろなことが起こり得ます。彼はそのような変化に対応できる柔軟な姿勢を持っています。

絵解きからみえるメッセージガイド

現象	状況に反応する　変化に対応する　ゲーム　リアクション　やり取り　交換　バランスをとる
人物像	芸人　商売人　ノリの良い人　トークの面白い人　やりくり上手な人　すぐ順応できる人
キーワード	**正** 適応力　お笑い　レジャー　柔軟　軽快　巧み　運動神経　臨機応変
	逆 対応できない　堂々巡り　ふざける　口先三寸　変化についていけない　軽い

🜚 このカードが出たときは・・・

正位置 状況にうまく対応する能力があります。複数のことを同時にこなすことができ、仕事であっても楽にこなせるでしょう。周囲にもその柔軟性が重宝されて盛り上がります。

逆位置 つい軽いノリで、できないことを引き受けてしまいそう。状況についていけなくなりそうですが、放り出しても少し注意されるだけでそんなに重大なことにはならないでしょう。

ペンタクル2の柔軟性

思わぬアクシデントもものともしない演技に拍手なのでした。

	正位置	逆位置
Love 恋愛運	変化を楽しむ、ノリよく遊ぶ、面白がる、楽しいだけで結論が出ない、気軽に二股かける、結婚まで行きづらい	遊び、深刻ではない、冗談、伝わってない、お金のために付き合う、いいかげん、適当、気まぐれ、相手を取っ替え引っ替え
アドバイス	結果を求めずに楽しみましょう	肩の力を抜いて接するようにしましょう
Work Study 仕事運・勉強運	貿易、金融、芸能、手持ちの駒でやりくり、新しいことがあるわけではないが楽しい、遊びが商売として成り立つ、柔軟な対応、レジャー産業、勉強は山カンが当たる	流れが滞る、真面目に仕事をしていない、真剣さに欠ける、目先のことだけ考える、変化についていけない、勉強は気が散って集中できない
アドバイス	楽しめることを広めましょう	基本を大切にして動くようにしましょう
Body 健康運	楽しみながら健康維持ができる、若い、運動能力に長ける、遺伝的体質、細かい変化があっても概ねOK	いつまでも若いつもり、遺伝病の悪化、変化を察知できない、波があり安定しない、いいかげんな生活が体質悪化へ、水難
アドバイス	気晴らしが一番の健康法になるでしょう	なんとかなると思い込まないで
Money 金運	軽度の自転車操業、日銭で稼ぐ、入っても楽しいことに使ってしまう、やりくり上手、収支のバランスを取る	自転車操業、お金を落とす、投資に失敗、やりくり下手、いいかげん、ごまかす、マルチ商法に乗ってしまう
アドバイス	自己投資も資産のひとつになるでしょう	お金の出入りをきっちり把握しましょう
Personal relationships 対人関係	ノリの良い仲間、お笑い、深く考えない、会話を楽しめる、いろいろな人との交流、軽く浅く、人と人を引き合わせる	遊びすぎ、ふざけた仲間、お調子者、無責任、浮つく、二枚舌、人の話を聞かない、軽い、ハッタリをかまして興味を引かせる
アドバイス	多少いいかげんでも楽しんだ方が勝ち	人付き合いはもっと誠実に対応して

ペンタクル

ペンタクル3
Three of Pentacles

創造のトライアングル

テーマ 専門分野で社会に貢献

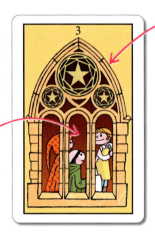

●**3枚のペンタクル**
3枚のペンタクルは、ものを創造するチームワークを表します。それぞれの分野のプロフェッショナルがタッグを組んで、大きな事業に取り組んでいくことを意味します。

●**建造物**
この絵は修道院の窓を描いています。教会や寺院などの宗教施設は冠婚葬祭の式場になったり、学校や図書館だったりします。また古くからある建物や市役所などの公共施設にも比せられるでしょう。

●**3人の人物**
窓越しに3人の人影が見えます。職人と、僧侶とプランナーです。彼らはこの建造物を手がけるチームです。

「ペンタクル2」で自分のためにせっせと稼いだお金を使ってスキルを磨き、ここでは職人として建築事業に携わります。今までは楽しみながら仕事をしていましたが、今回は社会的な立場と責任を持って社会に貢献して行きます。これから何百年も保存されていくような建造物であれば伝統と格式、それに加えて精神力も必要でしょう。しかし、そうした大きな事業は職人ひとりで成し遂げられるものではなく、それぞれ専門分野に強い職人が集まって造り上げていくことです。3人の人物が示す創造のトライアングルは、揺るぎない安定感とチームワークのエネルギーで押し進められていきます。

絵解きからみえるメッセージガイド

現象	専門分野の仕事　社会貢献　協力し合う　技能や才能を活かす　セレモニー　役割分担
人物像	職人　組織の中の人　会社員　自分の立場を分かっている人　大人の分別がある人
キーワード	**正** 仕事　熟練　専門家　技能技術獲得　文化　芸術　公共事業　協調性
	逆 未熟　半人前　未完成　手抜き工事　技術不足　経験不足　チームの足並みが揃わない

このカードが出たときは・・・

正位置 自分の能力を社会システムの中で活かすことができます。スキルを磨いてきたことが役に立つでしょう。周囲と上手く協調することで一層能力が認められます。

逆位置 グループの中の自分の立ち位置をイマイチ読み切れないようです。それぞれの立場を考えず、利己的な態度で敬遠されるかも。仕事面でも技術が追いついていないようです。

ペンタクル3のチームワーク
ケーキを作っていただくまで、協力し合って楽しむのでした。

	正位置	逆位置
Love 恋愛運	真面目に頑張る、地道な努力が形になる、交際を始める、結婚を意識する、保守的、普通のカップル、マニュアル通り	ダラダラ付き合う、いいかげん、続かない、マニュアル的過ぎる、面白くない、連絡を怠ける、別れる
アドバイス	気持ちを形にして表しましょう	マニュアルにこだわり過ぎないように
Work Study 仕事運・勉強運	認められる、組織内のポジションを把握、個人突出はしない、歯車的立場、教師、公務員、固い仕事、伝統工芸、役割分担、勉強はフォーマット通りのことをやる	能力がない、居場所がない、無計画、会社に馴染んでいない、職人気質を捨てて利益に走る、手抜き、勉強は応用力に欠ける
アドバイス	自己主張より組織の論理を尊重して	個人プレーに走らないようにしましょう
Body 健康運	粗食で健康維持、バランスが良い、体調は安定、規則正しい生活、体力アップ、医者と上手く付き合う	健康に気を遣わない、だらけた生活、不調の一歩手前、体重増加、医者と上手く付き合えない
アドバイス	長期的スパンで健康維持を	規則正しい生活をしましょう
Money 金運	収入増加、着実な金銭計画、安定収入、投機に走らず地道に貯める、足るを知る	収入は少ない、収入増が考えにくい組織、無計画で使ってしまう、お金は平凡に使う、頑張りと利益のバランスが悪い
アドバイス	増やすより貯めることから始めましょう	スキルを磨いてお金を稼ぎましょう
Personal relationships 対人関係	同窓会・同窓生、協調性を持った仲間、建設的な話のできる仲間、組織の一員、マナーが良い仲間、バランス感覚が良い	グループ内での立ち位置が理解できない、3人以上の集まりになるとしんどい、上下関係がわかってない、子どもっぽい
アドバイス	自分の立ち位置を確認して動きましょう	突出した動きをしないようにしましょう

ペンタクル 4
Four of Pentacles

抱えたものは離さない

テーマ 所有するものを守る

●背景の四角いタイル
四角は物質を表す形です。四角いタイルに囲まれているのは、目に見えるものがすべてという生き方を表しています。

●4枚のペンタクル
4枚のペンタクルは、生活の安定を表します。お金はもちろん、趣味や生活スタイルなどにポリシーを持ち、こだわりを捨てられないことも意味します。

●ペンタクルを抱える人
ペンタクルを胸に抱え込み、足で押さえつけ頭にも乗せています。ペンタクルを守ろうと誰にも取られたくない一心です。

「ペンタクル3」で手に職をつけた後は、そこで築いた作品の守りに入ります。ペンタクルを大事そうに抱え込んでいる人は、その身なりから資産家であることがうかがえ、これまで培ってきたものを懸命に保持しようとしています。地位や財産は誰にも渡したくないと思っている彼の姿は少し滑稽に見えますが、生きていく上でお金は必要なものです。所有欲は誰にでもあり、お金以外のことでも、こだわりやポリシーがあればそれを守りたいと思います。ただ、度を超えると堅物になったり、自分で自分を縛ってしまうことになるでしょう。

絵解きからみえるメッセージガイド

現象	経済的安定　生活の安定　所有財産を守る　経済の基盤固め　ものに執着する　確保
人物像	資産家　経営者　地主　権利者　ライフスタイルを変えない人　保守的な人　頭が固い人
キーワード	正　貯め込む　独占　商才　執着　利権　安定　こだわり　頑固　伝統　変化しない
	逆　損をしないことにこだわる　物欲　金儲け主義　ケチ　防衛的　閉鎖的　動きがない

🌀 このカードが出たときは・・・

正位置 すべてが安定していてそれに満足しています。変化することを嫌うので、今あるものを守っていくでしょう。ガードが固くなり、柔軟性に欠けた行動になるかもしれません。

逆位置 落ち着いた生活をしていますが、ものごとや気持ちの動きに変化がなく発展できないようです。保守するあまりチャンスを逃しているのかも。そのため何かが足りないと思っています。

ペンタクル4の執着
ペンタクルに興味津々の子どもたちにあの手この手でペンタクルを奪われてしまうのでした・・・

	正位置	逆位置
Love 恋愛運	プライドが高くて自分から動けない、自分を変えない、セオリーにこだわる、社会的常識から結婚を望む	執着、独占欲、束縛、自分を変えられない、老けていて魅力に欠ける、プライドが高い、自分の身を守りすぎてチャンスを逃す
アドバイス	自分の価値を高める努力をしましょう	フットワークを軽くしてみましょう
Work Study 仕事運・勉強運	地位や肩書きを得る、不動産、金融、安定、大企業、昇進、権力行使、保守的産業、固い仕事、大きな仕事、分かりやすい仕事、資格取得のための勉強	気前の悪いお局がいる、冒険しない、自分の利益のみ考える、出し惜しみする、成長がない、今の安定はあるが先がない、気疲れ、勉強は同じ所を間違える
アドバイス	今までの努力を形にしましょう	思い込みだけで動くのは止めましょう
Body 健康運	安定、生活は保守的、丈夫な体、昔からの健康法、運動不足なのに健康、お金をかけて健康を維持する	持病がある、治す姿勢がない、コリ固まる、体の中に頑固に巣くっているものがある、安定しているが膠着状態、肥満、老化
アドバイス	規則正しい生活をしましょう	とにかく運動することが急務です
Money 金運	安定収入、大金を稼ぐ、貯金が多い、自分の取り分は確保する、配当、遺産、衣食住は守られている、実家住まい	貯蓄に執着、箪笥貯金、ケチ、ものを捨てられなくて収拾がつかない、動きがない、衰退、じわじわと減る収入
アドバイス	経済の安定を図りましょう	お金は天下の回りものの精神で
Personal relationships 対人関係	行儀や育ちが良い常識ある人たち、安心できる関係、信頼する、保守的で真面目、閉鎖的だがまとまっている	自分の都合しか考えない、譲らない、出身校や勤め先・家柄で判断する、偏屈、人間関係が固まっていて交流が少ない
アドバイス	常識的なお付き合いを心がけて	先入観で人を判断しないようにしましょう

Chapter3 小アルカナカード解説

ペンタクル 5
Five of Pentacles

希望の光を見失う

テーマ　困難から真実を探す

●5 枚のペンタクル
5 枚のペンタクルは、安定を失った状態です。ペンタクルはお金を表すので、不安定になるとたちまち貧乏になってしまいます。

●貧乏カード
小アルカナの中で、「貧乏カード」と呼ばれることもあります。困難やピンチを表しています。

●ステンドグラス
ペンタクルの絵の細工が施された教会のステンドグラスです。貧しい者と富める者との対比として窓の中の暖かさと外の寒さとの対比が描かれています。まるでマッチ売りの少女の絵のようです。

「ペンタクル 4」で守ってきた財産に執着し過ぎたため、すべてを失ないかけた状態です。寒い雪の夜に、教会の前を貧しい女性とその子どもが彷徨（さまよ）っています。子どもはお腹を空かせていますが食べるものがありません。飢えと寒さで希望の光を失っています。彼らは目の前の美しい窓にも気が付かず、教会の前を素通りしようとしています。中に助けを求めれば、慈悲の心を受けられるでしょうに、彼らは信仰心も忘れてしまっているのです。貧しさは心の余裕を奪い、人を疑心暗鬼にさせてしまいます。打開策が見つからず暗いトンネルに入ってしまったような状態です。

絵解きからみえるメッセージガイド

現象　貧困　失業　解雇　困窮（こんきゅう）　ものがなくなる　援助者がいない　不信　みじめ　居場所を失う

人物像　困窮した人　困っている人　自信を失くした人　人を信じられなくなった人　嘘つき　疑わしい人

キーワード　正　孤独　疑心暗鬼　卑下（ひげ）　損失　疲労　ストレス　無信仰　不幸　借金
　　　　　　　逆　頼るものを探す　信じる気持ちを取り戻そうとする　脱出口が見えてくる

このカードが出たときは・・・

正位置 大事にしていたものをなくしたり、心も体も不安定です。頼れるものもなく、目に見えるものしか信じられなくなっています。近くに助けがあっても気付くことができない状態です。

逆位置 心も体もまだまだ不安定な状態ですが、救いを求められるような気付きがあるでしょう。疑心暗鬼な状態から少しずつ気持ちを取り戻し、精神的に救いが出てくるようです。

ペンタクル5の割り目にたたり目
訪れる試練を乗り越えて彼女は成長していくのでした。

	正位置	逆位置
Love 恋愛運	魅力がない、気持ちに余裕がない、卑下、金銭不足で積極的になれない、疑う、悪循環	信じる気持ちを取り戻そうとする、前向きになる理由をみつける、やり直しに向けて考える
アドバイス	ものごとを裏側から見ることも大事です	ものより心を大事にする姿勢を
Work Study 仕事運・勉強運	失業、解雇、リストラ、3K、能力がない、チャンスがあっても掴めない、投げやり、プライドが保てない仕事、低収入の仕事、無職、勉強は思うように頭が働かない	困難から脱出できそうな気配、派遣仕事、気力を取り戻す、仕事を探す気になる、場つなぎのバイト、長期的雇用は無理、勉強は方向性が見えてくる
アドバイス	報酬よりも、やり甲斐重視で仕事をさがして	自分を信じる気持ちを取り戻して
Body 健康運	疲れ果てる、エネルギー枯渇、うつ、ケガ、冷え、萎縮、精神的疲労、オカルト依存	（正位置とほぼ同じ）
アドバイス	体力を使い切った後は休養を	体力を使い切った後は休養を
Money 金運	貧乏、金銭の困窮、借金、もちだし、価値のないものを買ってしまう、心の安定のために散財する、低所得	（正位置とほぼ同じ）
アドバイス	ネガティブな発想を続けないで	ネガティブな発想を続けないで
Personal relationships 対人関係	孤立、淋しい、自信がない、空虚感、暗い、人を信じられない、拠り所がない、心を閉ざす、カルト宗教の仲間	支援者が現れる、真実が見えてくる、凍った心が解け出してくる、信仰心を取り戻す、本当に必要な人が見えてくる
アドバイス	人の心の裏側まで考えてみましょう	芯になるものが見えてきたら逃げないで

ペンタクル6
Six of Pentacles

需要と供給の調和

テーマ 不足しているところに必要なものを補う　求められるものに応える

●**赤い帽子とマントの人**
この人は経済的に成功していて、貧しい人たちに慈善活動をしています。

●**貧しい人たち**
この人たちは「ペンタクル5」で路頭に迷っていた立場の人たちです。ペンタクルを与えられて喜んでいます。

●**6枚のペンタクル**
6枚のペンタクルは、仕事を求める者に、仕事を与えるなど、求められるものに応えていくことを意味します。それは経済的なバランスを取ることにつながります。

●**天秤**
天秤は商人の象徴です。ギブとテイクを天秤に乗せて、公平であることを計っています。与えるものと与えられるものが互いに助け合っていることを表しています。

「ペンタクル5」で困窮していた貧しい人たちは、ペンタクルをもらい喜んでいます。彼らは周囲に目をやったところにサポートがあることに気付きました。支援している男性は、莫大な富を築いた成功者です。成功しているからこそ慈善活動に目を向けることができるようです。彼は不足しているところに必要なものを補い、それがいつか芽吹いてくることを知っています。彼の活動は働き手を求める側と、職を求める側の需要と供給の調和をとることです。お互いに助け合える関係を作り出し、それが信頼となって発展します。

絵解きからみえるメッセージガイド

現象 配当　チャリティー　出資　寄付　支援　ボランティア活動　何かが集まってくる

人物像 ボランティアする人　博愛主義者　恩人　支援者　信頼できる人　モテる人　人を集める人

キーワード
正 親切　慈愛　博愛　モラル　福祉　調和　人を喜ばせる　柔和　プレゼント
逆 偽善　不公平　見かけ倒し　おしつけがましい　割に合わない　アンバランス

このカードが出たときは・・・

正位置 誰かが困っていたら助けに行き、自分が困っていたら誰かが助けてくれるように、不足しているところに必要なものが補われます。ギブ＆テイクが自然に成り立ち信頼を築きます。

逆位置 良かれと思っていた親切がおせっかいに思われたり、求められていないところに応えてしまうアンバランスが起こっています。又は、不公平なことを提示されるなど不満があるようです。

ペンタクル6の協調性

彼の行くところはいつも自然にバランスが整うのでした。

	正位置	逆位置
Love 恋愛運	尽くす、プレゼントする・もらう、恋人募集中、婚活中、出会いがある、相手の要求に上手く応える	見返りを求める、お節介、計算する、恋人がいるのに他で相手を探す、プレゼントで気を引く、損している気になる
アドバイス	モテ期が来ていますので具体的な行動を	相手の気持ちをものさしで測らないで
Work Study 仕事運・勉強運	人が集まる、人気商売、福祉関係、金融、サポート役をする、盛り上がる、需要と供給が一致する、良い話が来る、勉強はやったところが出題される	ニーズに合わせられない、供給できない、良い話がない、儲からない、人が集まらない（人手不足）、勉強は要領良いつもりがポイントを外す
アドバイス	利他的な動きが成功につながります	相手のニーズをよく見極めましょう
Body 健康運	回復、自然に節制できる、運動量が適正、精神と肉体のバランスが取れる、年齢より若い、医者と相性が良い	誤診、体のことにお金をかけない、体に合わない健康法にチャレンジしてる、いつまでも若いつもりでいる
アドバイス	この状態がベストだと覚えておいて下さい	食事量や運動量を適正にしましょう
Money 金運	働きに見合った報酬、配当金、儲かる、投資の成功、パトロンがつく、募金、チャンスが来る、需要と供給が一致する	当てが外れる、ケチ、見返りを求める、金は天下の回りものとは思えない、出し渋る、もらえるものはもらっておく
アドバイス	社会のために使うお金も必要です	がめつく周囲に要求するのは止めましょう
Personal relationships 対人関係	人のために動く、調和のとれた関係、親切、相談役、人望が厚い、人が集まる、お互いがギブ＆テイクの関係	お節介、えこひいき、八方美人、人が集まらない、見返りを求める、偽善、ありがた迷惑、差別する
アドバイス	もっと輪を広げていきましょう	エゴを出し過ぎないようにしましょう

ペンタクル

ペンタクル 7
Seven of Pentacles

不本意な成功

テーマ　結論を急がず継続する

●首をかしげる農夫
出来上がった農作物は、そこそこの出来映えなのに本人は満足できないようです。どうしたらいいのか分からず、途方にくれています。

●7枚のペンタクル
7枚のペンタクルは、出来上がったものに葛藤を感じることを意味します。この絵の場合は、収穫した農作物が思い通りではなかったけれど、出荷しないといけないことに不本意さを感じています。

「ペンタクル6」での慈善活動をもっと良くするためにはどうしたら良いか、試行錯誤の時が来ました。絵の中の農夫も、実った作物が思うような出来映えでなく不満気にしています。作物は大きな実をつけ立派に見えていますが、本人は不本意なようです。自分なりのレベルを満たしていなければ認めることができず頑なになっています。しばらく様子をみるか、ひと手間かけるか、別の作物を作るか、悩みどころです。損か得かを考えるのもペンタクルですが、このままではペンタクルの底力を出せない状態です。大事なのはそれまでのプロセスですが、そこに気付くことができません。

絵解きからみえるメッセージガイド

現　象　思ったほどの成果が上がらない　中途半端　成果を無駄にしそう　自分で価値を決め付ける

人物像　現況に満足いかない人　優柔不断な人　向上心がある人　試行錯誤する人　諦めない人

キーワード　正　期待ハズレ　不満足　ツメが甘い　ビジョンがない　途方にくれる　損得勘定
　　　　　　逆　改善策を練る　今ある現状を認める　他のものに目を向ける　諦めないで継続する

◎ このカードが出たときは・・・

正位置 努力してきたわりに成果が思わしくないと思っています。周囲からは評価されているのに、自分では納得できないようです。どうするかはもう少し時間をかけて見ることが必要です。

逆位置 思った成果が得られず途方にくれていましたが、一旦は何らかの結論を出して他の道を探り始めます。今までのプロセスを大事にしながら試行錯誤し、改善の努力をするでしょう。

ペンタクルの7の生真面目を

ペンタクルを無駄にしないよう、ボーリングのように遊んでみたのでした。

	正位置	逆位置
Love 恋愛運	物足りない、不満、不服、期待ハズレ、ハッキリしない、なんとなくこのまま、ツメが足りない、結論が出せない	とりあえず努力する、誰かに紹介を頼む、合コンへ行く、落としどころを見つける、いいかげんな関係を解消しようとする
アドバイス	結論を出す時期ではないので様子を見て	一歩前に踏み出しましょう
Work Study 仕事運・勉強運	不満、転職も考えるけど行動してない、思ったような成果が出ないと思い込む、一旦棚上げする、結論が出す待機する、勉強はツメが甘く答えまで辿りつけない	改善しようと動き出す、代替案で戦略変更、状況を認めて一歩踏み出す、試行錯誤、諦めないで継続する、一手間かける、勉強は別の方法で取り組み出す
アドバイス	とりあえず現状維持で時期を見ましょう	改善策を実行に持って行きましょう
Body 健康運	調子が悪い、不定愁訴、運動不足、倦怠感、効果的な手の打ち方がわからない、結論が出るのが怖い、微妙な体重増加	目先の改善、とりあえずの健康法が功を奏す、なんとなく調子が良くなってきた
アドバイス	特に何かあるわけではないので様子を見て	抜本的対策を打たなくても良いので改善策を
Money 金運	収入が見合わない、収入の額に不満、なかなか上がらない給料、自分の報酬に満足できず周囲と比較する	他の収入源を探して気を取り直す、分をわきまえる、家計簿をつけ始め収支を把握する
アドバイス	大きな決断は止めましょう	何もしないより、まず一歩踏み出して下さい
Personal relationships 対人関係	煮え切らない関係、どっちつかずの態度、不満がある、相手に求め過ぎる、新鮮味がない、物足りない、損得勘定	向上心のない関係だが必要と思えてくる、自分に必要な友が見えてくる、文句は言わないようにする
アドバイス	自分の評価が100%ではないと思って	あえて角を立てることは止めましょう

Chapter3 小アルカナカード解説

ペンタクル 8
Eight of Pentacles

コツコツ技を磨く

テーマ スキルを上げる 役立つものを作る

●**赤と水色の服**
赤は情熱を、水色は知性を表します。教えを吸収し技を身につけるための情熱です。

●**8枚のペンタクル**
8枚のペンタクルは、いわゆる職人カードと呼ばれ、何かの創作に集中していることを表します。「ペンタクル3」の職人は3人で協力して組織的なのに対し、こちらはひとりでコツコツタイプの職人です。

　「ペンタクル7」での出来上がりの不満を改善するために、スキルアップの道に進み出しました。ペンタクルを叩いて作品を作る職人がいます。彼は高い技術を身につけようと、毎日コツコツ努力し、世の中に役立つものを作りたいと情熱を燃やしています。とりわけ大きな野望があるわけではありませんが、今はまだこのペンタクルを上手く作りたいと思うだけです。才能があっても練習しなければ技を習得することはできません。数日でもサボれば腕は落ちてしまいます。日々の鍛錬を欠かさないことが、名職人になることにつながるでしょう。

絵解きからみえるメッセージガイド

現象 コツコツ頑張る 技能を磨く トレーニングに励む クオリティを上げる 基礎をたたき込む

人物像 職人 技術者 練習者 芸術家 努力する人 トレーニングする人 テクニックのある人

キーワード
正 慎重 匠の技 実務能力 形へのこだわり 勤勉 職人気質 研究 マニュアル
逆 技術不足 手抜き 経験不足 飽きる 怠ける 根気がない 偽造 傲慢 マンネリ

176

このカードが出たときは・・・

正位置 要領重視でこなすことをせず、毎日コツコツ頑張ってきたことが少しずつ形になっています。スピードはゆっくりですが、自分の中で備えができているので焦ることはないでしょう。

逆位置 技術が足りないことに向き合っていないかもしれません。又は、地道な積み重ねがマンネリになって逃げたい気持ちになっています。根気が不足し持続させることが難しい状態です。

ペンタクル8の職人魂

日々、ペンタクルを作り続けていると、意外な所からもペンタクルを作り出すのでした。

ここにもペンタクル・・・

	正位置	逆位置
love 恋愛運	着実に成長させるため地道に努力する、順調に関係が進む、マニュアルに沿う、婚活・合コン、具体的にアプローチする	努力しない、意欲がない、不器用、経験不足、誠意がない、マンネリ、刺激がない、ダサい、対人スキルの低さに無自覚
アドバイス	日々積み重ねたことをアピールしましょう	照れくさくてもマニュアル通りに動いてみて
Work Study 仕事運・勉強運	真面目に訓練、技術の向上、技術職、職人的能力、地道に頑張る、美術系、縁の下の力持ち、目立たないけど重要 勉強は毎日コツコツやって成果を上げる	技術不足、経験不足、偽造、手抜き、仕事の技術を不正に使う、誰でもできる仕事、単純作業しかできない、勉強不足で合格点に達せず
アドバイス	練習を積んで成果につなげましょう	手に職をつけることを考えましょう
Body 健康運	規則正しい生活が健康を維持、ダイエットがきちんとできる、運動する、美容に気を遣う、目標に向けて頑張る	意志の欠如、多少の運動もしない、肥満、日々の努力不足、生活習慣病
アドバイス	集中力を活かして体作りを	毎日の積み重ねの節制を大事にして
Money 金運	少しずつ収入が上がる、コツコツ貯金、収入は低め安定だが貯金はできる、資産が少しずつ増える、仕事の為の投資	収入がなかなか上がらない、貯金できない、偽造商品や贋作を買ってしまう、低所得、スキルが収入に結びつかない
アドバイス	一気に増収を図らず着々と増やすこと	スキルを上げることが収入アップに
Personal relationships 対人関係	職人仲間、誠実、向上心のある仲間、勤勉、職人気質でぶっきらぼうだが根はいい人、信頼できる、真面目に付き合いを深める	人付き合いの努力をしない、不器用、ポイントを逃す、意欲の欠如、倦怠感、誠意がない、返事をしない、常識知らず
アドバイス	誠意あるリアクションをしましょう	怠け癖で信頼を失わないように

ペンタクル 9
Nine of Pentacles

望み通りの優雅な日々

テーマ　豊穣と繁栄　気品とセンス

●鳥と鳥かご
不死鳥は豊かさが永遠に続くことを意味します。女性が可愛がっている鳥は、彼女自身であるかもしれません。鳥カゴは彼女の生活を象徴しているようでもあり、意味深です。

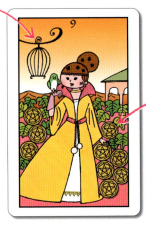

●9枚のペンタクル
9枚のペンタクルは、物質面での結実を表します。幸せそうなこの女性は、愛と美と豊穣を手に入れました。

●たわわに実る果実畑
果実は豊かさの象徴です。敷地内には広大な果実畑が広がっています。この家の主は、豊かな経済力を有していることがわかるでしょう。

「ペンタクル8」で日々努力したことが結実し、大きな財産を築くまでになりました。9は到達を表し、ペンタクルの土のスートが成功したことを意味します。美しい夕暮れ時に大きな敷地内を散歩する女性は、可愛がっている鳥と優雅な時を過ごしています。望み通りの生活ができるのは、後ろ盾に経済的なバックアップがあるからです。才能と素質が認められ、彼女の美しさは人を引きつける魔力を持っています。心に余裕がある彼女はさらに豊穣と繁栄を手に入れますが、それは過去の努力のたまもので一足飛びにはいかないものです。

絵解きからみえるメッセージガイド

現象	豊かな生活　出世　収入増加　引き立てられる　良い思いができる　引き寄せ力
人物像	愛人　妻　セレブ　有閑マダム　お嬢様　悠々自適の人　守られている人　女子力のある人
キーワード	正　華やか　ゴージャス　派手　豊か　援助　優雅　上品　美的センス　繁栄
	逆　お金目当て　悪趣味　不正　騙す　見栄張り　打算　略奪　手段を選ばない

このカードが出たときは・・・

正位置 優雅に過ごしていると、その余裕がさらに豊かさを引き寄せます。受け身でいた方がラッキーなことが多いでしょう。無理に頑張らなくても誰かの引き立てを受け、幸運を満喫できます。

逆位置 自分をアピールしつつ上手く立ち回りますが、下心を見透かされているかもしれません。それでも守ってくれる存在はありそうですが、あまり純粋なものとはいえないでしょう。

ペンタクル9の自由
何不自由ない暮らしの中でふと、鳥のように自由になりたいと思うのでした。

	正位置	逆位置
Love 恋愛運	女子として満たされる、玉の輿、モテる、条件が満たされた相手との出会い、お金をかけて自分磨き、駆け引き上手	打算的、愛人的要素が強まる、略奪愛、女子としては満たされている、受け身、付き合う手段がまっとうではない
アドバイス	少し高飛車くらいの方がいいでしょう	ピュアな愛情を大切にしましょう
Work Study 仕事運・勉強運	高収入、女子の多い職場、ガーデニング、周囲がお膳立てしてくれる、美容関係、宝石、ファッション、勉強は今までの努力に自信を持って	人の成果を横取りする、信用できない職場、かわいさや愛想を上手く使う、損得勘定し過ぎて嫌われる、陰湿なお局のいる職場、勉強はガツガツやらなくても点数が取れる
アドバイス	肩の力を抜いた方が能率アップ	おいしいとこ取りをせず真面目に取り組んで
Body 健康運	肌ツヤがいい、ホルモンバランスが良い、美しさを長くキープできる、エステに行く、お金をかけてダイエット	ホルモンバランスの崩れ、老ける、過剰にゴージャスな食事で太る、甲状腺、婦人科系
アドバイス	女子力アップが健康維持につながります	くどいと思われる行動は避けましょう
Money 金運	お金が入ってくる、贅沢な生活、昇給、誰かが面倒をみてくれる、おいしい話、ロイヤリティー収入	お金は入ってくるが不満、浪費、贅沢、自分の稼ぎは無くいいかげん、ずるいことして入ってくるお金
アドバイス	ガツガツしない方が収入アップに	地道に稼ぐことを考えましょう
Personal relationships 対人関係	目上や実力者から可愛がられる、女子会、人が集まってくる、セレブの集まり、コネ、存在価値が上がる、誘われるのを待つ	八方美人、打算で人と付き合う、コネ目当て、過剰に派手な仲間、女子に嫌われるタイプ、ケンカはしないが陰口、女を武器に使う
アドバイス	背伸びをしてみるのもよいでしょう	計算が見え過ぎると信用を失いそう

ペンタクル 10
Ten of Pentacles

豊かさの安全地帯

テーマ 次世代への礎(いしずえ) 成果が成果を呼ぶ

●家族
立派なお屋敷の中に、老人を中心にしたアットホームな雰囲気の家族がいます。この老人が、豪邸や財産を築き上げたことがうかがえます。

●犬
犬は人生の伴侶を示します。二匹とも老人に懐き、子どもが遊ぼうとしています。従順な犬は家族に平和と安らぎを与えます。

●10枚のペンタクル
10枚のペンタクルは、完成度の高い富と地位を表します。10はひとつの終わりであり、物質的なことで何かが成就します。

「ペンタクル 9」で到達した富を手に入れた次のステージは、富を次世代に受け継ぐことです。カードには莫大な財産と、配偶者や子どもに恵まれた家族の繁栄が描かれています。中心に座を下ろす老人はこれまで懸命に働いて富を築きましたが、今は退いて息子夫婦に代を譲っています。彼の成果を引き継ぐ者がさらに成果を生み出すでしょう。彼はこれ以上望むことは何もないと、平和で穏やかな日々を送っています。ペンタクルの土のスートの最終章は物質世界の完成です。ひとつひとつの家族の繁栄は社会の縮図になり、国家や集団組織が豊かで安全に暮らしていくための礎(いしずえ)となるでしょう。

絵解きからみえるメッセージガイド

現象	法事 家を継ぐ 一致団結 安定 繁栄 名誉 相続 継承 遺産 恩恵 冠婚葬祭
人物像	先祖 家族 一族 血縁者 組織の人 血筋を重んずる人 伝統の中で育った人
キーワード 正	完成 先祖から引き継ぐもの 血縁関係 正統 企業 組織 旧家 家系
キーワード 逆	未完成 縮小傾向 骨肉の争い 栄枯盛衰(えいこせいすい) 閉鎖性 惰性 家族の賛同が得られない

🌀 このカードが出たときは・・・

正位置 周囲との結束力が強まりそのエネルギーが成果を呼び寄せるでしょう。今まで培ったものの集大成のような経験をするかもしれません。

逆位置 恵まれた環境が当たり前になっていて、感謝の気持ちを忘れているようです。惰性的になっていたり、対応がルーズになっていることに気が付かず、周囲との関係が不安定になることも。

ペンタクル10の幸福感

桁はずれの大富豪の日常にも小さな幸せを見つけられるのでした。

	正位置	逆位置
love 恋愛運	恵まれた結婚、育った環境が似ている、大家族に嫁ぐ、将来が安定した相手、お見合い、お互いの家族に認められる	家柄にこだわる、家族とのつき合いが面倒、しがらみが不満、経済力を重視、排他的、古い恋愛観、今までのやり方にこだわる
アドバイス	そろそろ安定を考え始めましょう	自分の古い考えにこだわり過ぎないで
Work Study 仕事運・勉強運	安定、繁栄、利益が出る、商談成立、大企業、完結する、家業を継ぐ、コネで得る仕事、伝統を受け継ぐ、不動産、建築、勉強は努力の結果が出る	繁栄しているが次のステップがない、保守的、固い、閉鎖的な職場、冒険しない、今までの繁栄にあぐらをかく、動きがない、勉強は資格さえ取れたら後は惰性
アドバイス	派手な動きよりも安全策をとって	新しいチャレンジを考えましょう
Body 健康運	先祖代々の強い体、遺伝性のもの、家族の支えがあって健康でいられる、福祉の充実、サポートがある	遺伝性の病気、腫瘍、ポリープ、肥満、運動不足、老化、全体的にコリ固まる
アドバイス	地産地消の食物で健康増強を	新しい健康法を取り入れて
Money 金運	繁盛する、安定収入、遺産、相続、家賃収入、家や土地を引き継ぐ、マイホームを購入、大きなお金が入ってくる仕事、Win - Win	財産を食いつぶす、資産を手放す、固定資産税が払えない、遺産・相続問題、安定しているが先がない
アドバイス	安全パイを選ぶことが増収に	将来設計を考え始めましょう
Personal relationships 対人関係	生活水準が高い人たちの集まり、地元民、地に足が付いた仲間、地位や財力のコネ、血縁関係、仲間うちの楽しさ、信頼関係	家族や集団に固執する、決断や対応が鈍い、ひとりでは何もできない、内輪ウケ、風通しの悪い人間関係、因習に囚われる
アドバイス	団結力をもっと強めましょう	新しい人を仲間に入れてみましょう

ペンタクル・ペイジ
Page of Pentacles

ペンタクルを掲げる素朴な少年

テーマ　日々、勤勉に真面目に働く

●掲げるペンタクル
ペンタクルを大事そうに掲げ、見つめる少年がいます。ペンタクルに強い関心があるようです。しかしこれをどうやって扱っていいのか、まだわかっていません。

●草原
少年が佇む草原は、まだ表にでていない才能を表します。茶色と黄緑の服も、草原と同じアースカラーで統一されています。

●アメ
何かを頬張っています。腰につけた巾着の中には甘いアメが入っています。彼はまだ子どもなので頑張るためにおやつを食べています。

「ペンタクル・ペイジ」は土のスートの性質を純粋に集めています。真面目で誠実で現実的、コツコツ努力を怠りません。ペンタクルの活動はまだ始まったばかりなので、少し要領を得ないところがあります。頭で理解していくというより、ゆっくり時間をかけて体で覚えていくことが多いでしょう。周囲からみるとマイペースな人に見えるかもしれませんが、覚えたことは簡単に忘れることはありません。彼は大自然の土や草のにおいが大好きで五感に優れ、見て聞いて触れることで素材を確かめます。今は忍耐強く基礎固めをじっくりしているところです。

絵解きからみえるメッセージガイド

現象	真面目に取り組む　初めの第一歩　着々と準備する　着想する　小さな目標がみつかる
人物像	真面目な若者　学生　見習い　地味な人　大人しい人　単純で無邪気な人　素朴で誠実な人
キーワード	正　素朴　純朴　地味　清楚　健全　質素　地道　着実　忍耐　丈夫　普通さ
	逆　浅はか　気が利かない　視野が狭い　根気がない　段階を踏まない　素質がない

このカードが出たときは・・・

正位置 すべてにおいてまだ地固めの段階です。大きな理想は抱けませんが、小さなことからコツコツと、今からしっかり準備をして頑張っていく気があるでしょう。

逆位置 まだ周囲にアピールできるだけの技能を身につけていないようです。時間をかけることが面倒になって手間を省こうとするかもしれません。思うように行かず卑屈になり易いでしょう。

ペンタクル・ペイジの生きる本音
普段はおっとりの彼でしたが、ここぞとばかりは機転がきくのでした。

	正位置	逆位置
Love 恋愛運	誠実に接する、誠意を持ってアピール、交際し始めてまだ間もない、恋愛経験が少ないので純粋	子どもっぽい、不器用、段階を踏まない、臆病でチャンスを逃す、お金をかけない、恋愛経験が少ないのに粋がる、自信がない
アドバイス	ステップを大事にして行動しましょう	臆病にならないで素直になりましょう
Work Study 仕事運・勉強運	地道、堅実な仕事ぶり、見習い、裏方仕事、大きな仕事は請け負っていない、小ネタ、事務員、公務員、バイト、中小企業、基礎固め、勉強は真面目に基本からやる	要領を得ない、いいかげん、やる気がない、不誠実、段階を踏まない、単純作業、細かいことが気になって大局を見落とす、割に合わない、勉強は基本を省略する
アドバイス	ルーティンワークをきっちりこなして	地道な努力を軽んじないようにしましょう
Body 健康運	あまり無理をしないから健康でいられる、早寝・早起き、規則正しい生活、粗食、分に合った健康管理	健康管理にお金をかけない・気を使わない、体力低下、パワー不足、代替医療が効かない
アドバイス	シンプルな生活を心がけましょう	無理をせずお医者さんに行きましょう
Money 金運	収入は低め安定、地道に稼ぐ、基礎固め、小さな仕事が始まって小金が入ってくる、少額でも嬉しい、適度な節約	その日暮らし、計画性がない、器が小さい、お金が入ってこない、お金を落とす、ケチ、いいかげんな話に騙される
アドバイス	地道に貯めましょう	まずは計画を立てて貯蓄の習慣を持って
Personal relationships 対人関係	時間をかけて信頼関係を築く、ひたむき、雑用係、使い走り、一生懸命付き合う、子分的存在、マメなやり取り	発想が貧困、自己否定的で暗い、甘え、依存、いいかげん、チャンスを逃す、人の言うことを聞かない、時間を守らない
アドバイス	小さなことでも信用を積み重ねて	もう少し明るく振る舞いましょう

Chapter3 小アルカナカード解説

ペンタクル・ナイト
Knight of Pentacles

地に足をつける黒馬の騎士

> テーマ　実務をこなす　堅実で誠実

● **ナイトの衣装**
ペンタクルのナイトは、とりわけお洒落ということはなさそうですが、自分のスタイルを確立しているので、いいものを身につけています。赤と青の配色は、情熱と知性を表します。

● **手に持ったペンタクル**
ペイジはペンタクルを掲げるように持っていましたが、ナイトでは手前に持っています。ペイジから成長したナイトは、ペンタクルを使いこなせていることを意味します。

● **止まっている黒い馬**
黒は大地の象徴です。馬が動いていないのは、地に足が着いていることを表します。ものごとはゆっくり動いて行きます。

「ペンタクル・ナイト」はペイジが成長した大人の男性です。ペイジはまだ社会人として勉強中でしたが、ナイトは自分の能力で社会に貢献することができ、始めたことを着実に形にしていきます。地面にどっしり足が着いている馬を見ると、ナイトは攻撃を仕掛ける様子ではなく、この土地をしっかり開拓して行くようです。背後の畑はきちんと手入れされ、彼の誠実な仕事ぶりがうかがえます。土がしっかりしていないと実が付かないように、どんなことでも土台を大事にします。ひとつひとつの段階を踏んでいくことが確実性を高めていきます。

絵解きからみえるメッセージガイド

現象	具体的に進める　実現化する　堅実に動く　長年やり続けていること　管理能力
人物像	真面目で誠実な人　マイペースな人　経済観念のある人　現実的な人　常識的な人
キーワード	正　責任感　安定志向　粘り　職人気質　頼れる　信頼　無駄がない　堅実　実務的
	逆　鈍い　小さなことにこだわり過ぎ　無責任　損失　ケチ　停滞　融通が利かない

このカードが出たときは・・・

正位置 保守的であまり冒険はしませんが、着実に一歩ずつ進んで行きます。小さなこともおろそかにせず、慎重に対応するので実務能力はとても高いでしょう。責任感が強く頼りにされます。

逆位置 小さなことにこだわって実務能力がうまく活かせません。損をしないよう考え過ぎているようです。又、頭の中で夢を描くことができないので盛り上がりに欠けているのかも。

ペンタクル・ナイトの用心
ナイトはペンタクルをいかようにも使うのでした。

	正位置	逆位置
Love 恋愛運	誠実に対応、段階を踏んだアプローチ、分かりやすい愛情表現、着実に進展、粘る、結婚を前提にした交際、信頼	進展がない、惰性、マンネリ、器が小さい、新鮮味がない、マニュアル通り、ケチ、気持ちが伝わりにくい、魅力的に見えない
アドバイス	愛を行動で示すことが誠意の表れに	もう少し寛大なスタイルで行きましょう
Work Study 仕事運・勉強運	地道に働く、評価を得る、成果が出る、実務能力が高い、第一線で働く、確定、経験値が高い、会計、税理、金融、当確、勉強は真面目に取り組み合格点に	停滞、頭が固い、融通が利かない、要領が悪い、惰性、中途半端な立ち位置、オペレーションが悪い、保守的過ぎる、勉強は基礎がなく応用が利かない
アドバイス	リスクを取らず確実なことを選びましょう	新しいものを取り入れる努力を
Body 健康運	安定、丈夫な体、規則正しい生活、大地に根ざした堅実な生き方、ジョギング、日々の健康管理の積み重ね、適度な運動	持病の悪化、運動不足、肥満、健康に気を使わない
アドバイス	ゆっくり体質改善して行きましょう	体を動かすことから始めましょう
Money 金運	安定収入、着実に増やす、生活は安定、資産運用が上手い、真面目に働いた結果の収入	お金儲けにチャレンジしない、元手がない、生活力がない、お金の管理ができない、貯金しているが貯まらない、ケチ
アドバイス	手堅い貯金計画を立てましょう	倹約とケチは違うことを理解しましょう
Personal relationships 対人関係	派手さはないけど気の置けない仲間、流行に左右されない、マイペース、温かみのある関係、長年の友	堅物で面白みに欠ける、協調性がない、冗談が通じない、腰が重い、行動しない、頑固で譲らない、損得勘定で付き合う
アドバイス	一緒にいると落ち着く関係を目指して	相手に自分の常識を押しつけないで

ペンタクル・クィーン
Queen of Pentacles

大地を育て、見守る女王

テーマ 自然の恵みを大切にする　生み出して育む

●つるバラ
つるバラに守られるように座すクィーンは、家庭や周囲から大切に扱われている女性です。大アルカナの「女帝」に似ているかもしれません。

●山羊の紋章
山羊は土のスートの象徴です。険しい岸壁で生活するといわれますが、そこで生き延びる生命力を感じさせます。

●景色
クィーンが座っている場所は、自然の森をそのまま活かした庭園です。背後に流れる川は感情を表します。彼女が優しさと慈しみを持っていることが分かります。

●うさぎ
うさぎは多産を表し、妊娠の可能性も示唆します。

「ペンタクル・クイーン」は物腰が柔らかく穏やかな女性です。自然の中でペンタクルを正面に向けて座しています。素直で正直な心を持つ大切さと、大地に根ざして全うに生きる生き物としての営みを教えてくれているようです。足元にはゼンマイやキノコなど、とりどりの植物が元気に自生しています。野生動物や植物が住める自然環境を大きな財産だと考える彼女は、日常生活の細々したことにも慈しみを持って対応し、ひとつひとつに手間をかけることを厭いません。森や自然も一朝一夕で出来るものではないからです。彼女の庭園を訪れた者は、心の安定を取り戻すことができるでしょう。

絵解きからみえるメッセージガイド

現象	自然の恵みを受ける　妊娠　穏やかに過ごす　生活が安定する　着実に成し遂げる
人物像	良妻賢母　豊かな人　肝っ玉母さん　存在感のある人　自然を愛する人　動じない人
キーワード	正 現実的　真面目　忍耐強い　分別　思慮深い　育てる　生み出す　引き寄せ　安定
	逆 自立できない　小心　腰が重い　損得勘定　頑固　ジェラシー　執着心

このカードが出たときは・・・

正位置 ものごとにあまり動じることがなく、落ち着いています。どんなことも受け入れる心構えがあり、あわてることがありません。その安定感が良い結果を引き寄せるでしょう。

逆位置 ひとつのことを長くやり続け、それを保つことだけがテーマになっているようです。自分のやり方に固執しているので、他人に対してあまり寛大ではないかもしれません。

ペンタクル・クイーンの集会
彼女は動物たちと集会を開き森について話し合うのでした。

みんな、お集まりありがとう!!

ペンタクル

	正位置	逆位置
Love 恋愛運	母性的、肉体的な魅力、見守る、寛大、世話好き、家庭的、安定したつき合い、安らげる	打算的、依存、人任せ、自分から動かない、重い、嫉妬、猜疑心、おばさんくさい、好みのタイプにこだわり過ぎる、図々しい
アドバイス	ゆったりのんびりした空気を大事に	先入観にこだわり過ぎない方がいいでしょう
Work Study 仕事運・勉強運	安定した仕事ぶり、事務処理、経理、家業、ものを育てる仕事、環境活動、保育、教育、園芸、デザイン、自営業、恵まれた環境、古くからある仕事、勉強は安定の解答率	マニュアル通り、変化しない、女性が多い職場、安定しているが先がない、今の流れについて行けない、既得権にこだわる、お局が怖い職場
アドバイス	攻めより守りが大事な時です	保守的になり過ぎず柔軟な対応を
Body 健康運	ホルモンバランスが良い、妊娠の可能性、お肌の調子が良い、自然食品で健康維持、運動不足だがなんとかなる	ホルモンバランスが悪い、肥満、更年期障害、婦人科系の病気、代謝が悪く太り気味
アドバイス	オーガニックライフを心がけましょう	アロマテラピーなどで自律神経に働きかけを
Money 金運	高め安定収入、やりくり上手、不動産収入、安定運用、遺産、相続、自活力がある	金銭感覚のズレ、浪費、やりくり下手、貯金できない、ケチ、無駄遣い
アドバイス	今あるものを大切にすることが収入アップに	周囲におごったりプレゼントすることも大事
Personal relationships 対人関係	家庭的な雰囲気、ママ友仲間、女子会、昔からの仲間、家に集まる、優雅に過ごす、穏やかで気心知れた仲間	しきたりにこだわる、頭が固い、利己的、マンネリ気味の仲間、変化がない、退屈、自分中心でわがまま、見栄、思いやり欠如
アドバイス	内輪でまとまった方が楽しいでしょう	周囲の事情を思いやりましょう

Chapter3 小アルカナカード解説

ペンタクル・キング
King of Pentacles

士魂商才の領主

テーマ　繁栄と安泰

●王冠
赤い実と草木のようなデザインで彩られています。キングも自然を愛しています。

●安定の王
クイーンが「女帝」ならキングは「皇帝」に似ているカードといわれています。

●ぶどう柄のローブ
豊かさを象徴するぶどうの柄が織り込まれたローブを身にまとっています。果実や植物が実り、あふれる財力を感じさせます。

●牡牛の紋章の玉座
牡牛は物質的な豊かさを象徴します。玉座の肘掛けと背もたれに紋章が使われ、財力が最強であることをアピールしています。

●背後の城
城は王の名誉やこれまでの財蓄積が形になったものです。

●土の聖霊
キングに踏みつけられ彼に従っています。インドの財宝神、毘沙門天の仏像が邪気を踏みつけているようです。

「ペンタクル・キング」は、あらゆる成功を手に入れました。余裕の構えで玉座に腰を下ろし、物質界の王者である貫禄を持っています。背後に見えるお城や周囲一帯の土地もすべて彼の持ち物です。一方で、右手には権威の象徴である笏を持ち、富豪であると同時に権力者であることも誇示しています。土の聖霊を踏みつけている足を見ると、ローブの中には鎧を装着しているのがわかります。財力と権力によりたくさんの兵も従えることができ、彼はさらなる繁栄のために配下を使って、より一層領土を広げていくでしょう。

絵解きからみえるメッセージガイド

現象　安定　繁栄　守る　経済活動　大事業　格式を重んじる　不動産に関すること　左うちわ

人物像　ビジネスの成功者　権力者　政治家　お金もち　社長　上司　由緒ある家柄の人

キーワード
正　物質主義　コネ　落ち着き　実績　有能　経営手腕　伝統　家柄　蓄財　コンサバ
逆　所有欲　強欲　権力欲　好色　パワハラ　セクハラ　浪費　無神経　傲慢

このカードが出たときは・・・

正位置 ものごとが形になるときです。ブレずに一貫して続けてきたことが、ひとつの安定をもたらし、繁栄していきます。あくせくすることがなく落ち着いた行動は一目置かれる存在です。

逆位置 安定はしていますが、過去の成功にこだわるあまり風通しが悪くなっています。権力はまだまだ手の中にありますが、少し古いやり方になり、成果はそこそこのようです。

ペンタクル・キングの歌声
ペンタクルの住人が皆聞き惚れるほど、キングは美しい声の持ち主なのでした♪

	正位置	逆位置
Love 恋愛運	安定、信頼関係が結ばれている、玉の輿、一緒に住む、伝統と格式を重んじる、金銭の安定が関係の安定につながる	所有欲、束縛する、強欲、ケチ、相手の勤め先や家柄にこだわる、損得勘定、ストーカー的、古い価値観で威張る
アドバイス	何事にも動じない頼り甲斐のある人でいて	自分の価値観を押しつけないように
Work Study 仕事運・勉強運	予算は潤沢、過去の経験を活かす、管理職、落ち着いて仕事ができる職場、不動産、大事業、政治、年齢層の高い職場、儲かる仕事、勉強は継続して力をつける	ワンマン、独裁、パワハラ、風通しが悪い、視野が狭い、保守的過ぎ、不正、利己的、管理職、働かない中高年がいる職場、勉強は頭が固くて応用がきかない
アドバイス	キャリアと人脈を活かしましょう	新しいやり方にも目を向けてみて
Body 健康運	良い状態、パワーみなぎる、食欲旺盛、恰幅が良い、持病があっても小康状態、お金をかけてジムに行く	持病がある、何かが体に巣くっている、運動不足、肥満、肥満による弊害、生活習慣病、加齢により諸問題
アドバイス	無理せず自分のペースでできる健康管理を	運動量を増やす努力をしましょう
Money 金運	経済的成功、満足できる収入額、印税収入、安定した生活、不動産収入、遺産、相続	財産を貯め込む、強欲でケチ、利己的、資金繰り悪化
アドバイス	大きな買い物を考えるのもよいでしょう	ある程度使わないと入ってこないでしょう
Personal relationships 対人関係	権力者や実力者との交流、人脈がある、どこにでも顔がきく、人望が厚い、落ち着いた物腰、リーダー的存在	腰が重くて何もしないのに執着心は旺盛、強欲で損得にこだわる、パワハラ、セクハラ、暑苦しい、上から目線、お金をひけらかす
アドバイス	コネに自信を持って周囲を固めて	マイペースを押しつけるのは止めましょう

Chapter3 小アルカナカード解説

似ているカードの違いを見てみましょう

 ## 小アルカナ編

同じキーワードを持つカードの相違点を区別できるようになるのもタロットの上達のひとつです。小アルカナのカードの中で見比べてみましょう。大アルカナのカードについてはp66〜の「ポイントレッスン」をご覧下さい。

「カップ3」と「ワンド4」

楽しみ方の違い

カップは情感でワンドは勢いです。情感が盛り上がる「3」と、勢いが安定する「4」との違いがあります。「カップ3」は気持ちの交流が大事で個人的な仲間と飲んで歌ってその場を楽しく過ごせるパーティーに参加することだったりします。「ワンド4」は共感よりもノリや勢いのほうが大事なので、どんな人でも楽しめる宴やイベントです。不特定多数の人が参加できるお祭りなど、誰もが幸せを感じられる幸福感と素朴で健全な温かさがあります。

「ワンド5」と「ソード5」

ケンカの質の違い

ワンドは勢いのスートなので、攻撃力や直接的な行動を表します。ソードは知性のスートなので、力と力のぶつかり合いを避ける方法を考えます。「ワンド5」はお互いの意見が合わなくてケンカになりますが、やるだけやれば後腐れはありません。「ソード5」は手段を選ばず相手を貶めるかもしれません。騙したり裏切ったりとワンドからすると陰険に見えるでしょう。

「ワンド 3」と「ワンド 8」
連絡の内容の違い

下記のペンタクルは「物質」を表すためその加工方法が異なる職人タイプとしての差が出ますが、ワンドは、「意思」を表し、その内容に違いが出ます。2枚とも連絡が来るという意味を持ち、「ワンド 3」はものごとを発展させるため何かを伝える内容が大事です。「ワンド 8」は集中することがテーマなので内容まで関与しません。単に連絡がとれたという事実だけを表していることもあります。

「ペンタクル 3」と「ペンタクル 8」
職人のタイプの違い

数の意味でいうと「3」は発展性で「8」は集中力です。「ペンタクル 3」は大きな事業に関わり、組織の中で自分なりの役割を担い、その分野のエキスパートとしてものごとを発展させます。「ペンタクル 8」は個人的な活動をする職人です。ひとりで自分の技術の向上に集中しています。

「ソード 7」と「ワンド 9」
様子の見方の違い

ソードは知性、ワンドは勢いのスートです。「7」は前に進む数なので「ソード 7」は知性を使って飛躍を狙い、相手の出方次第で態度を考えます。「9」はエネルギーの到達点なので、勢いがマックスに達した「ワンド 9」では、それを後ろ向きに使います。何かに怯えているようでもあり、攻めて来られないように見張りながら状況を見極めています。「ソード 7」は前に出るために様子を見て、「ワンド 9」は前に出ないために力を使う違いがあります。

Chapter3 小アルカナカード解説

レッスンコラム2

タロット日記を書きましょう

　毎日さわる機会をつくるとタロットカードと仲良くなれます。仲良くなれば何を言いたいのかわかりやすくなりますよね。

　寝る前に明日の1枚を引いて、意味を探さないでそのままにして記録しましょう。
1日のアドバイスでも、できごとの予知でもなく、「その日を象徴する1枚」としてカードを引いて下さい。そして、1日が終わって今日のカードはどんなできごとを示していたのかを振り返って考えてみることで、そのできごとが自分のボキャブラリーになっていくでしょう。できればそれを書き留めておきましょう。自分の生活に根ざした言葉は、無理をしなくてもすぐ頭に入ります。

　とても嫌なことが起こった日だったのに、タロットはよいカードが出ていたなんてこともあるかもしれません。それはその嫌なことが問題なのではなく、そこに隠されていることのほうがテーマなのです。そういったこともすべて書き留めて後で読み返すと必ずその意味が見えてきます。

　タロット占いは当たる！ということだけが、より良い生活につながるわけではありません。今日一日を振り返る時間を持ち、何がテーマだったのかを感じることによって、反省と成長が生まれます。一日一日をていねいに暮らしていくためにもタロット日記をつけてみるとよいでしょう。

Chapter 4

タロットリーディング

実際に占ってみましょう

占う前のこころ構え

カードを一枚いち枚ながめてみましょう

　「マカロンタロット」は、3~4 等身のまん丸目のキャラクターたちが、いろいろな表情とアイテムやシンボルと共に描かれています。まずはそれらの絵を予備知識のない状態で、一枚いち枚じっくり眺めてみてください。その時受けた印象をどんなことでもいいので感じ取ってみてください。描かれている山は富士山？目がうるうるしてる〜、○○ちゃんに似てる！など、カードの意味にはまったく関係ないことでも全く大丈夫です。絵から受ける直感的な印象はこれからタロットカードリーディングをするときにとても役に立ちます。

　そして楽しみながらカードに触れることが大切です。こころの中で語りかけられるような存在になれば、カードはいつの間にか自然に通じ合える最良のパートナーになってくれるでしょう。

カードは大切に扱ってね

　カードの取り扱い方については、ポテチを食べたままの手でさわる、なんてことはないと思いますが、やはりキレイな手の状態が良いでしょう。
　できればタロットクロスなどの上でシャッフルするのが望ましいですが、「マカロンタロット」は"いつでもどこでも"占いたいときに占うカードですので、クロスを敷けない状況の時もあると思います。そんなときは机や台の上がほこりやゴミでよごれていないか確かめ、タオルなどで拭いてから置いてください。
　お気に入りのタロットポーチに入れて持ち歩くのも楽しみのひとつです。

答えの可能性は無限

「AとBどちらがいいですか？」という質問は、質問者が近視眼的になっていることが多く、「C」という選択もあるかもしれないのに気付かないことになってしまいがちです。

もし、ふたつのうちどちらか選びたいときは、ひとつ一つをケルト十字スプレッドで占ってください。

他人を占うときも同様です。質問者の心理として、二択だとなんとなく追い詰められてストレスを与えかねません。三択以上だとたくさん選択肢があり、可能性のある中で選べて嬉しいという感じになりやすいです。二択に限定しないほうが世界が広がるでしょう。

カードを引く場の雰囲気

占う前は瞑想状態にいた方がいいとか、アロマキャンドルやお香を炊いて場を盛り上げてからなどと、よくいわれています。もちろんリーディングを集中させるためには大切な演出ですが、"いつでもどこでも"の「マカロンタロット」は、前述したとおりもう少し気軽に扱っても大丈夫です。たとえば移動中にカフェなどの喧噪の中でカードを引くなんてこともあるかもしれません。もちろんそのような時でも意識を集中させますが、落ち着いた部屋の中でなくてはいけない、ということはありません。「マカロンタロット」はあまり儀式的なことにはこだわらず、自由に扱ってください。

リーディング

Chapter4　占う前のこころ構え

質問の仕方

答えをわかりにくくする質問と、わかりやすくする質問

　実際に占ってみるときに意識しておきたい大事なポイントがあります。それは質問の仕方です。気になることをとりとめもなく思いながらカードに尋ねると、何をどう答えてくれているのか、わからなくなってしまうことが多いです。これは実際のコミュニケーションで人にものを尋ねるときもそうですが、占う前にはできるだけ質問を整理してみましょう。

以下の言葉は答えをわかりにくくする質問の仕方の例です。

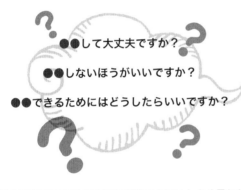

●●して大丈夫ですか？

●●しないほうがいいですか？

●●できるためにはどうしたらいいですか？

　潜在意識は否定形の言葉を認識できないとよく言われています。犬の訓練などもそうですが、シンプルな言葉を使わないと、心の奥底に届きません。また「大丈夫かどうか」だけに集中してしまうと、ほかのメッセージに気付かないこともありますので注意が必要です。

良い例は以下のような質問の仕方です。

> ●●についてはどうなりますか？
> ●●の流れはどうなりますか？

パーフェクト！！

というふうに、質問をするようにしましょう。
そうすることでシンプルでわかりやすい答えが得られます。
アドバイスだけを性急に求めすぎると、出たカードの意味
がよくわからない原因になりやすいでしょう。

「どうしたらいいか？」はもうみんな知っている

　また、どうしても「どうしたらいいか？」という質問があった場合、手っ取り早い答えを知りたくなるかもしれませんが、短絡的に考えるだけでは混乱するだけです。
　タロットは、びっくりするような結果や奇跡のような答えを出してくれる、というよりはむしろ、そう言われてみればそうだった、悩み過ぎて忘れてたけど実はこんなやり方もあったかもしれない・・・ということに気付かせてくれ、腑に落ちてすっきりします。
　まずは問題の全体像を把握し、原因を確認しましょう。原因を知ればおのずとどうしたらいいか、わかってくるでしょう。

　すべての答えは、みんな自分自身の中にあります。潜在意識は遠い未来も、はるかな過去も全部知っています。ただ目先の感情や雑念でそれがわかりにくくなっているだけ。からまった糸を「マカロンタロット」でほどいてみましょう。

Reading
リーディング

シャッフルとカット

シャッフルとはカードをまぜ合わせることです。タロット占いを始める前は必ずシャッフルをします。カードはすべて裏向きのまま、時間や回数は気にせず、落ち着くまで両手でゆっくり右回りに行います。

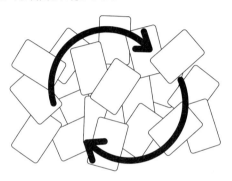

次は、カットです。シャッフルのあと、**1.** 裏向きのままカードをひとつの山にまとめます。**2.** 机にその山を置いてから、左手で好きなように 2 つの山に分けます。質問者がいるときは本人に左手で行ってもらってください。（左手は無意識の力を持つと言われています。）**3.** 占いをする人が、カットした山を最初の順番とは入れ替えるように、左手で再びひとつの山にまとめます。

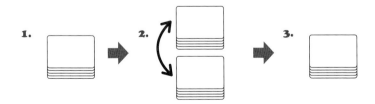

自分のことを占う時は、カードの右上の角を自分の手前に引き寄せます。（図１）
質問者に占いをするときはカードの左上角を自分の方へ引き寄せてください。（図２）
上から１枚ずつカードをめくってスプレッドの順番通り配置していきます。

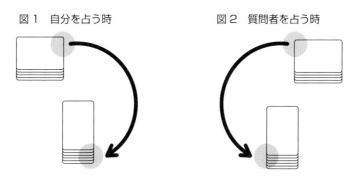

　カードをめくる時は、めくり方に注意してください。図のように天地は変えずにめくってください。正逆が反対になってしまいます。

スプレッドの種類

　スプレッドとは、タロットカードを展開する形のことです。英語本来の意味はパンなどにバターを塗り広げることを指します。スプレッドにはバラエティ豊富な種類がありますが、本書では代表的な4種類のスプレッドを紹介します。実践リーディングでは、監修者のラクシュミー先生の解説でコツを掴んでみてください。

> ラクシュミー先生の
> 実践リーディング!!

Advice アドバイス

スプレッドの種類とポジションを覚えようと四苦八苦するよりも、ここに紹介しているものをしっかりマスターすれば、ほとんどのことは占えるようになるでしょう。上達のためには、カードの意味を覚えることだけに集中せず、無限にあるワードからふさわしい言葉をセレクトし、センスをみがくことが大切です。ここに掲載されているワードから、どれが一番ふさわしいかを選んだり、そこから連想したりすることを楽しんで下さい。

1枚引き（ワンオラクル）　難易度★☆☆☆　P202 参照

すぐに答えを知りたい時
おおまかな今日の運勢

手軽で簡単にできます。タロットに慣れ親しむために、毎日1枚めくるといいでしょう。その時のできごとと照らし合わせて考えることで、カードの意味の理解を深めていく練習にもなります。

スリーカードスプレッド　難易度★★☆☆　P206 参照

ものごとの流れをシンプルに読みたい時

過去・現在・未来、ならびに原因・現状・結果の流れを読んでみます。3枚をバラバラに読むのではなく関連付けて読めるようにしましょう。このスリーカードの読みこなしは、他のスプレッドをするときの基本にもなります。「リーディングポイントチェック！」マークも参考にしてください。

ケルト十字スプレッド　難易度★★★☆　P210〜211 参照

問題を多角的に知りたい時
問題を深く掘り下げて考えたい時

タロット占いの代表的なスプレッドです。使用するカードは10枚です。問題を深く心理的に掘り下げて読むことが出来ます。枚数は多くなりますが、その分読み取れる情報量が増えますので、これが読めるととても楽しくなります。問題のポイントをどこにおくか「リーディングポイントチェック！」マークを参考にしてください。

> **Advice** アドバイス
>
> ※**1枚引きスプレッド**から、**ケルト十字スプレッド10枚引き**までの各解説ページで登場するカードに一言キーワードを付けていますので参考にしてください。例【節制】→自然の流れ

変形ケルト十字スプレッド（地上の星）　難易度★★★★　P210〜211 参照

状況を含めて多角的に知りたい時
深く掘り下げて考えたい時

上記で紹介したケルト十字スプレッドの変形版で、17枚のカードを使用します。複雑な問題を読む時に適しています。相手側のエリアに6枚並べ、自分のエリアと見比べて考えていくことができます。高い難易度に挑戦してもらうためヒントはありませんが、これまでの勉強の成果を確かめられるでしょう。

> **Advice** アドバイス
>
> **ケルト十字スプレッド**の2番目の「キーカード」は、質問者の「潜在意識」と、「意識のあらわれ」をつなぐものです。「潜在意識」にあるイメージをハッキリ知覚化することで真実の希望が見えてきます。「潜在意識」と「意識のあらわれ」に矛盾があれば、解決するための【橋をかけるもの】として考えてみてください。変形ケルト十字の相手側の「キーカード」は、相手の流れを追ったとき、どうしてそのようになるのか理由として考えるカードになります。また、読む順番は最後にした方が良いでしょう。

1枚引き（ワンオラクル）
すぐに答えを知りたい時のスプレッド

「1 枚引き」はタロットカードの一枚いち枚の意味や解釈を勉強するのに最適な方法です。はじめのうちは大アルカナのみで占うといいかもしれません。答えがビビッドに出ますので解釈がしやすいでしょう。慣れてきたら 78 枚すべて使う方法か、どちらか好きな方を選んでください。78 枚を使用する方法では、一日の始まりに今日の運勢を見たい時、相手の気持ちを知りたい時、どれを選んだらいいかわからない時などさまざまなシーンで使うことができるでしょう。毎日めくって日常的なことを占うタロット日記をつけるのもいいかもしれません。

1. 答え

質問にまつわる結果と答えです。占いたいことを頭の中で思い浮かべながら、カードをシャッフルし、カットします。カードは一番上から引いてください。それが答えになります。

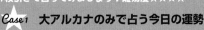

Case 1　大アルカナのみで占う今日の運勢

1枚引きで占ってみましょう！難易度★☆☆☆

Q 今日は仕事がお休みです。どんな一日になりますか？（20代・女性）

One oracle spread

1. 答え
【節制】

A カードの答えから大きな流れをみてみましょう

1. 答え【節制】→自然の流れ

大きなできごとはあまりなさそうですが、のんびりとのどかな１日を過ごすことができるでしょう。

さらに細かくカードの意味をうけとめてみましょう

★せっかくのお休みであればゆったり過ごすのがいいでしょう。**節制**は身体の水分代謝や血流を整えてくれる作用がありますので、エステサロンやアロママッサージなどで、過ごすのもいいでしょう。

★また、滞っていたものを通じさせる**節制**パワーをつかって、普段忙しくて滞り気味のメールの返信をするのもよいでしょう。

★普段言えなかったことを自然に伝えることができて、スッキリすることもあるかもしれません。お友達と会う約束がある場合は、ほんわかと楽しくおしゃべりできそうです。

1枚引きで占ってみましょう！難易度★☆☆☆
Case 2　78枚で占う　今日の仕事運

Q 職場であるプロジェクトに関わっています。今日は会議がありますが、どんな一日になりますか？（30代・女性）

One oracle spread

1. 答え
【カップ・エース / 逆位置】

A　カードの答えから大きな流れをみてみましょう

1. 答え【カップ・エース / 逆位置】→思い込み

会議では、思いが伝わりにくいようです。よかれと思ってしたことがわかってもらえず、悔しい思いをするかもしれません。またそのことで感情的になりやすく、思ってもみなかった軽はずみなことを言ってしまうかもしれません。

さらに細かくカードの意味をうけとめてみましょう

★思い描いていた企画案があるようなら、まだ形になりそうにありません。それは本当に自分がやりたい企画なのか自分でもわからないからです。やりたいことの整理がついておらず、思い通りにことは運ばないようです。そのことで仕事の筋より感情面を優先しやすくなってしまいそう。

★逆位置でネガティブなイメージのときは、そのカードが正位置になるにはどうしたらいいか考えてみましょう。自分がつくった企画を自分自身が素晴らしいと思えることと、本当に実現させたいとイメージすることが大切です。それが今後の対策にもつながるでしょう。

Case 3　78枚で占う　今日の恋愛運

ラクシュミー先生の実践リーディング!!

Q ひとつ年上の彼氏がいます。彼と些細なことでケンカをしてしまい、連絡が来なくなって3日目です。今日はどうなるでしょうか。（10代・女性）

One oracle spread

1. 答え
【ペンタクル4/逆位置】

カードの答えから大きな流れをみてみましょう

1. 答え【ペンタクル4/逆位置】→頑固

連絡をくれないことで意固地になってしまいそうです。彼は自分の思い通りに動いてくれそうにありません。彼には彼の考えがあるということに思い至らず、連絡をくれない彼の行動が信じがたいと頭がいっぱいの日になりそうです。

さらに細かくカードの意味をうけとめてみましょう

★彼に対して、独占欲がありませんか？自分が彼女だという立場を過剰に守りたいと思っているようです。彼の気持ちは離れていても別れたくないので、意固地になることで不安を隠しているようです。自分のプライドを保つために意地をはったり、素直じゃなかったり・・・価値観やスタイルを変えてみないと彼は愛想をつかしてしまうかもしれません。ケンカした理由もよく考えてみてください。意地を張らずに自分から連絡をとってみると意外といいかもしれません。

スリーカードスプレッド
原因と結果を知りたい時のスプレッド

「1枚引き」でカードに慣れたら、次のステップとして「スリーカードスプレッド」の練習をしてみるとよいでしょう。過去、現在、未来の時系列を追って対策や結果を占えます。使用するカードは3枚きりですが、78枚すべて使った方が大小さまざまな問題を読みやすくします。シンプルな展開法なので頭の中を整理したいときや、どれを選ぼうか迷ったとき、どこにでも並べてさっと行えます。質問したいことを思いながらシャッフルし、カットします。上から3枚を取り、左から右に表向きに並べます。
　「スリーカードスプレッド」は前後のカードとの関連性を見るリーディングの基本がつまっています。これに慣れれば、ほぼすべてのスプレッドに応用がきくでしょう。

1. 過去　質問にまつわる過去の状況の原因を知ることができます。

2. 現在　質問にまつわる今の状況のや気持ちを知ることができます。このカードが示す本質を読み取って次のカードにつなげます。

3. 未来　未来のカードは過去と現在の流れの関係性からみえる結果につながります。
もし悪い結果が出たときは、前の2枚のカードが原因であると踏まえ、対策すれば回避できるでしょう。

スリーカードスプレッドで占ってみましょう！難易度★★☆☆
Case 1 これから半年間の恋愛運

 昨年、前の彼氏と別れてからフリーです。これから出会いがほしいです。（30代・女性）

1. 過去【ペンタクル8】
2. 現在【カップ6】
3. 未来【ペンタクル・ペイジ】

リーディングポイントチェック
小アルカナのスートの種類によって質問者の行動方法や心の状態をチェックしましょう

Three card spread

それぞれのポジションにあるをカードをリーディングしてみましょう

1. 過去【ペンタクル8】→努力
仕事も恋愛もマジメに努力して頑張っていたようですが、どちらかというと仕事の方に集中しすぎていたかもしれません。

2. 現在【カップ6】→思い出
ピュアな感情の出会いを求めています。過去のマジメさからすると、今はもう少し恋愛の方に目を向けようとしています。過去の良い恋愛経験がまだ尾を引いているようですが、そこまで引きずってはいないようなので、素直な気持ちで恋愛に向き合えるでしょう。

3. 未来【ペンタクル・ペイジ】→身近なところで地道な行動
ペイジなので、地道に出会いを作っていく様子がうかがわれます。自分から積極的に動くわけではなく、誰かが状況を作ってくれるのでそれにうまく乗るとよいでしょう。身近なところで安心できる人をみつけられるかもしれません。今知っている人と恋愛関係になりそうな暗示もあります。

Résumé レジュメ
このリーディングからわかることを確かめてみましょう

過去と未来が**ペンタクル**なので、恋愛スタンスがものすごく変わるわけではなく自分にとって馴染みのあるやり方で出会っていくでしょう。

リーディングポイントチェック

大アルカナが出ていないので、びっくりするような出会いがあるわけではないようです。しかし日常生活の中でしっくりくるような動きがあり、自然の流れで何かが始まりそうな予感があります。

+α テクニックポイントとして、未来のポジションに出た**ペンタクル**は土を表すスートなので、土の星座であるやぎ座（年末年始）か、おうし座（ゴールデンウイーク時）、もしくは9月のおとめ座の時期に期待できそうと読むこともできます。

スリーカードスプレッドで占ってみましょう！難易度★★☆☆

Case 2 来週デートです

Q なんとなく違和感がある相手なのですが、そこそこカッコいいので愛想よくしてしまっています。でも来週のデートに気乗りがしません。どうなるでしょうか。（20代・女性）

1. 過去
【カップ・クィーン】

2. 現在
【ワンド6】

3. 未来
【ペンタクル7/逆位置】

リーディングポイントチェック
カードの流れに沿って、出たカードの数字もチェックしてみましょう。

Three card spread

A それぞれのポジションにあるカードカードをリーディングしましょう

1. 過去【カップ・クィーン】→献身的な愛
相手は優しく、その上イケメンなのでそんなにタイプではなくても舞い上がってしまうのは当然かもしれません。好きかもしれないと思ってしまうほど、いい気分にさせてくれたのでしょう。

2. 現在【ワンド6】→勝利
相手は彼女に好意を寄せています。女性を良い気分にさせる術をもっているので彼女からすると悪い気はしていないはずです。立場的には彼女の方が優位にいて、優越感を味わえる関係にいるようです。今のところ自分から進んで彼に愛を注ごうという気はないので、気乗りがしないのかもしれません。

3. 未来【ペンタクル7/逆位置】→新しい一歩
いい気分にさせてくれる相手とのデートを断る理由はありませんので出かけることになるでしょう。気乗りがしないとはいえ、今ある状況を認めて一歩踏み出そうとしているようです。デートの内容は予定調和で特に刺激はなさそうですが、地道に関係をつくっていく努力をしていきます。

Résumé レジュメ
このリーディングからわかることを確かめてみましょう

★**大アルカナ**が出ていないので運命の恋というわけではなさそうです。

 ★現在の【**ワンド6**】から未来の【**ペンタクル7**】へと数は連番で進化しているので、ふたりの仲は一応進んでいくようです。

★過去が**カップ**で（感情）を示し、現在が**ワンド**の（優越感）、未来が**ペンタクル**の（現実問題）という流れで問題の変化が見えてきます。**ソード**の（冷静さ）が登場していないのでこれ以上冷めることはないでしょう。

Case 3 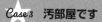 汚部屋です

 ひとり暮らしをしていますが部屋の片付けが苦手です。来月いとこの結婚式で母親が泊まりに来ることになりあわてています。どうしたらいいでしょうか。（20代・女性）

1. 過去　　　　**2. 現在**　　　　**3. 未来**
【カップ5/逆位置】　【ワンド・エース】　【ソード6】

Three card spread

それぞれのポジションにあるカードをリーディングしましょう

1. 過去【カップ5/逆位置】→失くしたもの
気持ちの混乱が部屋の混乱につながっています。いつも探しものばかりしていて時間のロスになっていました。また、絵の通りにカップがひっくり返って何かがこぼれたままになっているかもしれません。逆位置なので少しは何とかしようとしていますが、見た目はあまり変わらないまま過ごしていたのでしょう。

2. 現在【ワンド・エース】→火が点く
母親から泊まるという連絡を受け、なんとかしなければとやる気になっています。この現状を見られると困るという思いで、文字通りお尻に火がついた状態になっているかもしれません。

3. 未来【ソード6】→逃げるが勝ち
整理法の本を買ってきたり整理グッズをうまく使おうとするでしょう。ただし根本的に整理するのではなく、モノを移動させるだけということになってしまうかも。

ésumé レジュメ
このリーディングからわかることを確かめてみましょう

★持ちモノは**ペンタクル**で表されます。しかしそのカードが1枚も出ていないので根本的に持ちモノを減らしたり、モノとの関わり方を変えたりすることにはならないようです。また**ペンタクル**はコツコツ地道な努力をすることに関連するので、毎日少しずつ片付けることができていません。

★過去が【カップ5】で未来が【ソード6】数字がひとつ増えたので一歩進んだ感じにはなります。誰かを部屋に招き入れられる状態になるでしょう。しかしすぐ同じ状態になってしまいます。未来の【ソード6】から考えると抜本的な対策にはなりません。

ケルト十字スプレッド
問題の成り行きや具体的な対策を占う定番のスプレッド

ケルト十字は一番ポピュラーなスプレッドです。78枚すべてのカードを使います。質問者の現状や心理、周囲の状況を分析でき、複雑な問題の解決策を引き出すのに適しています。初心者にはハードルの高いスプレッドと思われがちですが、慣れてくるうちにどんな問題でも対応できます。カードを単体で見るのではなく、前後や全体を関連づけながらリーディングすることをこころがけてください。タロットのどの解説書にも紹介されているケルト十字は、カードを10枚使用するのがスタンダードですが、相手の状況を知るにはこの枚数では不十分です。相手の気持ちが知りたい時は、もう7枚追加して、下の図のように隣に並べ、見比べる方法があります。これを**変形ケルト十字スプレッド（地上の星）**と呼んでいます。事例とともに紹介しますので、ぜひマスターしてみて下さい。

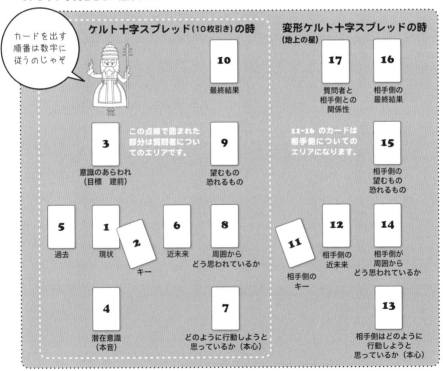

> ラクシュミー先生の
> 実践リーディング!!

> ケルト十字スプレッドを占うときのちょっとしたコツ！

10枚までのカードは質問者のエリアです。「11」～「16」のカードは質問者が占いたい相手を示すエリアです。質問者のエリアに配置されたカードと相手側のカードは、シンメトリーになっていますので、例えば、「7」と「13」、「10」と「16」、というように、これらカード同志を比較して質問者と相手との温度差をみたり、質問者の潜在意識と相手側の近未来をみて、気持ちがつながっているかどうか読むこともできます。

問題はすべて質問者の「4」のポジションの潜在意識に起因しています。つまり心の奥を読み解くことが大切です。

各ポジションが表す意味

1. 現状
問題の今の状況や、置かれている立場。

2. キー
本音と建前をつなぐもの。（「3」と「4」をつなぐ）

3. 意識のあらわれ（目標　建前）
質問者が何を目的にしているか、理想や希望。

4. 潜在意識（本音）
質問者のまだ気がついてない意識。問題の根本的な要因。問題との相性。

5. 過去
問題にまつわる過去の状態。原因とプロセス。

6. 近未来
問題にまつわるこれから起こりそうな出来事。

7. どのように行動しようと思っているか（本心）
質問者が実際にしようとしていること。

8. 周囲からどう思われているか
その問題が周囲からどのように思われているか、対人関係からの影響など。

9. 望むもの恐れるもの
質問者の今後の未来に望むことと、同時に恐れるもの。

10. 最終結果
問題の結果がどうなっていくのか。最終的に得られるもの。

11. 相手側のキー
相手側の動きの流れを裏付けるもの（理由）

12. 相手側の近未来
相手側の問題にまつわるこれから起こりそうな出来事。

**13. 相手側が
どのように行動しようと思っているか（本心）**
相手側が実際にしようとしていること。

14. 相手側が周囲からどう思われているか
その問題の相手側が周囲からどのように思われているか、相手側の対人関係からの影響など。

15. 相手側の望むもの恐れるもの
相手側の今後の未来に望むことと、同時に恐れるもの。

16. 相手側の最終結果
相手側の問題の結果がどうなっていくのか。最終的に得られるもの。

17. 質問者と相手との関係性
どのように関わり合っているかなど。

ケルト十字スプレッドで占ってみましょう！難易度★★★☆

Case1 彼氏がいないのです

Q 結婚も視野に入れたいですが、まず出会いが欲しいです。
（30代・女性）

リーディングポイントチェック

大アルカナが「3」の意識のあらわれに出たとき、その大きなビジョンの受け皿があるかどうか、「4」の潜在意識と「6」の近未来を見てみましょう。

- **1. 現状**【愚者/逆位置】
- **2. キー**【ソード・ペイジ】
- **3. 意識のあらわれ（目標 建前）**【法王】
- **4. 潜在意識（本音）**【ソード4】
- **5. 過去**【ペンタクル7】
- **6. 近未来**【ペンタクル・ペイジ】
- **7. どのように行動しようと思っているか(本心)**【女教皇/逆位置】
- **8. 周囲からどう思われているか**【カップ8】
- **9. 望むもの恐れるもの**【ソード5/逆位置】
- **10. 最終結果**【ソード6/逆位置】

Celtic cross spread

A それぞれのポジションにあるカードをリーディングしてみましょう

1. 現状【愚者/逆位置】➡無計画
出会いは欲しいといいながら、そのために何もしていないようです。今が気楽な生活でそれに流されているのかも。

2. キー【ソード・ペイジ】➡見切る
とっかかりだけであきらめないように、すぐ結果を求めないようにしてください。

> ラクシュミー先生の
> 実践リーディング!!

3. 意識のあらわれ【法王】→善良
親や親戚が安心するような人を求め、ちゃんとした結婚をしないといけないと思っています。

4. 潜在意識【ソード4】→休養
動き始めないといけないなと思いながら、動くのが少し怖くてそのままになっているようです。出会いのために頑張る体力より、仕事がきつくて家で寝ていたい方が勝っているのかも。

5. 過去【ペンタクル7】→不服
ある程度のところまでいった相手がいたようです。決め手に欠けたか、優柔不断だったかもしれません。

6. 近未来【ペンタクル・ペイジ】→地道
マジメにコツコツと仕事をこなし、ほかのことまで手が回らない状態が続いているようです。

7. どのように行動しようと思っているか【女教皇/逆位置】→妄想
理想を追求したいと思っています。でも自分から積極的にならずに何か起こらないかなと期待しているようです。

8. 周囲からどう思われているか【カップ8】→諦め
もう諦めてしまっているのかもと思われているようです。【カップ8】は少し寂しげな印象があるので、男性から見るとわりと近づきやすいイメージです。

9. 望むもの恐れるもの【ソード5/逆位置】→身辺整理
今までのことを一度整理して、将来設計などにも向き合わないといけないのかな、でももう少し先延ばしにしていたいと思っています。

10. 最終結果【ソード6/逆位置】→ゆっくり動く
とことん問題に取り組むより、できる範囲のことをするといいでしょう。SNSを利用したり趣味の世界を広げたりして周辺から出会いの輪を広げる行動をすると、つかめるものがあるかもしれません。

Résumé レジュメ
このリーディングからわかることを確かめてみましょう

リーディングポイントチェック ☞ ★「3」の意識のあらわれで目指しているものは、運命的に大きな【法王】（大アルカナ）ですが、心の中はすべてあまり動きたくないカードばかりで矛盾があるようです。「4」の潜在意識が【ソード4】と「6」の近未来が【ペンタクル・ペイジ】では今すぐ大きな変化に対応しづらく、ドラマティックな出会いを求めても難しいでしょう。

★「4」の潜在意識【ソード4】（寝ている）→「10」の最終結果【ソード6/逆位置】（進みは遅いがとりあえず動いてみる）なので、寝てた状態から起きるという前進があり、結果はネガティブではないでしょう。【ソード6/逆位置】の変化のない中で、ソード（情報）をうまく使った出会いのツールはインターネットがらみが有力でしょう。

+α **テクニックポイント**として、「10」の最終結果が6の数字のカードなので、今から出会いを意識して仕事の合間にSNSや趣味活動に力を入れていくと6ヶ月後くらいによい関係が生まれるかも。

Chapter4 ケルト十字スプレッド

ケルト十字スプレッドで占ってみましょう！難易度★★★☆

Case 2　昨年引越をしたがまた今年も引越をしようかと思っています

何年も飼っていたネコがなくなりペットロスになりました。昨年引越をしたのですがしっくり来ず、今年もまた引越をしようとしています。どうなるでしょうか。今年は子犬を飼いたいと思っています。（50代・女性）

それぞれのポジションにあるカードをリーディングしてみましょう

1. 現状【ソード5】→不安定
引越してきた住まいは狭くて整理ができず、それを何とかしようとしています。

リーディングポイントチェック Check 1

2. キー【ワンド10】→プレッシャー
重荷を背負うとかプレッシャーとか（資金面や将来性など）を表すカードですが、全体を見渡した上で結果をみるとポジティブな意味を持ちます。（レジュメ参照）

> ラクシュミー先生の
> 実践リーディング!!

3. 意識のあらわれ【ペンタクル3】→組織
楽しかったことを良い思い出にして、新たな3人（ふたりと一匹）の暮らしをすることが目的です。

4. 潜在意識【ワンド・キング】→武将
現在の住居はダンナさんが元気になる土地です。お住まいは八幡宮に縁があることが多く、次回も近くにあるそうです。
ワンドのキング＝武将＝八幡宮
奥さん主導のようで実はダンナさん主導です。

5. 過去【カップ3】→宴
3人で盛り上がっていて（ふたりと一匹）楽しかった思い出があるようです。

6. 近未来【カップ10/逆位置】→澱む
池の近くの暗示があります。そのことで3人のつながりが情感的に深くなるでしょう。ただし閉鎖的になりやすいともいえます。

7. どのように行動しようと思っているか【隠者/逆位置】→結論が出ない
過去は取り戻せないとわかっているようですが、それをベースに新居を選んでいます。また老後のことも考えないといけないとも思っているようです。

8. 周囲からどう思われているか【3 女帝/逆位置】→浪費
引越しは浪費だと言われています。「3」の意識のあらわれ【ペンタクル3】と「5」の過去【カップ3】の3という共通の数字でつながっていて、ふたりと一匹のくらしにこだわりがあると思われているかもしれません。

> リーディングポイントチェック Check 2
>
> ※3は、ふたりと一匹の3人を表します。

9. 望むもの恐れるもの【ワンド7/逆位置】→弱気
子犬を飼うので散歩させるには新居の方がいい環境だと思っていることと、引越すことになったらめんどくさいし一時的な労力を使うこととの葛藤があります。

10. 最終結果【ペンタクル8/逆位置】→繰り返す
終の住処にはならないようですが、それなりに楽しくやっていけるでしょう。

Résumé レジメ
このリーディングからわかることを確かめてみましょう

★「4」の潜在意識【ワンド・キング】からすると全体的に活力のあるポジティブな結果です。元気になることがテーマなのでお金や安定の心配より、ペットと楽しく散歩に行ける場所に引っ越しができるでしょう。潜在意識のポジションは見えない部分でのつながりも表します。この場合は土地との相性として読んでいます。

★3の数字のカードの出現率が高く、やはりペットと3人の暮らしがあっての引越ということがみてとれます。

★キーカードのリーディングは、全体的な結果がポジティブなので、ネガティブなカードが出ても肯定的に捉えましょう。この場合、【ワンド10】が意味する重荷やプレッシャーは、良いプレッシャーがあるからこそうまくいくでしょうと読み、引越の大変さを引き受けた方がよいということです。

Chapter4 ケルト十字スプレッド

ケルト十字スプレッドで占ってみましょう！難易度★★★☆
Case 3　結婚したいと思っています

Q 結婚したいと思っています。今のところ実家暮らしでパートナーはいません。どうなっていきますか。（30代・女性）

Celtic cross spread

それぞれのポジションにあるカードをリーディングしてみましょう

1. 現状【カップ10/逆位置】→馴れ合い
実家暮らしの居心地に多少の不満はあるものの、ものすごく辛いわけでもなく、現状の慣れた暮らしからなんとなく変化を起こしづらい状況にいるようです。

2. キー【ワンド2】→プライド
パートナーとの力関係において対等でないといけないという思い込みは要りません。もっと頼ったり甘えたりする関係性を求めていいです。無理に頑張る必要はありません。

> ラクシュミー先生の
> 実践リーディング!!

3. 意識のあらわれ【ワンド4】→平和
結婚したいとはっきり意識しています。頑張る気はあるようなのでそれを有効に使う方法を探しています。

4. 潜在意識【戦車／逆位置】→動きたくない
「3」の意識のあらわれでは行動しなくてはと意識しているにもかかわらず、「4」の潜在意識では自分から結婚相手を探す行動にためらいがあるようです。

5. 過去【恋人たち／逆位置】→不調和
「4」の潜在意識でのためらいは「5」の過去に原因があります。過去の恋愛経験でのお互いの気持ちをうまくシェアできなかったことが恐れとなり、踏みとどまっているようです。

6. 近未来【カップ8】→他に目を向ける
実家の家族に対してもっと愛情と時間をかけないといけないようなことが起こる暗示があります。結婚相手を探すことは後回しになりそうです。

7. どのように行動しようと思っているか
【法王】→善良
自分を信じて自分にとって正しい道を選んでいこう、それが周囲のためにも良いことであると思っているようです。

8. 周囲からどう思われているか
【ペンタクル・ペイジ／逆位置】→萎縮
ちょっと自信を失っているのではないか、マジメに考えすぎて動けなくなっているのかもと周りの人は思っています。

9. 望むもの恐れるもの
【ソード・クィーン】→割り切り
もっと冷静にクールに結婚問題を体裁やステイタスで考えたいが、それも人として冷たいような気がして整理がつかないようです。

10. 最終結果
【カップ・ナイト／逆位置】→ナイーブ
カップナイトはプロポーズのカードと呼ばれています。この場合、「4」の潜在意識が望んでいる【戦車／逆位置】の「動きたくない」という甘えが許される関係を誰かと作ることができるでしょう。

Résumé レジュメ
このリーディングからわかることを確かめてみましょう

★「6」の近未来【カップ8】の経験を経て、他の人に対する愛情の持ち方が変わってくるかもしれません。「8」の周囲からどう思われているか【ペンタクル・ペイジ／逆位置】からもわかるように、マジメに考えすぎる傾向は【カップ8】の出来事によって気楽にものを考えられたり、交友関係においても甘えたり甘えられたりすることに違和感なくつき合っていくことができそうです。それが結婚相手との出会いにつながります。

★もっと気軽に、というのは「2」のキーカード【ワンド2】にもつながってくるでしょう。頑張る人であるからこそ期待に応えないといけないというプライドが、動きたくないという気持ちのひとつとなっていそうです。

リーディングポイントチェック ☞ ★「10」の最終結果【カップ・ナイト／逆位置】を幸運にみちびくために、「4」の潜在意識【戦車／逆位置】をみてみましょう。【戦車】のネガティブさを最終結果のネガティブさで打ち消していて、肯定的な意味合いになっています。（「10」の最終結果参照）

ケルト十字スプレッドで占ってみましょう！難易度★★★☆

Case 4 新しい職場に採用されました

小さなオフィスで総合的な仕事を任されるフルタイムの職場を辞め、パートタイムで大きな組織の中で限定された仕事を始めました。また仕事をしながら専門学校に行きたいという希望がありますがどうなっていきますか。（40代・女性）

リーディングポイントチェック
全体的なリーディングから、「10」の最終結果を実現させる鍵になるカードはどれか考えてみましょう！

- **3.** 意識のあらわれ（目標 建前）【ワンド5】
- **5.** 過去【ワンド10/逆位置】
- **1.** 現状【運命の輪】
- **2.** キー【カップ7】
- **6.** 近未来【カップ・クィーン】
- **4.** 潜在意識（本音）【ペンタクル・クィーン/逆位置】
- **10.** 最終結果【ワンド・ペイジ】
- **9.** 望むもの恐れるもの【ペンタクル8】
- **8.** 周囲からどう思われているか【カップ9/逆位置】
- **7.** どのように行動しようと思っているか（本心）【塔】

Celtic cross spread

A それぞれのポジションにあるカードをリーディングしてみましょう

1. 現状【運命の輪】→タイミング
よいタイミングで決まった仕事です。労働時間の長さが手ごろで体力的にも問題がないはずと思っています。

2. キー【カップ7】→幻影
はっきりした態度を取らず、うやむやなスタイルにしておいた方がいいでしょう。（※「6」近未来もカップ、「8」相手サイドからどう見られているかもカップなので周囲の空気に適当に合わせることです。）

> ラクシュミー先生の
> 実践リーディング!!

3. 意識のあらわれ【ワンド 5】→激論
静かにやるより、自分がやりたいことを周りの個性や意見をぶつけ合いながら進める方が楽だと思っています。

4. 潜在意識
【ペンタクル・クィーン / 逆位置】→保身
年齢的にこれ以上転職したくなく、できるだけ長くこの職場で働いていきたい。周囲の保守的でおとなしい空気に馴染みづらそうですがなんとかフィットさせようとしています。

5. 過去【ワンド 10/ 逆位置】→プレッシャー
連帯責任を負わされる職場がかなりきつく、そこから逃れたかったようです。

6. 近未来【カップ・クィーン】→包容力
周囲の期待に情緒的に応えていくことになるでしょう。仕事内容よりも義理人情の調和をはかっていくのがうかがえます。
(※「8」の周囲からどう思われているか【カップ 9/ 逆位置】な人だと思われているのでそこに対してリンクしています。)

7. どのように行動しようと思っているか
【塔】→爆発
自分の素をもっと出したい。職場の雰囲気の殻を壊しておとなしい人で有り続けたくないと思っているようです。

8. 周囲からどう思われているか
【カップ 9/ 逆位置】→充実
優しくて、能力があり余裕を持って仕事している人と思われているでしょう。

9. 望むもの恐れるもの
【ペンタクル 8】→技能を磨く
相談者の質問どおり、スキルアップのための専門学校に通いたいがそれを通していいか迷っています。

☞ **リーディングポイントチェック**

10. 最終結果【ワンド・ペイジ】→目標
「3」の意識のあらわれにある【ワンド 5】を実現しているようです。粛々と仕事をするのではなく、パートタイムとしての有能さをエネルギッシュに素早くこなし、仕事終わりに習いごとに飛んで行くバイタリティがあります。

Résumé レジュメ
このリーディングからわかることを確かめてみましょう

★「10」の最終結果【ワンド・ペイジ】は元気が良いですが、「4」の潜在意識が【ペンタクル・クィーン/逆位置】なので、必ずしも本音の部分と合致はしていません。ただし「3」の意識のあらわれにある【ワンド 5】は目指しているものを実現させることはできるでしょう。

★職場の雰囲気と本人との相性がよいとはいえませんが、空気をうまく読む(カップ系カード=「2」のキーカード【カップ 7】、「6」の近未来【カップ・クィーン】、「8」の周囲からどう思われているか【カップ 9/ 逆位置】)ことで仕事がしやすくなり、自分の希望も通すことができるでしょう。

Chapter4 ケルト十字スプレッド

ケルト十字スプレッドで占ってみましょう！難易度★★★☆
Case 5　やる気が出ません

Q. 長年勤務した会社を辞めたいと思っています。起業したいという夢もあるのですが、どちらについてもさあ、やるぞ！という気力がわいてきません。どうしたらいいでしょうか。（40代・女性）

リーディングポイントチェック
全体的なリーディングから、この質問者の悩みがスッキリする際立ったカードはどれか探してみましょう。

1. 現状【吊るされた男】
2. キー【恋人たち】
3. 意識のあらわれ（目標 建前）【ペンタクル・ペイジ】
4. 潜在意識（本音）【ワンド3】
5. 過去【運命の輪】
6. 近未来【カップ・エース】
7. どのように行動しようと思っているか(本心)【正義】
8. 周囲からどう思われているか【ペンタクル3/逆位置】
9. 望むもの恐れるもの【ペンタクル2/逆位置】
10. 最終結果【魔術師/逆位置】

Celtic cross spread

A. それぞれのポジションにあるカードをリーディングしてみましょう

1. 現状【吊るされた男】→犠牲
やりたいことができず、あまり動きのないセクションにいて会社の組織の事情に縛られているようです。

2. キー【恋人たち】→楽しいノリ
周囲との折り合いやプレッシャーを考え過ぎない方がいいでしょう。リラックスして楽しいノリで働くくらいが丁度よさそうです。遊びの気持ちが必要のようです。

ラクシュミー先生の実践リーディング!!

3. 意識のあらわれ
【ペンタクル・ペイジ】→地道
一足飛びに何かをやるのではなく、いちからコツコツやらないといけないということはわかっています。事業を起こす方向はなく、どこかに勤める形をとろうと考えているようです。

4. 潜在意識【ワンド3】→発展
海外や語学に関わりたい野望がありそうです。それについてはまだ具体的な計画は練られていないようですが、純粋に取り組みたい気持ちでいることは確かです。

5. 過去【運命の輪】→タイミング
すでに辞める決心はついています。あとは期日を決めてダンドリするだけ。現状は迷っている状態ではなく過去の時点で決めていました。

6. 近未来【カップ・エース】→トキメき
心が揺れるような出来事がありそうです。小さなことだけど、これをやってみよう!と思えそうなことに出会え、ピュアな気持ちを取り戻せます。まだ大きく育てるには時間はかかりますが純粋な気持ちで取り組めるでしょう。

7. どのように行動しようと思っているか
【正義】→バランス
家庭人であったり社会人であったりする部分はブレたくないと思っているようです。

8. 周囲からどう思われているか
【ペンタクル3/逆位置】→居場所がない
その組織からもう外れるのだと思われているようです。質問者に合わない職場なので、違うやり方をしたほうがいいのではないかと周囲も思っているようです。

9. 望むもの恐れるもの
【ペンタクル2/逆位置】→アンバランス
もっと勉強したい(それには経費がかかる)ことと、実際問題として金銭的バランスが取れなくなるこの葛藤があるようです。

10. 最終結果【魔術師/逆位置】→技術不足
まだ勉強が足りないことがやる気のもとになります。何の仕事に就くのか決めているわけではなく、バリエーションに富んだ経験の中でゆっくり決めていくことになりそうです。

Résumé レジュメ
このリーディングからわかることを確かめてみましょう

★「3」の意識のあらわれと、「4」の潜在意識が両方とも小アルカナで構成されているので、まだものごとは大きく進んでいないことを表しています。入り口に一歩入って、キョロキョロしている状態です。

リーディングポイントチェック ★質問者の悩みがスッキリするカードは、「6」の近未来にある**【カップ・エース】**です。自分がトキメくものをみつけてキュンキュンする気持ちを大事にしながらやる気を高めていけるでしょう。

+α テクニックポイントとして、その近未来のカードは**カップ**(水のスート)なので、水の星座の時期にやる気のネタを見つけることができそうです。11月(さそり座の時期)3月(うお座の時期)7月(かに座の時期)にチャンスがありそう!と読むこともできます。

Chapter4 ケルト十字スプレッド

変形ケルト十字スプレッド（地上の星）で占ってみましょう！難易度★★★★

Case1 彼の気持ちが知りたい

Q 年下で遠距離恋愛の彼がいます。彼の気持ちがつかめなくて行動をSNSでチェックして落ち込むことが多いです。彼はわたしのことを本当はどう思っているでしょうか。（30代・女性）

リーディングポイントチェック
質問者の潜在意識と相手の近未来を見比べてみましょう。

10. 最終結果【ワンド4】
17. 質問者と相手側との関係性【審判】
16. 相手側の最終結果【カップ4】
3. 意識のあらわれ（目標 建前）【ペンタクル4】
9. 望むもの 恐れるもの【カップ3】
15. 相手側の望むもの 恐れるもの
6. 近未来【ペンタクル3/逆位置】
12. 相手側の【カップ・ペイジ】近未来【ワンド5】
5. 過去【カップ8】
1. 現状【星】
8. 周囲からどう思われているか【ペンタクル2/逆位置】
11. 相手側のキー【魔術師】
14. 相手側が周囲からどう思われているか【吊るされた男】
2. キー【法王/逆位置】
4. 潜在意識（本音）【ワンド10】
7. どのように行動しようと思っているか（本心）【正義/逆位置】
13. 相手側はどのように行動しようと思っているか（本心）【カップ9】

11～16のカードは彼の環境をみています。

Celtic cross spread
STARS on Earth

A それぞれのポジションにあるカードをリーディングしてみましょう

1. 現状【星】
彼の夢や希望を理解していてそれがステキなところだと思っています。理念を持った生き方を愛しています。

2. キー【法王/逆位置】
彼の価値観が保守的ではなく少々常識はずれだからといって、それに無理やり合わせていかなくても大丈夫です。

3. 意識のあらわれ【ペンタクル4】
安定したお付き合いがしたいと思っています。

> ラクシュミー先生の
> 実践リーディング!!

4. 潜在意識【ワンド10】
彼とのやきもきする恋愛が重荷になっていて、パワーが逆流していますが、彼のことは好きなのでそれもしょうがないと思っています。

5. 過去【カップ8】
辛い別れを経験したこともあり、失望するとわかっていても気持ちの歯止めをかけにくい状態でした。

6. 近未来【ペンタクル3/逆位置】
彼の周囲の輪に入ることができません。状況的に孤立しているように思え疎外感が強まるでしょう。

7. どのように行動しようと思っているか【正義/逆位置】
自分の状態は少しバランスを欠いていることはわかっていて、でも彼を詮索することは止められないと思っています。

8. 周囲(彼)からどう思われているか【ペンタクル2/逆位置】
一緒にいると楽しいですが、あまり深刻さはなく、なにごとも悩まずに気楽に暮らしている人だと思われています。

9. 望むもの恐れるもの【カップ3】
彼のノリに合わせて楽しくやればいいのだとわかっています。でも年齢的なギャップが怖くてそこまでできません。

10. 最終結果【ワンド4】
彼がそばにいてくれることが増え、気持ちが安定するでしょう。まだまだ心配ごとは消えませんが安心はします。

11.. 相手側のキー【魔術師】
新しい環境を作るために、動くことがキーになります。

12. 相手側の近未来【ワンド5】
やりたいことがたくさんあり整理した行動ができず、混乱しているように見えます。

13. 相手側の行動【カップ9】
彼は彼女にとても満足していて、真剣に愛しているようです。これからもっと一緒にいたいと思っています。

14. 相手側の周囲【吊るされた男】
なにかの修行をしているようなストイックなところがあり、正義感の強い人だと思われています。

15. 相手側の望むもの恐れるもの【カップ・ペイジ】
損得勘定せず自分のやりたいことをピュアにやりたいがそろそろ彼女のことも考えないといけないかもと思っているようです。

16. 相手側の最終結果【カップ4】
彼女の気持ちに合わせて一緒にいることが多くなります。「11」のキーで「新しい環境を作る」と出たものがこのことなのかもしれません。

17. 質問者と相手との関係性【審判】
レベルアップするときです。このままではお互いにストレスが多いということがわかってきていて、何とかしようとしています。

Résumé レジュメ
このリーディングからわかることを確かめてみましょう

★彼はフリーランスのお仕事をしていて時間も場所も不規則だそうです。(「1」の現状【星】、「12」の近未来【ワンド5】)でもなんとかいっしょにいる時間を長く取ることができそうなので、気持ちは安定していくでしょう。しかし心配のタネ(「4」の潜在意識【ワンド10】)が消えたわけではありません。

リーディングポイントチェック

★彼女は心配のタネがあるのを潜在意識ではもう分かっています。この彼と関わっていくのは大変なことだということが大前提になっているので、ネガティブな結末ではありません。彼女の潜在意識と彼の近未来は両方ワンドでつながっています。

変形ケルト十字スプレッド（地上の星）で占ってみましょう！難易度★★★★
Case 2 会社を辞めたい

Q 専門職で会社に勤めていますが、今の技術を生かしつつ別の方向性を探っていきたいと思うようになりました。そのためには会社を辞めるかどうか、辞めるとすればいつくらいがいいのか、流れが知りたいです。（30代・女性）

A それぞれのポジションにあるカードをリーディングしてみましょう

1. 現状【ペンタクル・エース】
自分の能力を活かしたい気持ちが強まっています。何ができるか判断し次の仕事を考えたいでしょう。

2. キー【ソード 4】
おとなしくしている必要はありません。

3. 意識のあらわれ【ペンタクル 5/ 逆位置】
不安な状態から脱出するということが目標です。

ラクシュミー先生の
実践リーディング!!

 リーディングポイントチェック

4. 潜在意識【ソード 9/ 逆位置】
この会社との相性は、辛くて悩みが多くなるというものです。いろいろ考えすぎてしまっています。

5. 過去【ペンタクル 9/ 逆位置】
恵まれた才能をうまく活かしていましたが、少し受け身の仕事になってしまっていたようです。

6. 近未来【ワンド 3/ 逆位置】
辞めると言い出せないくらいに今の仕事が忙しくなります。先の具体的なビジョンも出てきません。

7. どのように行動しようと思っているか【ソード 6】
気持ちは次の仕事に行っていて、自分の将来のことを考えようとしています。心はここにありません。

8. 周囲からどう思われているか【ソード 3/ 逆位置】
仕事のクリエイティビティは認められていますが、異動させてもいい存在だと思われているでしょう。

9. 望むもの恐れるもの【ソード 2】
まだ状況をよく見ないといけないと思っていますが、ずっとそのままではいけないとも思っています。

10. 最終結果【カップ 7/ 逆位置】
今より状況が厳しくなるので、「6」の近未来【ワンド 3/ 逆位置】）気持ちがだんだん固まってきます。辞める方向に進んでいくことになるでしょう。

11. 相手側のキー【ソード・キング / 逆位置】
ドライなスタンスが求められているでしょう。

12. 相手側の近未来【運命の輪 / 逆位置】
「13」の結果、リストラや組織変革があり仕事の時間がうまくアレンジできなくなりそうです。

13. 相手側の行動【ペンタクル 3/ 逆位置】
今の組織を再構築する計画がありそうです。

14. 相手側の周囲【カップ・キング / 逆位置】
あまりシビアではなく人員配置や役割分担について希望を聞き入れそうなイメージで見られています。

15. 相手側の望むもの恐れるもの【カップ・クィーン】
クリエイティブな才能主体に仕事を運行していきたいと思っていますが、そればかりでもいられない事情もあるようです。

16. 相手側の最終結果【ペンタクル・キング】
組織変革があっても結果は同じような形で進んでいきます。会社としては儲かっていて安泰な状態ですが、社員については変化を望んでいません。

17. 質問者と相手との関係性【ソード 8/ 逆位置】
何がやりたいのか、どう活かせばいいのか今ひとつ不透明な状態で意思疎通もあまりできていません。

 Résumé レジュメ
このリーディングからわかることを確かめてみましょう

★大アルカナが出ていないので大きな運命的な転換期というわけではありません。

★キングが 3 枚出ていて 4 人のキングのうち【ワンド・キング】だけがありません。情熱とやる気を持って主体的に仕事をぐいぐい進めていくパワーがこの問題には欠けていると読むことができます。

★いつ辞めるかという答えの最終結果は、【カップ 7/ 逆位置】なので 7 ヶ月後もしくはカップ（水のスート）からリンクして、3 月（うお座の時期）7 月（かに座の時期）11 月（さそり座の時期）が考えられます。

Chapter4　変形ケルト十字スプレッド（地上の星）

変形ケルト十字スプレッド（地上の星）で占ってみましょう！難易度★★★★

Case 3 SNSにハマり気味です

Q 最近SNSにかける時間が長くなっているかもしれません。リアルな生活とのバランスをどうすればいいでしょうか。（40代・女性）

リーディングポイントチェック

「4」の潜在意識と、「10」の最終結果の意味を見比べてこの問題がポジティブかネガティブか考えてみましょう。

10. 最終結果
【ペンタクル・クイーン】

17. 質問者と相手側との関係性
【ソード・ペイジ】

16. 相手側の最終結果

11〜16のカードは質問者を取り巻くSNSでつながっている人たち全体です。

3. 意識のあらわれ
（目標 建前）
【ペンタクル5/逆位置】

9. 望むもの
恐れるもの
【ペンタクル3】

15. 相手側の望むもの
恐れるもの
【ワンド4/逆位置】

6. 近未来
【ソード5】

12. 相手側の
近未来

5. 過去
【ソード9
/逆位置】

1. 現状
【ペンタクル10
/逆位置】

2. キー
【ワンド10/
逆位置】

8. 周囲から
どう思われるか
【ソード2】

11.
相手側のキー
【太陽/逆位置】

14. 相手側が周囲から
どう思われているか
【ペンタクル・ペイジ
/逆位置】

4. 潜在意識（本音）
【法王/逆位置】

7. どのように行動しようと
思っているか（本心）
【節制】

Celtic cross spread
STARS on Earth

13. 相手側はどのように
行動しようと思っているか
（本心）
【カップ8/逆位置】

A それぞれのポジションにあるカードをリーディングしてみましょう

1. 現状【ペンタクル10/逆位置】
なんとなく膠着状態でSNSの関わりがないと不安です。日常生活の中の一部分を構成しているよう。

2. キー【ワンド10/逆位置】

他人のことまで自分のことのように受け止めるようなところがあり、それは必要のないことです。

3. 意識のあらわれ【ペンタクル5/逆位置】
見えないもの形のないもの（ネット上の情報）をちゃ

> ラクシュミー先生の
> 実践リーディング!!

んと信じられるようになりたいと思っています。

4. 潜在意識【法王 / 逆位置】
コミュニケーションにあまり自信がないのと他人を信用するのに時間がかかる本質を持っています。

5. 過去【ソード 9 / 逆位置】
悩みすぎた結果、情報交流をうまく使おうと努力しつつ使えなくてかえって傷ついた過去があります。

6. 近未来【ソード 5】
周囲がイージーに盛り上がっているのを見て（相手側の近未来ワンド 4 逆）心が醒めるでしょう。結果、活動を必要なものだけに整理することになります。

7. どのように行動しようと思っているか【節制】
SNSと関わることで癒されている側面もあり、うまく交流して穏やかにやりたいと思っています。

8. 周囲からどう思われているか【ソード 2】
冷静であまり動きのない人だと思われています。

9. 望むもの恐れるもの【ペンタクル 3】
ネットで集う仲間をつくりたい願望もありますが理想的な集団がないと思っています。

10. 最終結果【ペンタクル・クィーン】
わかっている人とだけの関わりで安定します。体感することで気持ちも落ち着くでしょう。SNSにかける時間もマイペースなものに。

11. 相手側のキー【太陽 / 逆位置】
本当の意味での悲しみやつらさにコミットせず上っ面だけの楽しさでつながっていることが問題です。

12. 相手側の近未来【ワンド 4 / 逆位置】
イージーに集いイージーに楽しそうにしています。

13. 相手側の行動【カップ 8 / 逆位置】
いいところだけを見せたいと思っている人達です。何かに失望した後でネットに救いを求めています。

14. 相手側の周囲【ペンタクル・ペイジ / 逆位置】
言っていることにリアリティがないと周囲から思われている人たちかもしれません。

15. 相手側の望むもの恐れるもの【ワンド・ペイジ】
思いついたことをやりたいがそれも怖いようです。

16. 相手側の最終結果【悪魔 / 逆位置】
イージーに集って楽しみ満足すれば、憑き物が落ちたようにそれ以上の行動をしないでしょう。

17. 質問者と相手との関係性【ソード・ペイジ】
その場の情報のやりとりだけで永続性がありません。刺激的なワンフレーズがあればいいようです。

Résumé レジュメ
このリーディングからわかることを確かめてみましょう

★4人のペイジのうち【カップ・ペイジ】だけが欠落しています。どの**ペイジ**も自分の意思で動く人ではないですが、この問題では受け身であり純粋な楽しみをあまり感じていない状態を表します。

リーディングポイントチェック

★潜在意識が【法王 / 逆】で最終結果が【ペンタクル・クィーン】ならば結果はポジティブです。「抽象的なものを信じられない」→「リアルな体感だけを信じる」という流れになっているのは自然です。

★「4」潜在意識と「3」意識のあらわれに出ているカードは5の数字つながりで共鳴しています。ネットとリアルは相反するものではなく、自分らしく不器用に関わることが自分の根幹につながることになるでしょう。あまり発信しなくても大丈夫です。

★「5」の過去は【ソード 9】で、「6」の近未来が【ソード 5】なので、過去から未来は4つ数字が減ったことになりますが、同じ**ソード**（情報）なので、必要な情報だけを残し、余計な情報を取り入れなければ、バランスはとれてくることになるでしょう。

Chapter4 　変形ケルト十字スプレッド (地上の星)

変形ケルト十字スプレッド（地上の星）で占ってみましょう！難易度★★★★
Case 4　職場の人間関係がいやです

Q 職場の休憩室での人間関係に悩んでいます。もめているわけではありませんが、悪口ばかり言っている人たちといっしょにいると気分が滅入ります。あまり人の出入りもないので、どうなっていきますか。（40代・女性）

リーディングポイントチェック
「4」の潜在意識のカードが不完全燃焼のときは、「2」のキーからのメッセージをみてみましょう。

- 17. 質問者と相手側との関係性【ペンタクル7】
- 10. 最終結果【女帝】
- 16. 相手側の最終結果【運命の輪／逆位置】
- 11〜16のカードは質問者を取り巻く職場の人たちです。
- 3. 意識のあらわれ（目標 建前）【死神】
- 9. 望むもの 恐れるもの【カップ6／逆位置】
- 12. 相手側の近未来【隠者】
- 15. 相手側の望むもの 恐れるもの【ペンタクル・ナイト】
- 6. 近未来【ワンド・クイーン／逆位置】
- 5. 過去【ソード・キング】
- 1. 現状【審判】
- 2. キー【カップ・キング】
- 8. 周囲からどう思われているか【ワンド7】
- 11. 相手側のキー【カップ2】
- 14. 相手側が周囲からどう思われているか【ソード5】
- 4. 潜在意識（本音）【ワンド3／逆位置】
- 7. どのように行動しようと思っているか（本心）【ソード10】
- Celtic cross spread STARS on Earth
- 13. 相手側はどのように行動しようと思っているか（本心）【世界／逆位置】

A それぞれのポジションにあるカードをリーディングしてみましょう

1. 現状【審判】
質問者が昇進をして状況が大きく変わるときです。

2. キー【カップ・キング】
この人達と関わるには奉仕的な姿勢が必要になって

くるでしょう。

3. 意識のあらわれ【死神】
ばっさり関係性を切り、ケンカしてもいいかもと思っています。これ以上関わりたくないようです。

ラクシュミー先生の
実践リーディング!!

4. 潜在意識【ワンド 3/ 逆位置】
この人達とは会話が通じることがなく何を言っても価値観が違うようです。努力を放棄した状態かもしれません。

5. 過去【ソード・キング】
周囲の空気に乗らず意見を理性的に言っていました。

6. 近未来【ワンド・クイーン / 逆位置】
周囲の頭の固さにキレてしまうかもしれません。質問者が昇進してもまったく周囲は意に介しません。

7. どのように行動しようと思っているか【ソード 10】
周囲の保守性に対して、傷ついてもいいから正しい情報で会話したいと思っています。

8. 周囲からどう思われているか【ワンド 7】
はっきりしたもの言いの人だと思われています。

9. 望むもの恐れるもの【カップ 6/ 逆位置】
ゆくゆくは辞めたいと思いながら、それでは解決にならないとも思っています。

10. 最終結果【女帝】
自分の仕事の成果とその報酬で満足できるようになります。大ゲンカするわけではなく質問者の心に余裕ができて、あまり気にしなくなるでしょう。

11. 相手側のキー【カップ 2】
共感できるものがすべてで、異分子を認めることができないことが障害になっています。

12. 相手側の近未来【隠者】
質問者のことも含めて昔の話をいろいろ持ちだすでしょう。陰でこそこそ悪口を言っていることも。

13. 相手側の行動【世界 / 逆位置】
変化がイヤで今の状態がずっと続けばいいと思っています。閉鎖的な空気を好んでいるでしょう。

14. 相手側の周囲【ソード 5】
要領がよくて他人に対して辛辣な人たちと思われています。あまり仕事ができるイメージではないです。

15. 相手側の望むもの恐れるもの【ペンタクル・ナイト】
個人的には誠意をもってマジメにしたいけど、そうするとこの集団からは浮いてしまうかも。

16. 相手側の最終結果【運命の輪 / 逆位置】
過去の良かったときのことばかり言っていて変化がありません。古臭いだけで何の向上もないでしょう。

17. 質問者と相手との関係性【ペンタクル 7】
大ゲンカをするわけでもないが分かりあえているわけでもなく、適当にごまかしている関係です。

Résumé レジュメ
このリーディングからわかることを確かめてみましょう

★相手側のサイドの**大アルカナ**が（【隠者】、【運命の輪 / 逆位置】、【世界 / 逆位置】）変化を厭うものばかりで、よほど古臭い考え方の人たちと読めます。

★「4」の潜在意識が【ワンド 3 / 逆位置】でケンカしたいくらい怒っているので最終結果の【女帝】は実は微妙にネガティブです。質問者の本心は、怒りのやり場がない勢いですからそれを実現させるわけではありません。【女帝】が出ていても気持ちがスッキリするわけではないでしょう。ただし「3」の意識のあらわれに 13 番の【死神】が出ているので 3 の数字が着目され、成長にはつながります。

リーディングポイントチェック

★スッキリさせるためには、「2」のキーである【カップ・キング】が必要です。包容力に秀でた社交性と慈悲の心で諭して導いていくしかないでしょう。場の雰囲気も変わってくるかもしれません。

こんなときはどうするの？ ラクシュミー先生の タロット占いQ&A

タロットカードの扱いについて

Q1. 「カードがかわいいから貸して」と友人に頼まれたのですが、貸してもよいでしょうか。

　CDやお洋服と同じで、あなたが大事にしているものを同じ気持ちでていねいに使ってくれるお友達には、貸してあげてください。きっとタロットカードをもっと楽しめるようになってくれるでしょう。でも、あなたが大切にしていることをわかってくれないお友達だと、後でイヤな思いをすることになりかねないのでやめておいたほうが無難です。

Q2. カードを人にあげてもいいですか？

　上記 Q1 と同じで、楽しんでくれそうな人にはプレゼントしてあげてくださいね。ステキなタロットカードを通してその人と、もっと仲良くなることができるでしょう。

Q3. タロットカードのよい保管方法や保管場所はありますか？

　あまり大げさにしまいこんでしまわなくても大丈夫ですよ。儀式なども必要ではありません。できるだけ毎日使ってほしいので、取り出しやすくてちょっと大事なものを置くような場所であれば充分です。ただし紙の箱に入っているものは湿度が高いと、なんとなくじめっとした感じになってしまいますので、湿度の管理には気をつけてください。

Q4. タロットカードを数枚なくしてしまいました。買い直したほうがよいですか?

はい。タロットカードは78枚でワンセットのものなので、何かが欠けるとすべてを見ることができなくなってしまいます。残っているカードで好きなものはお部屋に飾ったりしてもよいですよ。また不要になったものは燃やしたり土に埋めたり、お寺の納札所に収めたり、今までの感謝を込めて、ていねいに処分してくださいね。

タロット占いのスタンスについて

Q5. タロット占いをするのに向いている人、向いていない人はいるのですか?

確かにアタマの固いタイプの人はコツをつかむまでに時間がかかるかもしれません。でもそれはどんな技術の習得でも同じですよね。どんな人の中にも見えない世界とつながる通路はちゃんと存在していてタロットに向き不向きはありません。アタマが固いかなと自分のことを思っている人こそタロットを通して、やわらかくほぐれる経験をしてくださいね。

Q6. タロット占いが得意な分野はどういう方面ですか？

どんなことでも占うことができますよ。占い内容を自分で狭めてしまわずに疑問に思ったことや知りたいと思ったことはなんでも占ってみるようにすると、早くうまくなれます。

Q7. タロット占いはいつどこで占ってもよいのですか？

はい大丈夫です。大げさに環境を整える必要はありません。あなたが好きな場所がいちばんよいです。ただ落ち着いて集中できる状況のほうがよいでしょう。

Q8. 占い結果の有効期限はいつまででしょうか？

ケルト十字の最終結果についてはよく 3 ヶ月と教科書に書いてありますね。それはものごとの起承転結のサイクルがだいたい季節ごとであることから来ています。テレビドラマも 3 ヶ月ものばかりですしね。一生をテーマに読んだり、また今日 1 日のことを読んだりもできますが、初心者のうちはだいたい 3 ヶ月とアタマに入れておいたほうがいいでしょう。

Q9. あまりよくない結果が出てしまいました。占いなおしていいですか？

占いなおしはしない方がよいです。結果だけにこだわらずなぜそうなったのか、どうすれば回避できるのかをカードから読み取ることが大事です。一度占いなおしてしまうと、自分がほしい結果が出るまで占い続けるようになりやすく、どれが本当の答えなのか混乱していきますよ。今、よくない結果に思えても時間が経てばよい結果となることもあります。

Q10. 最近はインターネットでもタロット占いがありますが、実際にカードで占うのと的中率は違うのでしょうか？

タロット占いは物理的な力でカードを選んでいるわけではないので、インターネット回線を通しても、現物を目の前にしていても同じ結果にはなります。ただしその出たカードをどう読むかは、占いをする人の感性になりますから合う合わないはありますよね。インターネット占いはある程度パターン分けされた原稿があらかじめ存在し、それを選んでくるだけなので細かいオリジナルな部分まで対応しづらいというのが本当のところです。

タロットリーディングについて

Q11. 逆位置を考えないでタロット占いをしてもよいですか？

　正位置だけだと正しい答えが出にくいでしょう。シャッフルしてカードを置く限りはタロットカードが逆を向いて目に入ってきた事実から逃げることはできません。目に入ったものを入らなかったように考えることは、素直なインスピレーションを妨げるでしょう。ひとつのものごとを表から見たり裏から見たり、いろんな面から考えることができるようになるのがタロットカードのよいところです。正位置だけだとうすっぺらくなりますね。

Q12. 他の人を占ってあげるときの注意点などを教えて下さい。

　自分のことではないので、雑に占ってはいけません。ていねいにリーディングすることを心がけてください。あなたが誰かに占ってもらう時も「いい結果が出たらいいな」と思いながら待っていますよね？もし厳しい結果が出たときは、上からものを言うのではなく、なぜそうなるのかを詳しく読み解いてあげるようにしましょう。

Q13. 大アルカナだけ、小アルカナだけで占ってもよいですか？

　できるだけ 78 枚フルセットで占ったほうがよいでしょう。大アルカナは大きな意味のあること、小アルカナは日常的な動きなので、それを混ぜ合わせて占うことによってものごとの強弱と優先順位がわかります。問題を整理するためにはその視点がとても大切です。

Q14. カードを展開したときに逆位置が多い場合は正しい占いができていないのでしょうか？

いえそんなことはありません。カードで展開したものは 100% 正しいです。逆位置がたくさん出るということは、そこにあるエネルギーが適量ではないということだけなのです。何かしら悩みがあってカードを読んでみたいときはみんなそんなものですよ。適量でないと思うから占ってみようとするわけですから。あまり心配しなくても大丈夫です。

Q15. ケルト十字スプレッドで〈近未来〉と〈最終結果〉の違いはなんですか？

ものごとの流れには「起承転結」があります。その中で「承」もしくは「転」の部分が近未来で、「結」にあたるのが最終結果です。ゴールのみを求めるのではなくプロセスを理解し努力する方向を知ることが質問者の成長につながるでしょう。タロットカードのスプレッドではケルト十字以外でも「近未来」「最終結果」と、未来を示すカードは 2 段階で置くことが多くなっています。

Q16. タロット占いが上達するにはどうしたらいいですか？

実際にたくさん占ってみることです。そしてそれを必ずノートにつけておきましょう。そのときは腑に落ちなくても、時間が経ってから見直してみると「あのことだったのか」と思うことが必ずあります。そのときに感じたことがあなたの財産になっていきますよ。

タロット占い用語集

★アルカナ
ラテン語で「秘儀」を意味する。

★大アルカナ
「0 愚者」から「21 世界」までの絵札から成る22枚のカード。

★小アルカナ
「カップ」「ペンタクル」「ソード」「ワンド」各14枚の4種類のカードから成る56枚のカード。

★デッキ
大アルカナと小アルカナカードを合わせた78枚すべてそろった一揃いのタロットカードのこと。

★スプレッド
タロットカードで占うときのカードの展開方法のこと。

★正位置（アップライト）
カードを表に返したとき、占う人から見て、カードがそのままの状態。

★逆位置（リバース）
カードを表に返したとき、占う人から見て、カードの柄の上下が逆になっている状態。

★スート
小アルカナの「カップ」「ペンタクル」「ソード」「ワンド」の4つのマークのことを表す。

★コートカード
小アルカナの中の4種類の人物札（ペイジ、ナイト、クイーン、キング）を指す。

★エレメント
タロットカードの性格を表す、四大元素（火・水・風・地）のこと。

★ウェイト版
アーサー・エドワード・ウェイト博士の案により、パメラ・コールマン・スミス女史によって描かれたタロットカード。

★マルセイユ版
フランスのマルセイユで生まれ16〜18世紀のヨーロッパで広く使われたタロットカード。

★カット
占うときにカードの山を分けること。

★シャッフル
占う前に机の上などにカードの裏を上にして広げ、両手で全体を混ぜ合わせること。

★カップ
小アルカナのスートの一種。「杯」のことで感情を指し、四大元素では「水」と対応する。

★ソード
小アルカナのスートの一種。「剣」のことで知性を指し、四大元素では「風」と対応する。

★ペンタクル
小アルカナのスートの一種。「貨幣」のことで感覚を指し、四大元素では「地」と対応する。

★ワンド
小アルカナのスートの一種。「棒」のことで直感を指し、四大元素では「火」と対応する。

★潜在意識
普段意識することのない心の奥を表す。

★タロットリーディング
タロットカードを配置し、置かれたカードに出ていることを理解する。

あとがき

　タロットは、ものごとが成長していくさまをぎゅっと凝縮させた物語です。わたしたちもいろいろな経験や段階を経て今ここにいます。自分が経験してきたことと、引き出したカードが同じようなニュアンスであるときは理解がスムーズですが、まだ経験したことのないことや、自分の意にそぐわないカードが出た時は戸惑うかもしれません。しかし、それがチャンスであると思ってみて下さい。そのできごとの発端や、周りの人の立場など、今まで思ってもみなかったことを考えることで気付く何かがあるでしょう。その時に大切なのは、「思い込み」を捨てて客観的にものごとを見ることです。タロットを引くということは、自分に偏りすぎず全体像を見渡すことであると、私は思っています。

　好きな人ができてアピールをしているのだけど、彼はなかなか振り向いてくれず想いが通じないと悩む女性がいました。ケルト十字でカードを出してみたところ、彼は彼女のことをいつも冗談ばかりでおちゃらけている人としか思っておらず、全く想いが届いていなかった、というカードが出たのです。彼女はそんなハズはないと怪訝そうでしたが、そんなに好きなら真正面から向き合って、きちんと告白してみたら？とアドバイスしたところ、数ヶ月後になんとその人と結婚するという報告をきいてびっくりしたことがあります。彼女がアピールしていたつもりの「思い込み」を捨て、ちがうやり方で告白したことが功を奏したのでしょうか。このようにちょっとした思い込みや捉え方に気付くことで人生が変わることもあるのだと実感した出来事でした。

　また、人とのやり取りでうまくいかないことがあったとき、一歩引いて相手の状況に気付くことができれば問題を回避することができるかもしれません。

相手の立場や心情を理解できれば、受け流すこともできるでしょう。タロットを読んでいくことにより一歩引くという姿勢が自然に身に付いてくるのではないかと思っています。ぜひタロットを味方につけて人生をより豊かなものにしていこうではありませんか！

　最後に、超ご多忙の中、ひとつ一つ丁寧にご監修いただいた、「マカロンタロット」の育ての母のような存在であります占術家のラクシュミー先生、付録カードを日本初として小さくしてみては、というアイデアをくださった正規版「マカロンタロット」版元ヴィジョナリー・カンパニーの大塚和彦社長、誌面の構成を綿密に練っていただいた小野田麻子さま、カードの中からアイテムを引き出して箱やカバーに素敵なデザインをしてくださった駒草出版編集部の宮本鈴子さま、そして企画段階から多大なご尽力とすべてにおいてご担当いただき情熱を注いでくださいました石川彰一郎さま、プロデュースいただいたダンク出版事業部皆々さまに厚く御礼申し上げます。

　この本は自主製作版、正規版「マカロンタロット」のユーザーさまのあたたかい応援があって実現しました。すべてのユーザーさまに感謝を込めて、これからも共に成長していきたいと思っております。

2015年1月　加藤マカロン

【著者プロフィール】

加藤マカロン（イラストレーター&占い師）

フリーイラストレーターとして雑誌、書籍などで活躍中。ものごころついた頃、人生の中に繰り返される不思議なサイクルに気付き、東洋占術、西洋占術などを学び、実占鑑定などもおこなっている。自分用のタロットがほしいと思ったことをきっかけとして「マカロンタロット」を制作。
www.fantome.biz

【監修者プロフィール】

ラクシュミー（占術実践家）

日本最大の占い館にてトータル4万人以上の鑑定実績を持ち、タロットリーディングのリアルな第一線で活躍中。自分と周囲とを客観的に見つめ直す機会を持つことで現象だけにとらわれない、よりよい生活を送れるとの考えから個人鑑定をベースにしている。カルチャーセンターや占いスクールでの講座も多数開催。
著書に「天華舞翔 戦国武将タロット」（駒草出版 2016年2月刊）がある。
www.mahashri.com

かわいい！やさしい！たのしい！
マカロンタロットで学ぶ
タロット占い

2015年1月30日初版発行
2023年3月31日第7刷発行

著者	加藤マカロン
監修	ラクシュミー
発行者	井上弘治
発行所	駒草出版
	株式会社ダンク　出版事業部
	〒110-0016 東京都台東区台東1-7-1 邦洋秋葉原ビル2F
	TEL 03-3834-9087 / FAX 03-3834-4508
	https://www.komakusa-pub.jp/
本文デザイン	加藤マカロン
構成協力	土田裕一（クロスマインド）
カバーデザイン	宮本鈴子（駒草出版）
印刷・製本	シナノ印刷株式会社
カード製作	株式会社新晃社

©Macalon Kato 2015, printed in Japan　ISBN 978-4-905447-40-5
乱丁・落丁本はお取り替えいたします。定価はケースに表示してあります。